Hans Otto Eglau · Wie Gott in Frankfurt

Hans Otto Eglau

Wie Gott in Frankfurt

Die Deutsche Bank
und die deutsche Industrie

ECON Verlag
Düsseldorf · Wien · New York

Bildquellenverzeichnis: Foto 1-9: Archiv Deutsche Bank, Frankfurt am Main; Foto 10: Archiv Deutsche Bank, Frankfurt am Main (Foto Edouard Boubat); Foto 11: Archiv Deutsche Bank, Frankfurt am Main; Foto 12: Daimler-Benz, Stuttgart; Foto 13: Archiv Deutsche Bank, Frankfurt am Main; Foto 14: Daimler-Benz, Stuttgart; Foto 15: Romulus Candea, Düsseldorf; Foto 16: Foto Jupp Darchinger, Bonn; Foto 17: Archiv Deutsche Bank, Frankfurt am Main (Foto Rolf Steininger); Foto 18: Archiv Deutsche Bank, Frankfurt am Main; Foto 19: dpa, Düsseldorf; Foto 20: dpa, Düsseldorf; Foto 21: Foto Wilde, Hamburg.

CIP-Titelaufnahme der Deutschen Bibliothek
Eglau, Hans Otto:
Wie Gott in Frankfurt: Die Deutsche Bank und die deutsche Industrie/ Hans Otto Eglau. – Düsseldorf; Wien; New York: ECON Verl., 1989
ISBN 3-430-12328-3

Lektorat: Dr. Monika Siedentopf
Gesetzt aus der Times, Linotype
Satz: Lichtsatz Heinrich Fanslau, Düsseldorf
Papier: Papierfabrik Schleipen GmbH, Bad Dürkheim
Druck und Bindearbeiten: Ebner Ulm
Printed in Germany
ISBN 3-430-12328-3

Inhalt

Vorwort

Die Bundesrepublik Deutschland ist ein Land,
für das es sich einzusetzen lohnt.
(Aus einer Werbeanzeige der Deutschen Bank)

Warum dieses Buch? Was gibt es über ein Geldinstitut noch zu
sagen, über das man fast täglich in den Zeitungen lesen kann?
Berechtigte Fragen, ohne Zweifel. Kaum jemand, der die
Nummer eins des deutschen Finanzgewerbes nicht spontan
mit Begriffen wie Größe, Reichtum und Macht in Verbindung
brächte. Damit hat es sich jedoch vielfach schon. Wie die
Deutsche Bank in fast 120 Jahren zu dem werden konnte, was
sie ist, nämlich eine Institution von singulärer Erscheinung,
bleibt meist im Halbdunkel vager Vermutungen – erst recht
ihr durch einen dichten Vorhang der Diskretion verborgenes
Innenleben.
Zwei Dinge haben die größte Geschäftsbank der Bundesrepublik von Anfang an geprägt: die starke Affinität ihrer führenden Männer zur Politik und eine klare Profilierung als Finanzier und enger Berater der Industrie. Bereits Ahnherr Georg
von Siemens war liberales Mitglied des Preußischen Abgeord-
netenhauses und gehörte später mehrere Wahlperioden dem
Deutschen Reichstag an. Von ihm spannt sich ein weiter
Bogen bis zu Hermann Josef Abs, einem der engsten Berater

Konrad Adenauers, der beim Papst im Vatikan ebenso willkommen war wie bei Präsident Kennedy im Weißen Haus. Wenn es der Deutschen Bank als einzigem der führenden Finanzhäuser gelungen ist, eine Art politisches Profil zu gewinnen, so aber nicht allein wegen der Nähe ihrer Spitzen zu den Regierenden. Entscheidender, weil von weitreichenderer Bedeutung in der Praxis, ist vielmehr die industriepolitische Rolle, die der Bank teils dank ihrer Größe, zu einem nicht geringen Teil aber auch aufgrund eines industrieprotektionistischen Selbstverständnisses vieler ihrer maßgebenden Repräsentanten zufiel. Dieses an nationalen Industrieinteressen orientierte Sendungsbewußtsein bricht sich in geläuterter Form auch unter den Enkeln jener tatkräftigen Förderer deutscher Wirtschaftshegemonie bisweilen Bahn. Man denke in diesem Zusammenhang nur an den vehementen Ruf nach Sicherungsinstrumenten gegen den befürchteten Ausverkauf der deutschen Industrie an die nach Anlagen für ihre Petro-Milliarden suchenden nahöstlichen Opec-Staaten Mitte der siebziger Jahre.

Damit ist schon das zweite »Markenzeichen« und gleichzeitig das Thema dieses Buches angesprochen: die enge Verbindung zwischen der Deutschen Bank und der deutschen Industrie. Wenn aus einem kleinen, zudem abhängigen Spezialinstitut für Außenhandelsfinanzierung innerhalb nur weniger Jahrzehnte Deutschlands führende Großbank werden konnte, dann vor allem, weil es sich von Anfang an in den Dienst der am Beginn ihrer Entwicklung stehenden Zukunftsbranchen, vor allem der elektrotechnischen und chemischen Industrie, stellte. Wie kein zweiter der heutigen Geldkonzerne knüpfte die Bank im Laufe von Generationen ein finanzielles und personelles Beziehungsgeflecht, das sie zu einer Interessen-Clearing-Stelle, ja in gewissem Maße zu einer Ordnungsmacht der deutschen Wirtschaft werden ließ. Wieviel ihres Denkens, ihrer »Kultur«, wie man heute sagt, sie über ihre

vielfältigen Kontaktstränge auf die ihr nahestehenden Unternehmen übertragen hat, läßt sich allenfalls mutmaßen. Über die Stellung des führenden Finanzhauses der Republik gegenüber der Industrie ist viel geschrieben worden, meist unter dem Aspekt der durch die Bank ausgeübten Macht. Dabei erschöpften sich die Analysen allzuoft in einer Auflistung von Firmenbeteiligungen, Mandatsverflechtungen und Vollmachtstimmen in Hauptversammlungen. Allein durch die Addition rechenhafter Größen ist der qualitative Gehalt solcher Beziehungen jedoch kaum zu er-»messen«, weil der Faktor Mensch in der Rechnung fehlt. Der Schwerpunkt meiner Recherchen lag deshalb auf Hintergrundgesprächen mit Insidern, vor allem Gesellschaftern, Vorstandsvorsitzenden und Finanzchefs namhafter mit der Bank in der einen oder anderen Weise verbundener Unternehmen. Ihnen gilt mein Dank für das mir entgegengebrachte Vertrauen. Die Deutsche Bank selber, anfänglich eher reserviert (Vorstandssprecher Christians 1986: »Wir nehmen Ihr Projekt zur Kenntnis.«) öffnete sich mit der Zeit erfreulicherweise. Stellvertretend für alle, die sich mir für Interviews zur Verfügung stellten, möchte ich Hermann Josef Abs, dem »Grand Old Man« der Bank, für drei lange Gespräche, zum Teil über bislang unbekannte Vorgänge im industriellen Umfeld seines Hauses, danken.
Dank sagen möchte ich an dieser Stelle schließlich auch meiner Familie, vor allem meiner Frau – wofür, weiß sie selber am besten.

Düsseldorf, im August 1989

Hans Otto Eglau

1. Kapitel

Ein Siemens wies den Weg

Der goldene Schritt ins Industriezeitalter

Man stelle sich vor, in einem plötzlichen Anflug hellseherischer Kraft wären Georg von Siemens die beiden 155 Meter gen Himmel ragenden Bürotürme an Frankfurts Taunusanlage erschienen, in denen seine fernen Nachfolger heute, fast 120 Jahre nachdem alles begann, sein Lebenswerk fortsetzen. Manches spricht dafür, daß der erste Direktor der Deutschen Bank, ein in der nüchternen Wissenschaft der Jurisprudenz ausgebildeter Mann mit niedersächsischen Vorfahren, die monumentale Vision aus Stahl und Glas eher als eitles Trugbild von babylonischen Ausmaßen belächelt hätte. Der mit dem Wort »karg« nur unzulänglich beschriebene äußere Rahmen, in dem der 1899 geadelte Sproß der berühmten Industriellenfamilie am 9. April 1870 zusammen mit einigen wenigen Mitarbeitern seine Tätigkeit für die gerade ins Leben gerufene Bank aufnahm, regte auch nicht gerade zu kühnen Phantasien an. Das Gebäude Französische Straße 21, unweit des alten Prachtboulevards »Unter den Linden« im heutigen Ost-Berlin gelegen, war ein »altes und baufälliges Haus« mit einem »dunklen und nahezu lebensgefährlichen Treppenaufzug«, wie der Siemens-Biograph Karl Helfferich das von der Bank nur angemietete Gebäude recht drastisch beschrieben hat. »Das Direktionskabinett, in dem Siemens untergebracht wurde, war«, so Helfferich, »ein sich durch besonderen Mangel an Licht auszeichnendes ›Berliner Zimmer‹, das selbst

11

dem Vater Justizrat Siemens, der als früherer Berliner Rechtsanwalt in bezug auf Geschäftsräume gewiß nicht verwöhnt war, bei seinem ersten Besuch ein mitleidiges Kopfschütteln abnötigte.«

Welch traurigen Kontrast bildete das heruntergekommene Reihenhaus zu den repräsentativen Gebäuden der alteingesessenen Privatbankhäuser, wie Bleichröder, Mendelssohn oder Schickler. Welch ein Gegensatz auch zu den Palästen der seit 1856 als Kommanditgesellschaft auf Aktien geführten Disconto-Gesellschaft, deren »Erster Geschäftsinhaber« Adolph von Hansemann eine zu den Sehenswürdigkeiten Berlins zählende Doppelvilla in der Tiergartenstraße bewohnte, und der in gleicher Rechtsform 1856 entstandenen Berliner Handels-Gesellschaft mit ihrem klassizistischen Prachtbau in der Französischen Straße 42. Carl Fürstenberg, die beherrschende Figur dieser Bank während jener Zeit, vermittelt in seinen Lebenserinnerungen einen Eindruck von der Geringschätzigkeit, mit der vor allem die etablierten Berliner Finanzhäuser auf die so überaus anspruchslos in Erscheinung tretende Neugründung herabblickten. »Ich werde nie vergessen«, berichtet er, »mit welch unvergleichlichem Spott Hansemann die Gründung der Deutschen Bank aufnahm. Mit der Möglichkeit, daß der Disconto-Gesellschaft hier eine ernsthafte Konkurrenz erwachsen könne, schien selbst dieser weitblickende Mann keinen Augenblick zu rechnen.«

Wie hätte er auch sollen. Für ihn wie für die anderen großen Finanziers war das Berufsbild des Bankiers noch eindeutig von der vorherrschenden Institution des Privatbankiers und des ebenfalls mit seinem gesamten, auch persönlichen Vermögen haftenden Geschäftsinhabers geprägt. Daß anstelle dieser Bankunternehmer die Zukunft Aktiengesellschaften mit anonymen Eigentümern und angestellten Bankdirektoren gehören sollte, überstieg schlicht ihre Vorstellungskraft. Was die mit einem Aktienkapital von fünf Millionen Talern gegründete Deutsche Bank betraf, war ihr erster Bankdirektor sogar nicht einmal ein Mann vom Fach, sondern, wie Fürstenberg nicht ohne Süffisanz anmerkt, »ein Amateur, aber im besten Sinne des Wortes«. Die Briefe, die Siemens in den ersten Monaten seiner ungewohnten Tätigkeit an seine Braut schrieb und in denen er mit teilweise selbstironischem Unterton über seine Fortschritte beim Erlernen des Bankgeschäfts berichtete, belegen Fürstenbergs Urteil auf das trefflichste.

Was ihm an Bankerfahrung fehlte, glich der erste »Manager« der Deutschen Bank durch fundierte, in praktischer Arbeit erworbene Kenntnisse industrieller Zusammenhänge wieder aus. Mehr noch: Gestützt auf diese Kenntnisse, nahm er sich mit großem Elan der Finanzierungsprobleme an, vor denen die auf der Basis bahnbrechender technischer Erfindungen gegründeten Pionierunternehmen, vor allem in der jungen deutschen Elektroindustrie, standen. Zunächst hatte es überhaupt danach ausgesehen, als werde Georg von Siemens seinen beruflichen Weg im Interessenbereich seiner Familie suchen. Nachdem er für seinen Vetter Werner von Siemens bereits einige Zeit in London gearbeitet hatte, betraute ihn dieser 1868 mit der schwierigen Aufgabe, in Teheran Verhandlungen über die Errichtung einer indoeuropäischen Telegraphenlinie zu führen. Schon im Mai desselben Jahres konnte Siemens & Halske die Erteilung der persischen Konzession für die von ihr geplante Nachrichtenverbindung bekanntgeben. Georg von Siemens bewahrte sich aus dieser Zeit nicht nur ein großes Verständnis für technische Probleme, sondern auch ein reges Interesse am nahöstlichen Wirtschaftsraum. Nicht von ungefähr waren die ersten unter seiner Führung von der Deutschen Bank finanzierten ausländischen Großprojekte die anatolischen Eisenbahnen und die Bagdadbahn.

Werner von Siemens hätte seinen Vetter nach dessen erfolgreicher Teheran-Mission gern fest an sein Unternehmen gebunden. Ein äußerst lukrativer Vertrag, der Georg von Siemens

13

nebenher sogar eine parlamentarische Laufbahn erlauben sollte, war bereits aufgesetzt. Doch der Umworbene suchte ein unabhängigeres Wirkungsfeld als unter dem Dach der Familie. Als ihn das Angebot erreichte, in die Deutsche Bank einzutreten, gab es für ihn deshalb eigentlich nicht viel zu überlegen. So wie ihn seine Zeitgenossen, allen voran seine engsten Mitarbeiter, erlebt haben, war der zum Zeitpunkt seines Amtsantritts gerade 31jährige Siemens ein Mann mit einem unerhörten Mut zum Wagnis und einer für einen Bankier ungewöhnlichen Entscheidungsfreude. »Er erschreckte mich schon damals durch seinen kühnen Tatendurst«, gestand Hermann Wallich, sein engster Kollege, später einmal. Der eher vorsichtige, bisweilen zögerliche Wallich stellte nicht allein von seinem Naturell her zu dem sechs Jahre jüngeren Siemens einen Gegensatz dar, wie er kaum ausgeprägter hätte sein können. Auch fachlich waren der international erfahrene Bankier und der stärker industriellen Interessen folgende Jurist komplementäre Kräfte. Mit ihren sich ergänzenden Temperamenten und beruflichen Ausgangspositionen bildeten die beiden ersten Männer der Bank ein Vierteljahrhundert lang ein geradezu ideales Gespann. Als sie von der Bühne abtraten – Wallich schied 1894, Siemens 1900 aus dem Vorstand aus –, war die Deutsche Bank das führende Geldinstitut des Reiches.

Ohne einen Mann von der Durchsetzungsfähigkeit eines Georg von Siemens an der Spitze wäre die Deutsche Bank wahrscheinlich ein zwar angesehenes, jedoch recht unscheinbares Haus für Spezialaufgaben geblieben, allein zu dem Zweck errichtet, den stark wachsenden deutschen Außenhandel zu finanzieren. Schon lange hatte es Kaufleute und Bankiers gleicherweise geärgert, daß kein Ballen Baumwolle eingeführt werden konnte, der nicht durch englische Vermittlung finanziert wurde, wie Wallich in seinen Memoiren feststellt. Als Gründer der Deutschen Bank fanden sich denn auch vor allem namhafte Privatbanken zusammen, wie Delbrück Leo & Co. (deren Mitinhaber Adalbert Delbrück als der eigentliche Initiator der Gemeinschaftsgründung gilt) und Gebr. Schickler, beide Berlin, der Schlesische Bankverein in Breslau und Gebrüder Sulzbach in Frankfurt. Insgesamt standen die Namen von 76 Bankiers und Industriellen auf der Zeichnerliste. In ihrem an den Kanzler des Norddeutschen Bundes, Otto von Bismarck, gerichteten Genehmigungsgesuch vom 8. Februar 1870 schlugen die Gründer höheren Ortes sicherlich gern vernommene patriotische Töne an. Der bedauerlicherweise immer noch von London abhängige deutsche Überseehandel, so hieß es in der Eingabe, werde blühen, wenn ihm erst einmal »in den wichtigsten Geldangelegenheiten Schutz und Beistand der eigenen Landsleute zur Seite« stehe.

Wie nicht anders zu erwarten, wachten die Aktionäre argwöhnisch darüber, daß sich ihre Bank innerhalb des engen Rahmens der ihr zugewiesenen Aufgaben bewegte. Die Sorge, sich womöglich mit ihrem eigenen Geld einen gefährlichen Konkurrenten heranzuzüchten, ließ es ihnen geraten erscheinen, den Verwaltungsrat mit weitgehenden, bis in die praktische Geschäftsführung hineinreichenden Kompetenzen auszustatten. Siemens und Wallich sahen sich in der mißlichen Lage, »zu einfachen Kommis herabgedrückt« zu werden (Siemens), die lediglich die Beschlüsse ihres Verwaltungsrates auszuführen hatten. »Mehr als einmal war ich nahe daran«, berichtete Wallich später, »die Flinte ins Korn zu werfen, meine Stellung aufzugeben und nach Paris zu ziehen, wo mich meine Verwandten sehnsüchtig erwarteten.«

Die Übernahme oder Liquidierung vieler der in den Gründerjahren entstandenen Banken bestärkten Siemens und Wallich in der Überzeugung, daß ihr Haus ohne die gesamte Palette der üblichen Finanzgeschäfte den Stürmen der Zeit nicht gewachsen sein werde. Der Aufbau eines weitgespannten Filialnetzes, die Hereinnahme von Einlagen als Voraussetzung für die langfristige Versorgung der Industrie mit Krediten und schließlich – für Siemens die Krone des Bankgeschäfts überhaupt – die Placierung von Aktien und Anleihen ihrer Firmenkunden im breiten Publikum hatten dabei für sie höchste Priorität. Bei der Verfolgung seiner strategischen Ziele mußte Siemens jedoch bisweilen sogar unter seinen engsten Mitarbeitern die notwendige Unterstützung vermissen. Verärgert über die seiner Politik von allen Seiten entgegengesetzten Widerstände, bat er den Verwaltungsrat am 11. Juli 1876 sogar schriftlich um seine Entlassung. Es ist müßig, darüber zu spekulieren, wie ernst Siemens sein Demissionsgesuch nahm. Jedenfalls war es keine Überraschung, daß ihn die Ratsmitglieder aufforderten, im Amt zu bleiben.

Natürlich wußte Siemens mit seinen engen Industriekontakten nur allzugut um die Chancen, die sich der Deutschen Bank dank seiner Politik boten. Die stürmische Industrialisierung hatte in Deutschland einen Bedarf an langfristigem Kapital entstehen lassen, der mit Hilfe des bestehenden Bankensystems nicht annähernd zu decken war. Die meisten Privatbankhäuser lebten immer noch überwiegend vom Geldwechselgeschäft, nur wenige bedeutendere unter ihnen, wie Rothschild und Mendelssohn, vergaben auch schon Kredite, handelten mit Wertpapieren und placierten Staats- und Eisenbahnanleihen. Erst einige der um die Jahrhundertmitte entstandenen neueren Banken, wie der A. Schaaffhausen'sche Bankverein in Köln, die Disconto-Gesellschaft, die Bank für Handel und Industrie (»Darmstädter Bank«) in Darmstadt und die Berliner Handels-Gesellschaft, nahmen sich intensiver der Finanzierungsprobleme der unter einem gewaltigen Investitionsdruck stehenden Wirtschaft an.

In der Diskussion über die Macht der Banken ist immer wieder die Frage aufgeworfen worden, warum sich Kreditinstitute und Industrie bei uns so innig liiert, warum sich ihre Spitzen in einem engen Beziehungsgeflecht – um nicht von einem

»Beziehungsfilz« zu sprechen – miteinander verbunden haben. Die Ursprünge dieser Liaison sind in ebendieser Phase der industriellen Entwicklung Deutschlands zu suchen. Damals fehlten in ausreichender Zahl private Investoren, die bereit und in der Lage gewesen wären, den Aufbau einer modernen ökonomischen Infrastruktur zu finanzieren. Folglich mußten Banken sehr viel stärker als in den meisten anderen wirtschaftlich entwickelten Nachbarländern in die Bresche springen.

In England beispielsweise, wo der Gründerboom schon einige Jahrzehnte früher eingesetzt hatte, erlaubte es ein ansehnlicher, meist im Überseehandel erworbener Reichtum den Unternehmern, Fabriken und Bergwerke in größerer Unabhängigkeit von den Banken aufzubauen. Wo sie dennoch auf Finanziers angewiesen waren, stand ihnen ein bereits entwikkeltes arbeitsteiliges oder – in unserer heutigen Terminologie – gegliedertes Bankensystem zur Seite. Demgegenüber mußten in Deutschland Kreditinstitute die Rolle des Finanziers übernehmen, die bis dahin lediglich das laufende Bankgeschäft, etwa die Bereitstellung kurzfristiger Betriebskredite, betrieben hatten. Durch die Übernahme auch des Gründungs- und Emissionsgeschäfts konzentrierten sie in der für das deutsche Universalbankensystem bis heute typischen Form alle wichtigen Funktionen unter einem Dach. Die Beziehungen zwischen Banken und Industrie waren und sind deshalb nach wie vor enger als in den angelsächsischen Ländern mit ihrem auf der Basis einer hochgradigen Arbeitsteilung gewachsenen »Trennsystem«.

Daß sich die Deutsche Bank den Herausforderungen der Gründerjahre stellte und zielstrebig die Rolle einer Industriebank übernahm, mag zu einem Teil auch darauf zurückzuführen sein, daß in ihr von Anfang an der Einfluß namhafter Unternehmer wirksam war. So zählten zu den Gründeraktionären unter anderem die Dürener Textilfabrikanten Schoeller, die ihren Einflußbereich frühzeitig auch auf die Papier- und Zuckerproduktion ausgedehnt hatten. Noch heute sind die Nachfahren Heinrich Leopold Schoellers, der dominierenden Figur der Familie in dieser Zeit, eng mit der Deutschen Bank verbunden. Da der ostelbische Raum 1870 noch überwiegend agrarwirtschaftlich geprägt war, suchten die Gründungsinitiatoren vor allem im wirtschaftlich weiterentwickelten Westen Fuß zu fassen. Adolph vom Rath, mit 38 Jahren jüngstes Mitglied im sechsköpfigen Gründungsausschuß und ab 1889 als Nachfolger Adalbert Delbrücks Aufsichtsratsvorsitzender, repräsentierte eine Aktionärsgruppe, in der die Interessen namhafter Kreise der rheinischen Industrie vereinigt waren. Einer ihrer einflußreichsten Männer war Leopold Hoesch, Eisenfabrikant aus der Eifel, der 1871 in Dortmund den Grundstein für ein Eisen- und Stahlwerk und damit den heutigen Hoesch-Konzern legte. Eine weitere Wurzel der Bank führte in den Krefelder Raum, wo sich insbesondere die in der Samt- und Seidenweberei führenden Familien, allen voran die Beckeraths, Jentges und ter Meer, an der Bankenneugründung beteiligten.

Wo sie nicht gleich von Anfang an dauerhafte Industriebeziehungen knüpfen konnten, suchten Siemens und seine Kollegen, dies durch die Übernahme regionaler Institute mit hochkarätiger Firmenklientel nachzuholen. So verleibten sie der Deutschen Bank 1914 die Bergisch-Märkische Bank – kurz »Bergbank« genannt – in Elberfeld ein. Das 1871 von namhaften Kaufleuten, vor allem aus Kreisen der bergischen Textilindustrie, gegründete Institut war maßgeblich am Aufbau der deutschen Kunstseidenindustrie beteiligt. Die starke Stellung ihrer Hauptfiliale Wuppertal innerhalb der überwiegend mittelständischen Industrie dieses Wirtschaftsraumes verdankt die Deutsche Bank nicht zuletzt dieser Akquisition – und im übrigen auch ihr historisches Gebäude an der Düsseldorfer Königsallee, Ecke Benrather Straße, das im Jahre 1904 als

Filiale der Bergisch-Märkischen Bank errichtet wurde. 1925 suchte auch die Essener Credit-Anstalt, die 1872 vor allem auf Betreiben des Montanindustriellen Friedrich Grillo gegründet worden war und sich mit führenden Hütten- und Bergbauunternehmen liiert hatte, Anlehnung. In Mannheim, einem der kommenden regionalen Wirtschaftszentren, sicherten sich die Berliner mit der Übernahme der Rheinischen Creditbank 1929 einen weiteren Stützpunkt. Zu seinen Kunden zählte das 1870 entstandene Bankhaus unter anderem auch die Benz & Cie. Rheinische Automobil- und Motorenfabrik, die sich 1926 mit der Daimler Motoren Gesellschaft, Stuttgart, zur Daimler-Benz AG zusammenschließen sollte. Daimler lag im Einflußbereich der Württembergischen Vereinsbank in Stuttgart, die der Deutschen Bank seit deren Gründung nahestand und 1924 in ihr aufging. Ihre Mitgift an bewährten Geschäftsverbindungen zur schwäbischen Wirtschaft hat der Deutschen Bank eine hervorragende Ausgangsbasis zur Erringung ihrer unbestrittenen Führungsposition im industriellen Ballungsgebiet mittlerer Neckar geschaffen. Mehr als einmal konnte die Hauptfiliale Stuttgart im Laufe der letzten Jahre den höchsten Gewinn unter allen Regionalstützpunkten der Bank erzielen.

Die Schilderung der strategisch klug betriebenen Arrondierungspolitik eilt den Ereignissen, soweit die Deutsche Bank dabei die Rolle des Wegbereiters bedeutender industrieller Entwicklungen spielt, jedoch weit voraus. Seit jenem bescheidenen Start in der Französischen Straße waren noch nicht einmal zwei Jahrzehnte vergangen, als sich Georg von Siemens einer der auch aus gesamtwirtschaftlicher Sicht größten Aufgaben zuwandte: der Finanzierung der im Entstehen begriffenen Elektroindustrie und der öffentlichen Elektrifizierung. Alles, was uns heute vertraut und selbstverständlich ist – von der elektrischen Straßenbeleuchtung bis zur Trambahn, von der Stromversorgung jedes Haushalts bis zur Massenherstellung von Glühlampen –, stand, mit vielen technischen, organisatorischen und finanziellen Problemen behaftet, noch vor der Realisierung. Neben Werner von Siemens war es vor allem der Amerikaner Thomas Alva Edison, der mit seinen bahnbrechenden Erfindungen das elektrische Zeitalter einläutete. Im Jahr 1879 entwickelte der aus Ohio stammende ehemalige Zeitungsjunge und Telegraphist die erste Kohlefadenlampe. 1882 ging das nach seinen Plänen gebaute erste öffentliche Elektrizitätswerk in Betrieb. Es speiste gerade 400 Lampen mit Strom. In Deutschland fand Edison seinen industriellen Vollstrecker in Emil Rathenau, einem bis dahin noch nicht allzu erfolgreichen Maschinenbauunternehmer. Mit einem Aktienkapital von fünf Millionen Mark gründete Rathenau am 19. April 1883 die »Deutsche Edison Gesellschaft für angewandte Elektricität« in Berlin, aus der im Mai 1887 die »Allgemeine Elektricitäts-Gesellschaft« (AEG) hervorging.

Hatten Rathenau bei der Finanzierung der Edison-Gesellschaft nur einige wenige Kreditinstitute, allen voran die beiden jüdischen Privatbankhäuser Jacob Landau in Berlin und Gebrüder Sulzbach in Frankfurt, unterstützt, trat mit der Gründung der AEG nunmehr die Deutsche Bank auf den Plan. An der Spitze eines Bankenkonsortiums sorgte sie für die Placierung der jungen Aktien im Nennwert von sieben Millionen Mark, von denen sie zwei Millionen ins eigene Portefeuille nahm. Georg von Siemens mußte sein ganzes Vermittlungsgeschick aufbieten, um den schwierigen Verhandlungen zwischen Siemens & Halske und der AEG über eine Arbeitsteilung zum Erfolg zu verhelfen. In dem zwischen beiden Firmen geschlossenen Vertrag sicherte sich Rathenau vor allem den Bau von Kraftwerken. Allerdings mußte er sich zu erheblichen Abnahmen von Siemens & Halske verpflichten.

Insgesamt zehn Jahre widmete Georg von Siemens dem Aufbau der AEG, davon – ab 1889 – sieben Jahre als deren Aufsichtsratsvorsitzender. Er hat sich damit wesentlich intensiver um das Lebenswerk Emil Rathenaus gekümmert als um das eigene familiäre Unternehmen. Vor allem seinen bei großen internationalen Elektrizitätsprojekten entscheidenden Finanzierungshilfen verdankte die AEG ihren raschen Aufstieg zu absoluter Weltstellung. Gleichzeitig blieb die Deutsche Bank jedoch die erste Bankverbindung von Siemens & Halske. Als das Unternehmen 1896 seine erste, über zehn Millionen Mark lautende Anleihe auflegte, zeichnete sie als Konsortialführer für die Placierung verantwortlich. Für Georg von Siemens war spätestens zu diesem Zeitpunkt die Vision zweier etwa gleich starker, eng miteinander kooperierender deutscher Elektrokonzerne von internationalem Gewicht Wirklichkeit geworden.

Doch zwei Herren gleichzeitig zu dienen wurde in dem Maße komplizierter, in dem sich zunehmend Unstimmigkeiten zwischen den beiden Rivalen einstellten. Je größer sie wurden, desto mehr mußten Siemens & Halske und die AEG erkennen, daß die zwischen ihnen vereinbarte Arbeitsteilung mehr als Fessel denn als segensreiches Instrument zur Aufteilung des Marktes empfunden wurde. An die Stelle partnerschaftlichen Denkens traten immer stärker Konkurrenzneid und Mißtrauen. Um der Gefahr einer Interessenkollision zu entgehen, trat Georg von Siemens 1896 aus dem AEG-Aufsichtsrat aus und kümmerte sich fortan allein um Siemens & Halske. Die beherrschende Stellung im Aufsichtsrat der AEG ging an Carl Fürstenberg über, dessen Berliner Handels-Gesellschaft bis nach dem Zweiten Weltkrieg Hausbank blieb. Der Siemens-Konzern hingegen nimmt in den Beziehungen der Deutschen Bank zu ihren »befreundeten« Firmen noch heute eine Sonderstellung ein – nicht allein im Blick auf die verbindenden familiären Wurzeln, sondern vielleicht mehr noch in dem fast elitären Bewußtsein der eigenen herausgehobenen Marktstellung.

Wie eng Georg von Siemens selbst in den Jahren, in denen er sich mit ganzer Kraft dem Aufbau der AEG widmete, gleichzeitig mit seiner Familie in geschäftlichem Kontakt blieb, unterstreicht ihr gemeinsames Eintreten für die Brüder Mannesmann und deren Unternehmen. Werner von Siemens war von dem durch Reinhard und Max Mannesmann entwickelten Verfahren zur Herstellung nahtloser Stahlrohre so angetan, daß er seinen Vetter zur Mitwirkung an der wirtschaftlichen Nutzung der bahnbrechenden Neuerung gewinnen konnte. »Es ist eine wahre Revolution des Walzwesens«, pries der Entdecker des dynamoelektrischen Prinzips (1866) überschwenglich die neue Technik der beiden Remscheider Tüftler. In die 1890 gegründeten Deutsch-Österreichischen Mannesmannröhren-Werke brachten die beiden Erfinder ihre Patente und ein Finanzkonsortium unter Führung der Deutschen Bank ein Startkapital von zwölf Millionen Mark ein. Georg von Siemens kostete es einige Überzeugungsarbeit, um seine Vorstandskollegen für eine Beteiligung an dem Investment zu gewinnen. Um zu demonstrieren, wie sehr er auf die Zukunft des Mannesmann-Verfahrens vertraute, zeichnete er auch privat einen für seine finanziellen Verhältnisse beachtlichen Anteil von einer Million Mark. Doch ganz frei von Zweifeln war auch er nicht. Seinem Vetter schrieb er: »Die Mannesmann-Sache ist heute nach langem Hängen und Würgen zu Stande gekommen. Hoffentlich entwickelt sie sich auch sachlich so gut, daß man sich nicht damit blamiert.«
Schneller als erwartet bewahrheitete sich der stille Verdacht, daß die als verwertbar eingebrachten Patente keineswegs schon produktionsreif gewesen waren. Es war abzusehen, daß die in die Rohrproduktion investierten Millionen über kurz oder lang verbraucht sein, »die Aktien nach einem Jahr ein Nonvaleur würden«, wie Georg von Siemens bald feststellen mußte. Für ihre »Selbsttäuschung« sollten die Mannesmann-Brüder einen Teil der ihnen für ihre Patente überlassenen

Gesellschaftsanteile wieder zurückgeben, forderte Werner von Siemens, der sich in seiner Begeisterung für die umwälzende Technik sogar zum Aufsichtsratsvorsitzenden der Röhrengesellschaft hatte wählen lassen. Sollten die Erfinder dies ablehnen, so drohte der schon 76jährige Elektropionier düster, müsse es »notwendigerweise zum Kampf kommen«. Konfrontiert mit einer schier ausweglosen Situation und den Ansprüchen der Familie Siemens, resignierten Reinhard und Max Mannesmann und schieden im Jahre 1900 aus dem Unternehmen, das bis heute ihren Namen trägt. Aber auch danach sollte es noch fünf weitere Jahre dauern, bis das Unternehmen die erste Dividende zahlen konnte. Ohne die Unterstützung durch die Familie Siemens und die Bereitschaft der Deutschen Bank, ihr Finanzengagement über eine lange Durststrecke hinweg durchzustehen, gäbe es heute wohl keinen Mannesmann-Konzern, wäre das industrielle Wagnis der beiden Brüder aus dem Bergischen Land Episode geblieben, einer von vielen fehlgeschlagenen Versuchen unternehmerischer Glücksritter, eine technische Novität in geschäftlichen Erfolg umzumünzen.

Der Fall Mannesmann veranschaulicht in extremer Form die Beteiligung führender Bankiers als Berater und Finanziers beim Aufbau eines bedeutenden Industrieunternehmens. Die Deutsche Bank hat, ausgehend von ihrer »Geburtshelfer«-Rolle, den heute auch im Maschinenbau, in der Datenverarbeitung sowie – nach der Übernahme der Mehrheit bei Fichtel & Sachs im Jahre 1987 – auch im Autozuliefergeschäft tätigen Düsseldorfer Konzern stets in besonderer Weise ihrem Einflußbereich zugerechnet. Max Steinthal, Vorstandsmitglied der Bank von 1873 bis 1906 und neben Georg von Siemens in der Anfangsphase sicherlich die industriell bedeutendste Figur, stand 40 Jahre lang, von 1896 bis 1936, dem Mannesmann-Aufsichtsrat vor. Auch seine Nachfolger in diesem Amt waren, bis auf eine Zwischenperiode von 1957 bis 1966, in der

der aus dem Vorstand ausgeschiedene Wilhelm Zangen diese Funktion innehatte, stets Vorstandsmitglieder der Deutschen Bank. Als 1935 der damalige Demag-Vorstand Zangen an die Spitze von Mannesmann treten sollte, leitete Oscar Schlitter, Aufsichtsratschef der Deutschen Bank und neben dem bereits 84jährigen Steinthal Mitglied des dreiköpfigen Personalausschusses des Mannesmann-Aufsichtsrates, die Bestellung des neuen Generaldirektors praktisch allein ein.

Wie über Generationen hinweg sorgsam gepflegte Beziehungen zwischen Großbanken und Industrie selbst Kriege und Krisen unbeschadet überstehen, läßt sich daran ablesen, daß auch nach 1945 die neuen Männer der Deutschen Bank dem Röhrenkonzern ihre besondere Aufmerksamkeit widmeten. Vor allem Franz Heinrich Ulrich, Vorstandssprecher von 1967 bis 1976, übte als Aufsichtsratschef (zwischen 1966 und 1977) auf die Unternehmenspolitik einen kaum zu überschätzenden Einfluß aus. Er legte verbindlich fest, daß sich »sein« Unternehmen aus der Rüstungswirtschaft und dem Schiffbau herauszuhalten habe. Er war es auch, der dem Vorstand Anfang 1975 dringend empfahl, in der Hauptversammlung eine Stimmrechtsbeschränkung einzuführen. Mannesmann war daraufhin die erste Publikumsgesellschaft, die sich aus dem Kreis der mit der Deutschen Bank enger verbundenen Unternehmen auf diesem Wege gegen einen möglichen Übernahmeversuch nahöstlicher Petrodollar-Anleger wappnete.

Zurück zu den Anfängen: Daß die Deutsche Bank mit »Venture Capital«, wie wir heute sagen würden, Mannesmann über die schwierige Startphase hinweghalf, könnte den Eindruck erwecken, als habe sie in der Durchdringung der Montanindustrie im Westen des Reiches die Nase vorn gehabt. Davon abgesehen, daß es sich bei der Herstellung nahtloser Rohre bereits um eine Weiterverarbeitung von Stahl handelte, hatten sich zu diesem Zeitpunkt eine Reihe anderer Banken längst mit namhaften Unternehmen der eigentlichen

Grundstoffindustrie enger liiert. So war bereits seit den achtziger Jahren Fürstenbergs Berliner Handels-Gesellschaft Hauptfinanzier führender Bergbaufirmen, wie Harpener Bergbau, Hibernia und Consolidation. In der Stahlindustrie hatte die Bank intensive Finanzbeziehungen zum Bochumer Verein und den Rheinischen Stahlwerken aufgebaut. »Durch die Freundschaften mit Rheinstahl, Bochum und Hibernia, mit Rombach und Harpen, durch Finanzgeschäfte mit Krupp und mit so manchen anderen großen Gesellschaften des westlichen Industriereviers wurde die Tätigkeit der Berliner Handels-Gesellschaft eine Zeitlang ganz überwiegend nach dieser Seite hin orientiert«, beschreibt Carl Fürstenberg in seinen Lebenserinnerungen die unter seiner Führung vollzogene Hinwendung zu der von einem immensen Aufschwung erfaßten Montanindustrie.

Auch die Disconto-Gesellschaft hatte früher als die Deutsche Bank ihre Geschäftsinteressen mit denen der Schwerindustrie verbunden. Nur sechs Jahre nach ihrer Gründung war sie 1857 als Sanierer der Phoenix Aktiengesellschaft für Bergbau und Hüttenbetrieb in Ruhrort auf den Plan getreten. Schon ein Jahr zuvor hatte sie sich an der Henrichshütte in Hattingen maßgeblich beteiligt. Bei ihrem ehrgeizigen Streben, die Bergbau- und Hüttengesellschaften des Reviers zu mächtigen Syndikaten zusammenzuschweißen, konnten sich die Kohle- und Stahlmagnaten auf David Hansemann und seinen ihm nachfolgenden Sohn Adolph als umsichtige Förderer stets verlassen. Als gebürtigen Rheinländer verband Adolph von Hansemann eine besonders enge Beziehung zum industriellen Herzen Deutschlands. Ihm wurde sogar die Ehre zuteil, daß die unter seiner maßgeblichen Mitwirkung 1896 sanierte Mengeder Bergwerks AG in Dortmund später den Namen Zeche »Adolph von Hansemann« erhielt.

Mit der Übernahme des A. Schaaffhausen'schen Bankvereins in Köln konnte die Disconto-Gesellschaft ihre Stellung an der

Ruhr 1914 sogar noch weiter ausbauen. Das auf eine Gründung Abraham Schaaffhausens aus dem Jahre 1790 zurückgehende, von Gustav von Mevissen 1848 in eine Aktiengesellschaft umgewandelte Bankhaus brachte in die neue Verbindung enge Geschäftsbeziehungen zur Schwerindustrie ein, vor allem zur Gelsenkirchener Bergwerks-AG, zur Union AG für Bergbau, Eisen- und Stahlindustrie sowie zum Krupp-Konzern. Mit insgesamt 25 Aufsichtsratsmandaten in Montangesellschaften war Schaaffhausen in diesem Wirtschaftszweig sogar stärker vertreten als die Disconto-Gesellschaft mit 22 und die Deutsche Bank mit 17 Sitzen.

Doch wer einen anderen schluckte, konnte in jenen bewegten Jahren nicht sicher sein, ob er früher oder später nicht selber gefressen werden würde. Mitte der zwanziger Jahre reiften bei den maßgeblichen Männern der Disconto-Gesellschaft Überlegungen, die eigene Existenz in einer Liaison mit der Deutschen Bank zu sichern. 1926 erörterten in Pontresina Robert Pferdmenges von der Disconto-Gesellschaft und Oscar Schlitter, Vorstandsmitglied der Deutschen Bank, die Möglichkeit eines Zusammengehens der beiden führenden deutschen Großbanken. Den Hintergrund bildete die beängstigende Konzentration in einigen Bereichen der deutschen Industrie. So hatten sich im Jahr zuvor fünf führende Chemieunternehmen zum Branchengiganten I.G. Farbenindustrie AG zusammengeschlossen, deren Aktienkapital mit 646 Millionen Reichsmark doppelt so hoch war wie das der zehn nächstgrößten Chemieunternehmen zusammengenommen. 1926 formierte sich mit den Vereinigten Stahlwerken in der Montanindustrie ein Riese von ähnlich großer wirtschaftlicher und politischer Macht. Die durch Kriegsniederlage, Inflation und wirtschaftliche Turbulenzen geschwächten Banken sahen sich durch diese Ereignisse unter erheblichen Zugzwang gesetzt. Doch sollte es nach dem Treffen von Pontresina noch drei Jahre dauern, bis an gleicher Stätte Schlitter und Eduard Mosler,

Geschäftsinhaber der Disconto-Gesellschaft, die Weichen in Richtung einer Fusion stellten.

Durch den Zusammenschluß mit der Disconto-Gesellschaft verstärkte die Deutsche Bank ihre industrielle Position nicht allein im Stammland von Kohle und Stahl. Von mindestens ebenso großer Bedeutung war ihr Vordringen in die süddeutsche Industrie. Eine interessante Firmenklientel erschloß sie sich vor allem über die Süddeutsche Disconto-Gesellschaft in Mannheim, die in der badischen und württembergischen Wirtschaft hohes Ansehen genoß. Sie war aus der alteingesessenen Mannheimer Privatbank W. H. Ladenburg & Söhne hervorgegangen. Einer ihrer bedeutendsten Inhaber, Seligmann Ladenburg, war 1865 Mitbegründer der Badischen Anilin- und Sodafabrik (BASF), sein ältester Sohn Carl wurde später BASF-Aufsichtsratsvorsitzender und führte 1884 die Gründer der Zellstofffabrik Waldhof zusammen. Die Fusion mit der Disconto-Gesellschaft eröffnete der Deutschen Bank bei »Zellwald« große, durch personelle Bindungen abgesicherte Einwirkungsmöglichkeiten. Als das Unternehmen 1929 in eine bedrohliche Krise geriet, schickte die Bank ihren für industrielle Sondereinsätze engagierten Berater Max H. Schmid als Sanierer nach Mannheim. Schmid, eine Art Vorgänger des mit der Deutschen Bank heute verbundenen ehemaligen Krupp-Chefs Günter Vogelsang, ließ sich drei Jahre später sogar zum Generaldirektor berufen und führte Waldhof über Kriegs- und Nachkriegsjahre bis 1955. Noch intensiver wurden die Bande zur Deutschen Bank, als Hermann Josef Abs 1952 an die Spitze des Waldhof-Aufsichtsrates trat – eine Position, aus der er sich erst 1968, ein Jahr nach seinem Auszug aus der Chefetage des größten Geldkonzerns der Republik, zurückzog.

Ein großer Sprung zurück zur Zeit um die Jahrhundertwende, ins Jahr 1898. In die Dienste der Deutschen Bank trat damals ein gerade erst 21jähriger Mann, der aufgrund seiner guten

Stenographie- und Sprachkenntnisse schon bald als Privatsekretär Georg von Siemens' in eine äußerst interessante Stellung gelangte. Emil Georg von Stauß, Lehrersohn aus dem Württembergischen, nutzte seine Funktion, um sich interessanter Aufgaben zu bemächtigen, deren Lösung Tatkraft und industrielle Phantasie gleichermaßen voraussetzte. Er war nicht der klassische, aus der Distanz wirkende Finanzier und Ratgeber, sondern – den Erfordernissen einer durch politische und wirtschaftliche Erschütterungen geprägten Zeit entsprechend – ein machtbewußter Organisator und Gestalter, für den Geld nur mehr Mittel zum Zweck war. Was ihn dazu trieb, aufzubauen, zu strukturieren, zusammenzuführen, waren ein Gemisch aus Bank- und Unternehmensinteressen, daneben aber bereits übergeordnete industriepolitische Ambitionen und später in den Nazi-Jahren immer stärker politische Wünsche und Vorgaben. Nicht von ungefähr ließ sich dieser »politische Bankier«, wie er gelegentlich genannt wurde, allzu willig von den braunen Machthabern vereinnahmen, die ihn 1934 sogar zum Vizepräsidenten des Deutschen Reichstages aufsteigen ließen – ein Umstand, der erklärt, warum der 1915 in den Vorstand berufene Stauß trotz der von ihm ausgehenden Wirkungen auf eine Reihe von Wirtschaftszweigen in der Ahnengalerie der Deutschen Bank nicht gerade einen der herausragenden Plätze einnimmt.

Seine Feuertaufe bestand der nach Georg von Siemens' Tod von dessen Nachfolger Arthur von Gwinner intensiv geförderte Spezialist für schwierige Missionen im Ölgeschäft, dem sich die Deutsche Bank im Jahre 1903 zuwandte. Wieder war es wie die Elektroindustrie eine noch in den Anfängen stehende Branche, die das geschäftliche Interesse der Bankiers weckte. Doch lagen die Verhältnisse diesmal weitaus schwieriger: Ein Gigant, John D. Rockefellers Standard Oil of New Jersey, beherrschte den Weltmarkt bereits monopolartig. Ins Ölbusiness war die Deutsche Bank eher zufällig, durch Umwandlung einer notleidend gewordenen Forderung gegenüber der führenden rumänischen Ölgesellschaft Steaua Romana in eine Beteiligung, geraten. Die Bank sanierte das Unternehmen und brachte ihre Steaua-Romana-Anteile und weitere Ölinteressen in die eigens zu diesem Zweck gegründete Holding Deutsche Petroleum AG ein. Hinter Gwinner, der treibenden Kraft in der Führungsspitze, profilierte sich immer stärker Emil Georg von Stauß als Denker und Lenker des für ein Finanzinstitut ungewöhnlichen Industrie-Engagements. Fritz Seidenzahl, Autor der 1970 erschienenen Festschrift »100 Jahre Deutsche Bank«, attestierte ihm ein Fachwissen, das in Europa allenfalls noch mit dem des legendären Royal-Dutch-Generaldirektors Henri Wilhelm August Deterding vergleichbar war.

Hatten die Herren der Deutschen Bank zeitweise mit dem Gedanken gespielt, die zu ihrem Geschäft eigentlich nicht recht passenden Ölaktivitäten an Rockefeller oder Deterding zu verkaufen, so änderte sich ihre Einstellung schlagartig, nachdem im Jahre 1910 erfolgreiche Bohrversuche im Nahen Osten einen regelrechten Run auf Schürfkonzessionen ausgelöst hatten. Die begehrlichen Blicke der internationalen Ölstrategen richteten sich dabei vor allem auf die Gebiete westlich des Persischen Golfes, wo die von der Deutschen Bank finanzierte Anatolische Bahngesellschaft ihre Ausbeutungsrechte besaß. Im März 1914 reiste Stauß nach London, um nach langen, zähen Verhandlungen in Downing Street 10 im Kreise führender europäischer Diplomaten, Bankiers und Vertreter der Ölindustrie ein Abkommen über die Interessenaufteilung in dieser für die künftige Ölversorgung der Welt wichtigsten Region zu unterzeichnen. Doch der noch im selben Jahr ausgebrochene Erste Weltkrieg zerstörte alle Träume von einer durch die Deutsche Bank kontrollierten Ölbastion. Sowohl in Rumänien, wo englische und französische Investoren die Steaua-Majorität übernahmen, als auch im Nahen

Osten, wo als Folge des Zusammenbruchs des mit Deutschland verbündeten Osmanischen Reiches die früher erworbenen Konzessionen enteignet wurden, mußten die Sachwalter nationaler Ölinteressen das Feld anderen überlassen. Vergönnt blieb ihnen allein, ihre in diesem hart umkämpften Geschäft gesammelten Erfahrungen zwei Jahrzehnte später für ein von höchster politischer Stelle inszeniertes Vorhaben einzusetzen: An der Spitze eines Finanzkonsortiums übernahm die Deutsche Bank die Kontrolle über die auf Geheiß Hitlers und Görings während des Krieges gegründete Kontinentale Oel-AG, die vor allem die Aktienmehrheit an zwei führenden rumänischen Ölgesellschaften aus französischem und belgischem Besitz übernahm.

Schon während des Ersten Weltkrieges hatte sich Stauß für ein anderes politisch favorisiertes Projekt in die Pflicht nehmen lassen. Im Sommer 1917 war General Erich Ludendorff, Generalquartiermeister des Heeres, an das Kriegsministerium in Berlin mit der Anregung herangetreten, zur Hebung der allgemeinen Kriegsmoral an der Heimatfront die propagandistischen Möglichkeiten des Films zu nutzen. Zu diesem Zweck empfahl er, die bestehenden kleineren Filmunternehmen heimlich aufzukaufen und aus ihnen einen großen Konzern zu schmieden. Dank der intensiven Vorarbeiten durch Stauß konnte noch im selben Jahr die »Universum-Film AG« – bekannter unter ihrer volkstümlichen Abkürzung »Ufa« – aus der Taufe gehoben werden. Es war die Geburtsstunde des größten europäischen Film- und Filmtheater-Imperiums, und sein Aufsichtsratsvorsitzender wurde selbstverständlich Emil Georg von Stauß. Er blieb es auch, als der deutschnationale Medien-Tycoon Alfred Hugenberg als neuer Eigentümer bei der Ufa einzog und sogar nachdem Joseph Goebbels die Traumfabrik 1937 seinem staatlichen Propagandaapparat einverleibt hatte.

Stauß war es auch, der sich Mitte der zwanziger Jahre die

Sanierung der vor großen wirtschaftlichen Problemen stehenden deutschen Automobilindustrie zum Ziel setzte. Ihm schwebte dabei die Bildung eines deutschen Automobil-Trusts nach Art der amerikanischen General Motors vor, dem außer Daimler und Benz möglichst auch BMW und Opel angehören sollten. Doch reichte es nur zur Fusion der finanziell anlehnungsbedürftigen Firmen Daimler und Benz. Obwohl Stauß seine Konzentrationspläne als Aufsichtsratschef der neuen Daimler-Benz AG beharrlich weiterverfolgte, kam die Annäherung an BMW über eine gegenseitige Minderheitsbeteiligung und personelle Querverflechtungen über die Aufsichtsräte nicht wesentlich hinaus. Die Familie von Opel schließlich ging eigene Wege und verkaufte ihr Unternehmen 1929 an General Motors.

Mit demselben Eifer, mit dem er den Zusammenschluß der deutschen Automobilwerke propagiert hatte, trieb der rührige Industriebankier in enger Kooperation mit der Reichsregierung auch den Wiederaufbau der durch den Krieg fast völlig zum Erliegen gekommenen Flugzeug- und Flugzeugmotorenproduktion voran. Maßgeblich war er auch an der Entstehung der Deutschen Lufthansa im Jahre 1926 durch den Zusammenschluß der in Liquiditätsnot geratenen Unternehmen Deutscher Aero Lloyd und Junkers Luftverkehr AG beteiligt. Den ihm an der neuen Gesellschaft übertragenen Aufsichtsratsvorsitz übte er bis zu seinem Tode im Jahre 1942 aus.

Eine andere Branche, in der die Deutsche Bank schon frühzeitig ihren mitbestimmenden Einfluß zur Geltung bringen konnte, war die deutsche Zigarettenindustrie. Dabei setzte sie auf einen Mann, der wie kein zweiter die Chancen einer Zusammenfassung der vielen kleinen Zigarettenfirmen zu einem marktbeherrschenden Großunternehmen erkannte und sich in den zwanziger Jahren einen Konkurrenten nach dem andern einverleibte: Philipp Fürchtegott Reemtsma.

1930/31 kontrollierte der nach Größe strebende Markenschöpfer (»Ernte 23«, »Ova«) direkt und indirekt bereits über drei Viertel des deutschen Zigarettenmarktes.

Daß Reemtsma für sie weit mehr war als nur ein ausgezeichneter Kunde, sollten seine Finanziers auf dem Höhepunkt der Bankenkrise 1931 erfahren. Um die Deutsche Bank und Disconto-Gesellschaft (wie sie seit der Fusion offiziell noch bis 1937 hieß) nicht wie die Dresdner Bank in finanzielle Abhängigkeit des Staates geraten zu lassen, übernahm Reemtsma zusammen mit weiteren Firmen aus dem im Aufsichtsrat vertretenen industriellen »Freundeskreis«, wie Siemens und Mannesmann, größere Aktienpakete. Die guten Beziehungen, die er zu Hermann Göring seit gemeinsamen Kriegstagen unterhielt, erlaubten es ihm obendrein, sich während der Zeit des »Dritten Reiches« durch hilfreiche Mittlerdienste gefällig zu erweisen. Als etwa die Vereinigten Glanzstoff-Fabriken in Wuppertal durch eine Intrige bei Göring in Mißkredit gerieten, trat der Zigarettenindustrielle auf ausdrücklichen Wunsch der Deutschen Bank in den Aufsichtsrat der deutsch-niederländischen Kunstfasergruppe ein. Ebenfalls auf Initiative der Bank ließ sich Reemtsma 1942 in den Aufsichtsrat des Düsseldorfer Waschmittelherstellers Henkel berufen. Dessen Inhaber Hugo Henkel war nach kritischen Äußerungen über die politische Führung von einem Mitglied des Familienclans denunziert worden und hatte auf Druck Berlins die Geschäftsleitung niederlegen müssen.

Das Beispiel Philipp Reemtsma, der bis zu seinem Tode im Jahre 1959 dem Aufsichtsrat der Deutschen Bank angehörte, steht für viele der über Höhen und Tiefen intakt gebliebenen Unternehmensbeziehungen. Dabei gehen einige der bedeutendsten Verbindungen – und zwar nicht nur zu Siemens und Mannesmann – auf die Beteiligung an risikoreichen industriellen Wagnissen schon in den ersten Jahren der Bank zurück. Sie war dabei mehr als andere Großbanken von Beginn an auslandsorientiert. Als sie Ende der achtziger Jahre des vorigen Jahrhunderts die Finanzierung des türkischen Eisenbahnwesens in die Hand nahm, bestand Georg von Siemens darauf, daß die seinem Haus schon eng verbundene Frankfurter Firma Philipp Holzmann an den Bauarbeiten beteiligt wurde. Heute ist Holzmann Deutschlands führender Baukonzern, und seine Aktien gehören zu 30 Prozent der Deutschen Bank. Als das Unternehmen 1974 sein 125jähriges Bestehen mit einem Festakt im Frankfurter Schauspielhaus feierte, war der Jubiläumsvortrag jenen großen Bahnprojekten, vor allem der anatolischen Eisenbahn und der Bagdadbahn, gewidmet. Der Festredner war Hermann Josef Abs, 31 Jahre lang Mitglied des Holzmann-Aufsichtsrates, davon 30 als Vorsitzender.

Der Rückhalt bei treuen und einflußreichen Freunden der Industrie hat der Deutschen Bank gerade in schwierigen Zeiten geholfen, wirtschaftlich unabhängig zu bleiben und unerwünschte politische Interventionen in einigermaßen erträglichen Grenzen zu halten. Insofern sind wirklich enge Verbindungen zwischen einzelnen Banken und Unternehmen stets so etwas wie Versicherungen auf Gegenseitigkeit. Daß sich die Beteiligten in Schönwetterphasen ihres Wertes weniger bewußt sind als in Zeiten der Not, mindert ihre Bedeutung keineswegs. Der Erste Weltkrieg, die Inflation von 1923/24, der darauf folgende Zusammenbruch vieler spekulativ aufgebauter Firmen, die Mitte der zwanziger Jahre über die Wirtschaft hinweggehende Konzentrationswelle, die wenig später ausbrechende Weltwirtschaftskrise, die »Arisierung« und schließlich der Zweite Weltkrieg haben innerhalb einer einzigen Generation zu einer Vernichtung, Umschichtung und Neuentstehung industriellen Vermögens von ungeahntem Ausmaß geführt. Die Banken, und insbesondere die Deutsche Bank als das mit Abstand größte Institut der Branche, waren an vielen Transaktionen dieser Jahre maßgeblich beteiligt – sei es als diskrete Ratgeber, Makler oder Organisatoren,

33

sei es als Nothelfer, Sanierer oder Erwerber von Unternehmensbeteiligungen. Ein nicht unerheblicher Teil der durch personelle Verflechtungen unterlegten Verbindungen der Deutschen Bank zu Industrie und Handel hat seinen Ursprung in jenen turbulenten Zeiten.

Der Zusammenbruch des Jahres 1945 bewirkte zwar einen Wechsel der politischen Führung, nicht jedoch des wirtschaftlichen Managements. Von verschwindend wenigen Ausnahmen abgesehen, kehrten die meisten Industriellen und Bankiers nach einer in alliierten Internierungslagern verbrachten Zwangspause wieder auf ihre alten Posten zurück. Das weitgehend erhalten gebliebene ökonomische Beziehungsgeflecht garantierte einen erstaunlich glatten Übergang in die Wiederaufbauperiode unter den Bedingungen einer liberalen Marktwirtschaft. Die Deutsche Bank hat sich bereits frühzeitig auf die Zukunft nach dem Krieg einzustellen begonnen. Die Gefahr einer Ausschaltung der Berliner Zentrale vor Augen, errichtete der Vorstand 1944 »Ausweichstellen« in Wiesbaden (für die süddeutschen Filialbereiche), Hamburg (Nord/West) und Erfurt (Ost).

Am 6. April 1945 jedoch erfuhr der Vorstand über einen Vertrauensmann, daß die in Thüringen einmarschierten amerikanischen Truppen dieses Gebiet zugunsten der Russen wieder räumen würden. Die nach Erfurt ausgelagerten Unterlagen, Wertpapiere und Bargelder mußten in größter Eile nach Hildesheim umdirigiert werden. Drei Tage später, am 9. April, hätte die Bank ihr 75jähriges Jubiläum feiern können. Doch zum Feiern war, während sich der Verteidigungsring um Berlin langsam, aber unaufhörlich zusammenzog, niemandem mehr zumute.

2. Kapitel

Der Doyen

Die Stunde Null – Beginn der Ära Abs

Am Morgen des 13. April 1945 setzte sich in Berlin ein Kleinlieferwagen der Firma Karstadt in Bewegung. Fahrtziel: Hamburg. Auf dem Beifahrersitz saß Hermann Josef Abs, seit 1938 Vorstandsmitglied der Deutschen Bank. Es war höchste Zeit, wichtige Unterlagen aus der Reichshauptstadt herauszubringen. Die Vorhut der Roten Armee war bedrohlich nah an die Außenbezirke der Stadt herangerückt. Dennoch hatte sich Abs seine Übersiedlung nach Hamburg nicht nur von seinem Vorstand, sondern darüber hinaus auch von Aufsichtsratschef Karl Kimmich ausdrücklich genehmigen lassen. Zuvor hatte er zusammen mit seinem Vorstandskollegen Oswald Rösler einen Lastwagen mit Akten und Devisen vorausgeschickt. Als Begleiter hatte Abs seinen Mitarbeiter Franz Heinrich Ulrich abgestellt.

In Hamburg, wo die Bank ihre Westvertretung eingerichtet hatte, fanden sich außer Abs die Vorstandsmitglieder Erich Bechtolf und Clemens Plassmann zusammen, um als »Führungsstab« Verbindung zu den wegen der Zerstörung der Städte und Nachrichtenverbindungen nur schwer erreichbaren Filialen im übrigen Reichsgebiet aufzunehmen. Da sie auf Anordnung der britischen Besatzungsmacht die Räume der Deutschen Bank nicht mehr betreten durften, schlugen sie ihr Quartier in einem kleinen Zimmer im Karstadt-Haus auf der Mönckebergstraße auf. Später zogen sie in das Gebäude des

Einrichtungshauses Bornhold. Daß Abs aus dem Kreis der alten Vorstandsmitglieder nach dem Kriege derjenige werden würde, bei dem die Fäden zusammenliefen, war nicht mit letzter Sicherheit zu erwarten gewesen. Immerhin hatte Oswald Rösler, der bereits 1933 ordentliches Vorstandsmitglied geworden war, Aussichten, nach 1945 beim Wiederaufbau der Bank eine zentrale Rolle zu übernehmen. Doch der aus der Disconto-Gesellschaft stammende Bankier, den zunächst die Nazis unter dem Verdacht der Zugehörigkeit zur Hitler-Opposition 1944 für einige Wochen eingesperrt hatten, wurde im Jahr darauf Mitte Juni von den Russen verhaftet, über mehrere Stationen nach Buchenwald verschleppt und erst 1950 wieder auf freien Fuß gesetzt.

So war Abs, der im Berliner Vorstand die Funktion des »Außenministers« der Bank ausgeübt hatte, aufgrund seiner großen internationalen Erfahrung und der Beherrschung mehrerer Fremdsprachen als Gesprächspartner der alliierten Militärverwaltung der Mann der Stunde. Bereits im Mai 1945 setzten ihn die englischen Besatzungsoffiziere als ihren Berater ein, was sie freilich nicht daran hinderte, ihn Anfang 1946 für ein Vierteljahr zu internieren. In seinem Privatdomizil Bentgerhof bei Remagen besuchte ihn im Herbst 1947 auf Veranlassung der amerikanischen Militärregierung ein Wirtschaftsberater Präsident Trumans zu Gesprächen über den sinnvollen Einsatz der von den USA bereitgestellten Marshallplangelder für den Wiederaufbau Deutschlands. Bei dieser Gelegenheit entwickelte Abs seinem Gast den Gedanken einer zu diesem Zweck zu errichtenden »Kreditanstalt für Wiederaufbau« (KfW), wie sie ein Jahr später ins Leben gerufen wurde. Ihr eigentlicher Kopf wurde der Mann, nach dessen Vorstellungen sie gegründet worden war: Hermann Josef Abs, nach der Zerschlagung seiner Bank in zehn Regionalinstitute durch die Besatzungsmächte vorerst ohne den gewohnten Aktionsradius, ergriff die ihm gebotene Chance, eine der wichtigsten Schlüsselpositionen beim wirtschaftlichen Aufbau zu besetzen, bereitwillig. In einem Dreizimmerbüro in der Frankfurter Gutleutstraße 40 nahm er seine Tätigkeit im Dezember 1948 auf. Bereits im Januar 1949 bewilligte die Kreditanstalt das erste Sofortprogramm über 400 Millionen Mark, von denen 170 Millionen für die Energiewirtschaft und 75 Millionen für den Bergbau bestimmt waren.

Abs wurde zunächst zum stellvertretenden Vorsitzenden des Verwaltungsrates der KfW gewählt, ließ sich jedoch schon wenig später in den Vorstand delegieren. Als Mitglied dieses für die Lenkung der Wiederaufbaumittel entscheidenden Gremiums, in dem er bald auch die Rolle des Sprechers übernahm, vereinigte Abs auf seine Person einen nicht zu unterschätzenden Einfluß – zumal er auch noch den Vorsitz in nahezu sämtlichen Ausschüssen ausübte. Konnte es da jemanden verwundern, daß der Großbankier im Wartestand innerhalb der deutschen Wirtschaft, vor allem der Industrie, ein gesuchter Mann war? Die Liste seiner Aufsichtsratsmandate zählte 1950 bereits wieder die Namen von 17 Aktiengesellschaften, darunter so bekannter Unternehmen wie Siemens & Halske, RWE, Metallgesellschaft, Zeiss Ikon und Pittler.

Seine Schlüsselstellung in der Kreditanstalt machte Abs aber nicht allein für die unter einem immensen Geldmangel leidende Wirtschaft zu einem begehrten Gesprächspartner; die Besetzung des KfW-Verwaltungsrates mit einflußreichen Politikern und Gewerkschaftern brachte ihn gleichzeitig mit Vertretern der öffentlichen Hände und der Arbeitnehmer in näheren Kontakt. So saßen neben dem ersten DGB-Vorsitzenden Hans Böckler unter anderem der streitbare Leiter des Wirtschaftswissenschaftlichen Instituts der Gewerkschaften, Victor Agartz, und Professor Erik Nölting, sozialdemokratischer Wirtschaftsminister Nordrhein-Westfalens und ideologischer Herausforderer des liberalen Ludwig Erhard, im Verwaltungsrat. Hermann Josef Abs hat es stets mit besonderem

Stolz erfüllt, daß er bei der Dortmund-Hörder Hüttenunion, wo er das Amt des Aufsichtsratsvorsitzenden bekleidete, auf ausdrücklichen Wunsch des damaligen IG-Metall-Chefs Walter Freitag die mit der Montanmitbestimmung eingeführte Position des »Neutralen Mannes« gleich mit übernehmen konnte – eine im Lichte der späteren Rivalität zwischen »Kapital« und »Arbeit« bemerkenswerte Geste. Abs übte das nach Abstimmung mit der Arbeitnehmerseite besetzte Amt des Neutralen noch in vier weiteren Unternehmen aus, so unter anderem bei der Bergwerksgesellschaft Dahlbusch in Gelsenkirchen.

Kein zweiter aus dem Kreis der führenden Geldmanager hat die Wartezeit bis zur Zulassung wenigstens dreier regionaler Nachfolgeinstitute 1952 als Vorstufe der fünf Jahre später vollzogenen Wiedervereinigung der Großbanken für sein eigenes Ansehen und somit schließlich auch seines Hauses so intensiv genutzt wie Hermann Josef Abs. Welche Aufgabe hätte ihm hierfür einen besseren Rahmen bieten können als die Londoner Verhandlungen über die Regelung der deutschen Auslandsschulden? Im Oktober 1950 hatten die drei Westalliierten Bundeskanzler Adenauer aufgefordert, sich für die Vorkriegsschuld des Deutschen Reiches verantwortlich zu erklären. Gleichzeitig verlangten sie von der Bundesrepublik die Anerkennung der durch die Wirtschaftshilfe der USA, Englands und Frankreichs entstandenen Nachkriegsverpflichtungen. In seiner Antwort vom März 1951 akzeptierte Adenauer grundsätzlich die von den Westmächten erhobenen Forderungen und beauftragte Abs mit der Leitung der deutschen Delegation für die im Mai 1951 beginnenden Verhandlungen. Vertreten waren in London 65 Gläubigerstaaten, von denen 38 eigene Delegierte entsandt hatten. An den Vollversammlungen im Lancaster House nahmen zeitweise über 140 Experten teil. Nach mehreren Verhandlungsrunden einigte sich die Konferenz am 8. August 1952 dank weitgehender Zugeständnisse vor allem der USA auf deutsche Vorkriegsschulden von insgesamt 7,3 Milliarden Mark, von denen die Bundesrepublik in den ersten fünf Jahren je 567 Millionen, danach jährlich 765 Millionen Mark zurückzahlen mußte. Mit dem Londoner Schuldenabkommen sollte, wie Abs im »Bulletin« der Bundesregierung schrieb, »das Vertrauen des Auslands in die Vertragstreue Deutschlands neu begründet werden«. Für ihn selbst stellte die Unterzeichnungszeremonie am 27. Februar 1953 im Londonderry House einen weiteren Höhepunkt seiner unaufhaltsamen Karriere dar.

Zu diesem Zeitpunkt hatte sich der Finanzdiplomat mit dem Bowlerhabitus des Citybankiers längst wieder auf seine Banktätigkeit zu konzentrieren begonnen. Denn im September 1952 waren als Nachfolgeinstitute der Deutschen Bank die Norddeutsche Bank mit Sitz in Hamburg, die Rheinisch-Westfälische Bank (Düsseldorf) und die Süddeutsche Bank (München-Frankfurt) gegründet worden. Obwohl er als Vorstandssprecher der Süddeutschen, formal gesehen, vorerst nur in einem Teil seines Filialreiches herrschen konnte, war seine Führungsrolle in der intern immer nur als Einheit angesehenen Bank unumstritten. Wie »flächendeckend« er vor allem bei der Pflege seiner Industriebeziehungen vorging, weist die bereits wieder lange Liste seiner Aufsichtsratsmandate aus. Außer bei süddeutschen Gesellschaften wie Siemens & Halske, Südzucker und Salamander sah er im Westen bei RWE, Dahlbusch und Rheinpreußen ebenso nach dem Rechten wie im Norden bei Unternehmen wie den Phoenix Gummiwerken, der Deutschen Shell und der Kali-Chemie. Welcher persönliche Einfluß mit diesen Mandaten schon damals verbunden war, läßt sich daran ermessen, daß er in zehn seiner insgesamt 24 Aufsichtsräte das Amt des Vorsitzenden innehatte.

Die Industrie hatte Hermann Josef Abs schon früh in ihren Bann gezogen. Eine gewisse Rolle dürften dabei die unternehmerischen Interessen seines Vaters gespielt haben. Der

Bonner Justizrat Josef Abs war nicht nur ein vielseits geschätzter Wirtschaftsanwalt, sondern hatte sich vor allem im rheinischen Braunkohlenbergbau finanziell engagiert. So gehörte er sogar dem Vorstand der Hubertus Braunkohlen-AG in Brüggen an der Erft an, an der er sich nicht unwesentlich beteiligt hatte. Sohn Hermann Josef saß gleichzeitig im Aufsichtsrat. Daneben hatte sich Vater Abs eine Reihe interessanter Mandate übertragen lassen, darunter auch im Aufsichtsrat des Kölner Versicherungsunternehmens Gerling. Mutter Abs entstammte der Euskirchener Textilfamilie Lückerath, über die der 17jährige Hermann Josef frühe Bekanntschaft mit dem Textilfabrikanten Günther Quandt aus Pritzwalk in der Mark schloß. Die beiden Hersteller feiner Marinetuche waren in einem Syndikat miteinander verbunden.

Aber nicht allein die Erfahrungswelt seiner Eltern ließ Abs frühzeitig mit der praktischen Seite der Wirtschaft in Berührung kommen. Besonders in Köln, wo der gebürtige Bonner 1921 im Bankhaus Delbrück von der Heydt & Co. seine erste Stellung antrat, fand der 20jährige rasch Zugang zu den geschäftlich interessanten Kreisen. Den Kontakt zu vielversprechenden Unternehmersprößlingen fand Abs vor allem im Akademischen Club »Copierpresse«. In diesem Zirkel lernte er unter anderem Johann Wilhelm Zanders kennen, alsbald Chef der bis heute mit der Deutschen Bank eng liierten Bergisch-Gladbacher Papierfirma Zanders Feinpapiere, der bis zu seinem Tod im Jahre 1978 vor wegweisenden Entscheidungen bei Abs wiederholt freundschaftlichen Rat einholte. In der »Copierpresse« machte er auch die Bekanntschaft Eugen Langens, Mitgesellschafter der Kölner Zuckerfirma Pfeifer & Langen und Sproß einer der bedeutendsten rheinischen Industriefamilien (sein Großvater Eugen Langen gründete zusammen mit dem Erfinder Nikolaus August Otto 1864 die Gasmotorenfabrik Deutz), sowie Paul Underbergs aus der Rheinberger Magenbitterdynastie.

Durch die Ehe mit Inez Schnitzler geriet der Jungbankier in verwandtschaftliche Beziehung zu einer anderen Kölner Unternehmerfamilie. Die Schnitzlers waren nicht nur Gesellschafter der alteingesessenen Privatbank J. H. Stein. Sie verfügten darüber hinaus über nicht unerhebliche Interessen in der chemischen Industrie. Als Großaktionäre der Chemischen Fabriken vorm. Weiler-ter Meer, eines der sechs Gründerunternehmen der I.G. Farbenindustrie, hatten sie bis in die Spitze des Chemiegiganten enge persönliche Verbindungen: Georg von Schnitzler gehörte dem Vorstand des Konzerns an, in dessen Aufsichtsrat er 1941 Hermann Josef Abs, seit Anfang 1938 Vorstandsmitglied der Deutschen Bank, begegnete.

Abs durfte sich des Vorzugs rühmen, dem prominent besetzten Gremium als einziger Bankier anzugehören. Schon vor ihm hatte sein 1937 verstorbener Vorgänger Gustaf Schlieper die Deutsche Bank im I.G.-Farben-Aufsichtsrat vertreten. Die dem Haus zweifellos eingeräumte Sonderstellung entsprach durchaus seiner Bedeutung für den Chemiegiganten. Keine andere Großbank vertrat in der Hauptversammlung der I.G. so viele Aktionäre wie die Deutsche – 1943 beispielsweise 38,1 Prozent des Kapitals. Nur allzu verständlich, daß Hermann Schmitz, Vorstandsvorsitzender des Konzerns, umgekehrt dem Kontrollgremium der Deutschen Bank angehörte.

Als ehemaliges Aufsichtsratsmitglied der I.G. Farbenindustrie mit engsten Verbindungen zu den führenden Männern des von den Kriegssiegern zerschlagenen Konzerngiganten brachte Abs zudem die besten Voraussetzungen mit, um sich auch in die unter starker Bonner Mitwirkung in Gang gekommene Neustrukturierung der deutschen Großchemie einzuschalten. Er gehörte einem kleinen Kreis von Männern an, der Bundeskanzler Adenauer bei der in enger Abstimmung zwischen Deutschen und Alliierten durchgeführten Entflechtung des mächtigsten Chemieimperiums der Welt beriet. Als vorteilhaft für Abs erwies sich hierbei auch sein persönlicher Kontakt zu John McCloy. Da der amerikanische Hochkommissar kein Deutsch und Adenauer kein Englisch verstand, hatte der sprachkundige Bankier schon bei der ersten Begegnung im September 1949 zwischen den beiden gedolmetscht.

Auf seiten des Chemiemanagements hatte Abs vor allem in Carl Wurster, dem ersten Vorstandsvorsitzenden der aus der I.G. entflochtenen BASF, einen engen Vertrauten. Der gebürtige Stuttgarter war 1938 – im selben Jahr wie Abs bei der Deutschen Bank – in den Vorstand der I.G. Farbenindustrie berufen worden und hatte sich nach seinem Freispruch vor dem Nürnberger Tribunal Ende Juli 1948 an den Wiederaufbau der unter französischer Sequesterverwaltung stehenden Werksanlagen in Ludwigshafen gemacht. Als dann am 28. März 1952 die BASF als Auffanggesellschaft für die ihr zugeordneten Betriebe ins Leben gerufen wurde, war Abs mit einem privat gezeichneten Kapitalanteil von 100 000 Mark unter den fünf Gründern. Er wurde der erste Aufsichtsratsvorsitzende der wiedererstandenen BASF und blieb es bis 1965, als ihm der altersbedingt aus der Konzernführung ausgeschiedene Wurster nachfolgte.

Auch in der wie die »Badische« nach der Entflechtung wiedergegründeten Bayer AG gelang es der Deutschen Bank, sich als erste Finanzadresse zu etablieren. Lediglich Hoechst als dritter Farbennachfolger ging eine enge Verbindung mit der Dresdner Bank ein, weil die amerikanische Militärregierung nicht alle drei entflochtenen Chemiekonzerne von der Deutschen Bank betreut sehen wollte. Das Verhältnis zwischen Karl Winnacker, dem ersten Vorstandsvorsitzenden der Farbwerke, und Hermann Josef Abs war eher unterkühlt. Der aus Barmen stammende Chemiker, ein Mann von zurückgenommener Äußerlichkeit, konnte für den Meister der wirkungs-

42

vollen Attitüde wenig empfinden. Abs seinerseits dürfte es geärgert haben, daß die »Chemie« zwischen seinem Gegenspieler von der Dresdner Bank, Hugo Zinsser, und Winnacker um so besser stimmte.

Welch ein Geflecht persönlicher, ja höchst privater Bindungen die Beziehung zwischen einem Bankier und einem bedeutenden Industrieunternehmen bisweilen bestimmt, zeigt auf besonders eindrucksvolle Weise die innige Nähe zwischen Hermann Josef Abs und der Metallgesellschaft AG (MG). Dreißig Jahre gehörte er dem Aufsichtsrat des 1881 von Wilhelm Merton gegründeten, größten deutschen Metallkonzerns an – länger als jedes andere Mitglied. Dabei spielte zweifellos eine Rolle, daß die MG schon seit 1910 eine kommanditistische Beteiligung an der Berliner Privatbank Delbrück Schickler & Co. hielt – jenem Institut, in das der junge Abs 1929 als Prokurist eintrat und in dem er sechs Jahre später zum Teilhaber aufstieg. Als Ludwig Delbrück 1913 starb, schickte die Metallgesellschaft ihr Vorstandsmitglied Gustav Ratjen als Gesellschafter in die Bank. In Ratjen fand Abs nicht nur einen überzeugten Förderer. Über seine Heirat mit Inez Schnitzler geriet er 1928 überdies auch in verwandtschaftliche Beziehung zur Familie Ratjen: Sein Schwiegervater Otto Schnitzler und Ratjens Ehefrau Martha waren Geschwister. Nach Gustav Ratjens Tod übernahm Abs sogar die Verwaltung des Familienvermögens, eine Aufgabe, der er sich mit größter Sorgfalt und, zum Leidwesen mancher Erben, mit größter Ausgabendisziplin widmete. Nach seinem Eintritt in den Aufsichtsrat der von den Banken sanierten Kaufhausfirma Karstadt (August 1936) errang er mit der Berufung bei der Metallgesellschaft im Oktober 1937 (also noch vor seinem Amtsantritt bei der Deutschen Bank) sein erstes bedeutendes Industriemandat.

Die starke innere Bindung an die Metallgesellschaft, die sich Abs über die langen Jahre seiner Karriere bewahrte, erklärt sich nicht zuletzt auch aus seiner engen Freundschaft mit Richard Merton. Der Sohn des Konzerngründers, neben seiner Tätigkeit im MG-Vorstand (zwischen 1911 und 1928) gleichzeitig Teilhaber bei Delbrück Schickler, hatte schon Anfang der dreißiger Jahre die Bekanntschaft des jungen Bankprokuristen gemacht. Als Merton, ein protestantisch getaufter Jude, 1939 von den Nazis ins Lager Buchenwald verschleppt und nach vier Wochen zur Ausreise ins Londoner Exil freigelassen wurde, sorgte Abs über einen englischen Vertrauensmann für eine würdige Aufnahme des Verfemten. Merton, der trotz Verfolgung und Angriffskrieg seiner Heimat stets verbunden blieb, kehrte bereits 1947 nach Frankfurt zurück, bewohnte dort zeitweise sogar mit Abs eine kleine Zweizimmerwohnung und übernahm 1948 den Aufsichtsratsvorsitz der Metallgesellschaft – und vier Jahre später den stellvertretenden Ratsvorsitz der Süddeutschen Bank.

Obwohl Abs-Gegenspieler Hugo Zinsser in den fünfziger Jahren die Dresdner Bank mit einer über 25prozentigen Beteiligung bei der Metallgesellschaft in Position brachte, übertrugen sich die im Auf und Ab der Ereignisse gewachsenen persönlichen Bande nahtlos auf die nächste Generation. Zu Abs' Vertrauten gehörte Mertons Stiefsohn Casimir Johannes Prinz zu Sayn-Wittgenstein-Berleburg, Vorstandsmitglied der Metallgesellschaft von 1954 bis 1982, ebenso wie Karl Gustaf Ratjen, der Sohn seines Förderers und Chef des Metallkonzerns von 1974 bis 1984, der 1979 zusätzlich noch das einflußreiche Amt des Aufsichtsratsvorsitzenden bei VW übernahm.

Daß er nach 1945 ohne nennenswerte Unterbrechung die Fäden wieder voll in die Hand nehmen und seinen Wirkungskreis bis weit in den politischen Bereich ausdehnen konnte, durfte Hermann Josef Abs dem glücklichen Umstand zuschreiben, daß man ihm politisch kaum etwas anhängen konnte. Gewiß war die Deutsche Bank im »Dritten Reich«

genau wie die anderen Großbanken eng in die staatsgelenkte und systematisch auf einen Angriffskrieg vorbereitete Wirtschaft eingebunden. Auch waren die Bank und Abs persönlich an der »Arisierung« jüdischer Unternehmen beteiligt, wobei sie allerdings darauf verweisen konnten, stets auf Initiative und im Interesse der verfolgten Geschäftsinhaber bei der finanziellen Regelung des Eigentümerwechsels und dem Vermögenstransfer ins Ausland tätig geworden zu sein. Unbestreitbar auch, daß die Deutsche Bank und ihr »Außenminister« Abs in den von deutschen Truppen besetzten Ländern ihre geschäftlichen Interessen nach besten Kräften vertraten. Was seine Person betraf, so konnte Abs jedoch für sich in Anspruch nehmen, zu den Nazis stets auf Distanz geblieben, ja nicht einmal Parteimitglied gewesen zu sein.

Um die Rolle des prominentesten Nachkriegsbankiers kam es Anfang der siebziger Jahre zu einem aufsehenerregenden Prozeß, den Abs und die Deutsche Bank gegen den DDR-Schriftsteller Eberhard Czichon führten. Dieser hatte in seinem 1970 erschienenen Buch *Der Bankier und die Macht* Abs die Beteiligung an nationalsozialistischen Verbrechen, vor allem eine »skrupellose Arisierungspolitik«, vorgeworfen. Die in einem Kölner Verlag herausgebrachte Schmähschrift erregte allein schon wegen ihrer exklusiven Quelle großes Aufsehen: Czichon hatte nämlich das westdeutschen Autoren unzugängliche Altarchiv der Bank einschließlich zahlreicher privater Abs-Papiere auswerten können – Unterlagen, die 1945 den Russen in die Hände gefallen waren und die bis heute im Besitz der DDR sind. In dem fast zweijährigen Prozeß konnten die Abs-Anwälte Josef Augstein und sein als führender Presserechtler geltender Kollege Martin Löffler dem von dem DDR-Staranwalt Friedrich Karl Kaul vertretenen Czichon eine Fülle von Fehlern und Fälschungen nachweisen. Der seinerzeitige Abs-Assistent Georg Krupp, heute Mitglied des Vorstandes, war über ein Jahr lang fast ausschließlich damit beschäftigt, inner- und außerhalb der Bundesrepublik die für die Beweisführung notwendigen Zeugen und Dokumente aufzuspüren. In seinem Urteil vom 27. Juni 1972 verbot das Stuttgarter Landgericht Czichon und seinem Verleger, die umstrittenen Behauptungen weiter zu verbreiten.

Der Prozeß hatte einer größeren Öffentlichkeit erstmalig Einblick in die zwiespältige Rolle des unter Despoten und Demokraten gleichermaßen erfolgreichen Großbankiers gewährt. Als Beleg für seine oppositionelle Einstellung gegenüber dem Regime präsentierten seine Anwälte eine Ehrenerklärung von Marion Gräfin Yorck von Wartenburg, der Witwe des nach dem mißglückten Hitler-Attentat vom 20. Juli 1944 hingerichteten Peter Graf Yorck von Wartenburg. Darin heißt es: »Abs galt als Vertrauensmann, der infolge seiner guten ausländischen Verbindungen« die Opposition »stets mit wichtigen Informationen versorgte...« Noch kurz vor dem Anschlag habe ein Gespräch zwischen Abs und dem in alle Pläne eingeweihten Grafen Yorck stattgefunden, in dem dieser den Bankier dafür gewonnen habe, »sich der Delegation anzuschließen, die nach dem ›Ereignis‹ mit England verhandeln sollte«. Ähnlich hatte der Abs aus vielen privaten Begegnungen vertraute Konrad Kardinal von Preysing, Bischof von Berlin und Wortführer des katholischen Widerstandes gegen die nationalsozialistische Kirchenpolitik, schon 1946 die innere Einstellung des von der Partei nie als einen der Ihren empfundenen Mitläufers beschrieben.

Für den in einem streng katholischen Elternhaus aufgewachsenen Rheinländer war das Verhältnis zu seiner Kirche stets mehr als nur eine ganz persönliche Angelegenheit seines Glaubens. Wie sich der Bankier Abs als Finanzdiplomat auf internationalem Parkett gleichsam auf eine höhere Ebene stellte, erwuchs aus dem gläubigen Katholiken der Gesprächspartner und Vertraute höchster Würdenträger des Klerus. Im Mai 1940, kurz vor dem Eintritt Italiens in den Krieg, empfing

46

ihn Papst Pius XII., den er als Nuntius Pacelli in Berlin kennengelernt hatte, in Privataudienz.

1950 wurde Abs in den Ritterorden vom Heiligen Grabe zu Jerusalem berufen, dem weltweit rund 12 000 Ritter und Ordensdamen angehören. Als deutscher Statthalter des päpstlichen Laienordens war er später maßgeblich an dessen Reorganisation in der Bundesrepublik beteiligt. Die führende weltliche Position im Orden – neben einem Kardinal als geistlichem Oberhaupt (Großprior) – eröffnete ihm wertvolle Kontakte zu klerikal eingestellten Unternehmern und adeligen Großgrundbesitzern. Im Auftrag des Heiligen Stuhls übernahm Abs mehr als einmal vielbeachtete Sondermissionen, wie 1971 die ständige Vertretung auf der Jahrestagung der Internationalen Energie-Organisation in Wien. Als 1983 das mit dem Vatikan finanziell eng liierte Mailänder Geldinstitut Banco Ambrosiano zusammenbrach, erarbeitete Abs auf Vermittlung des seinerzeitigen Kölner Kardinals Joseph Höffner Vorschläge für eine effizientere Organisation und Kontrolle der katholischen Kirchenfinanzen.

Ohne durch den manch anderem aus der Welt des großen Geldes anhaftenden Makel einer allzu engen Komplizenschaft mit den braunen Machthabern belastet zu sein, konnte Abs nach 1945 auch bei der Reaktivierung der industriellen Auslandsbeziehungen seiner Bank auf intakt gebliebene Geschäftsfreundschaften zurückgreifen. Dabei pflegte er bereits vor dem Krieg ein besonders enges Verhältnis zu der von wenigen reichen Familien beherrschten belgischen Großindustrie. Die wohl wichtigste Verbindung wurde dabei die zur Familie Solvay. Der Salzsiedersohn Ernest Solvay, ein genialer Erfinder, hatte in den sechziger Jahren des vorigen Jahrhunderts ein Verfahren zur industriellen Herstellung von Soda aus Kochsalz entwickelt und zusammen mit seinem Bruder Alfred Solvay in Belgien und mehreren Ländern der Welt auf der Basis seines Patents Sodafabriken errichtet. Die 1880 in Bernburg an der Saale gegründete deutsche Solvay-Tochter fand ihre wichtigste Finanzverbindung in dem Berliner Privatbankhaus Mendelssohn & Co.

Hier nun kommt die Deutsche Bank ins Spiel. Unter dem Zwang, ihre Bank in »arischen« Besitz zu überführen, wandten sich die jüdischen Inhaber von Mendelssohn 1938 mit der Bitte an Abs, die Deutsche Bank möge ihr Geschäft übernehmen. Das zu den angesehensten Privatbanken zählende Institut trat wenig später in Liquidation; seine 94 Mitarbeiter sowie alle Passiva und im gleichen Umfang die auf Reichsmark lautenden Aktiva wurden von der Deutschen Bank übernommen – und damit gleichzeitig auch die Geschäftsverbindung zu Solvay. Den Entschluß, die Wahrnehmung ihrer finanziellen Interessen in Deutschland in einer politisch prekären Atmosphäre der führenden Großbank zu übertragen, faßten die Solvay-Manager jedoch erst nach positiven Auskünften, die Baron René Boël, führender Mann in der Brüsseler Konzernspitze, durch den belgischen Botschafter in Berlin über den für das Engagement im Vorstand der Deutschen Bank zuständigen Abs eingeholt hatte. Der zu dieser Zeit gerade 37jährige, seit 1938 als belgischer Generalkonsul auftretende Bankier erschloß seinem Haus damit eine bis heute bestehende Geschäftsbeziehung und fand in dem in erster Ehe mit einer Solvay-Erbin verheirateten Baron Boël einen engen persönlichen Freund. Mit dreijähriger Unterbrechung kurz nach dem Krieg saß Abs von 1940 bis 1968 im Aufsichtsrat der 1948 nach Solingen verlagerten Deutschen Solvay und deren Tochter Kali-Chemie in Hannover – die letzten 15 Jahre jeweils als Vorsitzender.

Zumindest in ihren Ursprüngen geht auch die zweite belgische Industrieverbindung, der sich Abs nach seinem Eintritt in die Deutsche Bank zu widmen hatte, teilweise auf die Familie Solvay zurück. Zusammen mit ihr errichteten namhafte Industrielle des Landes 1853 die Zeche und spätere Bergwerksgesellschaft Dahlbusch im heutigen Gelsenkirchen. Anders jedoch als Solvay verband Dahlbusch mit der Deutschen Bank bereits ein bewährtes Geschäftsverhältnis, als Abs 1938 den Vorsitz im Aufsichtsrat übernahm, den er nicht weniger als ein halbes Jahrhundert innehatte und erst im Herbst 1988 mit 87 Jahren niederlegte. Nach der deutschen Besetzung Belgiens 1940 wurde Abs bei Dahlbusch obendrein als Feindvermögensverwalter eingesetzt – eine Funktion, die ihn in einen heftigen Streit mit dem Chef der »Reichswerke Hermann Göring«, Paul Pleiger, verwickeln sollte. Der Staatsmanager, der im Rahmen der von den Nazis verfolgten Autarkiepolitik gegen den erbitterten Widerstand der meisten Ruhrmagnaten zur Verhüttung der heimischen Erzvorkommen im Raum Salzgitter ein modernes Stahlwerk hochgezogen hatte, verlangte von Abs die Abtretung zweier Dahlbusch-Kohlenfelder. Dieser lehnte Pleigers Ansinnen kategorisch ab und mußte bei einem Besuch in der Berliner Zentrale der Reichswerke eine üble Schimpfkanonade des Göring-Günstlings über sich ergehen lassen. Abs jedoch blieb hart und konnte nach dem Krieg Dahlbusch seinen ausländischen Eigentümern unangetastet zurückgeben.

Über seine starke Stellung bei Dahlbusch eröffneten sich Abs gleichzeitig auch Einflußmöglichkeiten in der deutschen Glasindustrie. Zur Verwertung des in Gelsenkirchen lange Zeit nutzlos abgefackelten Kokereigases hatten die Zechenherren 1925 gemeinsam mit der mehrheitlich vom Solvay-Konzern kontrollierten Compagnie Internationale pour la Fabrication Mécanique du Verre (Mécaniver) eine Tafelglasfabrikation auf der Basis des amerikanischen Libbey-Owens-Verfahrens errichtet. Mit dem Aufsichtsratsvorsitz bei Dahlbusch übernahm Hermann Josef Abs 1940 (bis 1945) auch den Beiratsvorsitz der unter dem Namen Deutsche Libbey-Owens-Gesellschaft für maschinelle Glasherstellung (DELOG) firmierenden Gesellschaft und 1960 (bis 1969) abermals die Führung in diesem mittlerweile in einen Aufsichtsrat umgewandelten Gremium. Die Annäherung zwischen der DELOG und ihrer Fürther Konkurrentin DETAG (Deutsche Tafelglas AG), die 1970 schließlich mit der Fusion der beiden Unternehmen zur heutigen Flachglas AG führte, konnte Abs auf dem kürzesten Dienstweg begleiten. In der DETAG nämlich dominierte seit Bestehen der Firma im Jahre 1932 die Deutsche Bank, deren Vorstandsmitglied Hans Feith zum Zeitpunkt der Fusion auch den Aufsichtsratsvorsitz innehatte. Auch zum zweiten führenden Flachglashersteller in der Bundesrepublik, der VEGLA Vereinigte Glaswerke GmbH, Aachen, knüpfte die Deutsche Bank enge Beziehungen an: Im Verwaltungsrat des französischen Mutterkonzerns Saint-Gobain sitzt als einziger Ausländer ihr einstiger Vorstandssprecher Friedrich Wilhelm Christians. Umgekehrt berief die Bank 1977 Roger Faroux, Generaldirektor von Saint-Gobain Industries und später Präsident der Eliteschule Ecole Nationale d'Administration (ENA), in ihren obersten Beraterkreis. Er mußte dieses Amt 1988 aufgeben, nachdem ihn Ministerpräsident Michel Rocard zum Industrieminister ernannt hatte.

Eine ähnlich delikate Aufgabe wie bei Dahlbusch übernahm Hermann Josef Abs 1939 mit seiner Berufung an die Aufsichtsratsspitze der Vereinigten Glanzstoff-Fabriken AG in Wuppertal. Der Grund lag in der im Jahre 1929 bei der Fusion des Unternehmens mit seinem holländischen Konkurrenten Algemeene Kunstzijde Unie (AKU) entstandenen Aktionärsstruktur: Die deutschen Glanzstoff-Aktionäre hatten ihre Papiere dabei in AKU-Aktien umgetauscht, so daß ihr Unternehmen formal in den Besitz einer holländischen Gesellschaft geriet. Zwar gehörte die AKU als Folge des Aktientauschs zu 60 Prozent deutschen Eigentümern, doch ging dieser Anteil mit zunehmender Verkaufsneigung ständig zurück. Der Glanzstoff-Vorstand und sein Aufsichtsratsvorsitzender Emil Georg von Stauß sahen sich immer stärker mit der Forderung der Berliner Autarkiepolitiker konfrontiert, in der Führung des größten heimischen Chemiefaserproduzenten den deutschen Interessen wieder mehr Geltung zu verschaffen. Nach einem heftigen Streit mit dem Reichswirtschaftsministerium mußten Stauß und zwei Vorstandsmitglieder ihren Hut nehmen.

Mit Abs anstelle von Stauß glaubten es die dirigistischen Industriepolitiker auf dem wichtigen Posten mit einem Mann zu tun zu haben, der durch sein internationales Ansehen, nicht zuletzt auch durch seine persönlichen Beziehungen zu AKU-Aufsichtsratchef Frederik H. Fentener van Vlissingen, den deutschen Interessen in der AKU-Führung nur nützlich sein konnte. Von Vorteil war für Abs, gleichzeitig Stellvertreter van Vlissingens im Aufsichtsratsvorsitz bei der AKU, daß er nach seinen teilweise in Amsterdam verbrachten Lehr- und Wanderjahren als junger Devisenhändler fließend Holländisch sprach. Gemeinsam mit dem auf seine Initiative 1940 eingesetzten Glanzstoff-Generaldirektor Ernst Hellmut Vits (er blieb in dieser Funktion bis zu seinem Tode im Jahre 1969) und dessen in die Arnheimer AKU-Zentrale delegierten Mitarbeiters Ludwig Vaubel (er übernahm als Vits-Nachfolger die Glanzstoff-Führung von 1969 bis 1972) erreichte es Abs, daß nach der Besetzung der Niederlande dem Konzern die Machtübernahme durch einen der Regierung unterstellten »Verwalter« erspart blieb.

Die trotz aller Belastungen über die Kriegswirren erhalten gebliebene Vertrauensbasis ermöglichte es Deutschen und Holländern – trotz der Beschlagnahme der in deutschem Besitz liegenden AKU-Aktien durch die Regierung in Den Haag – nach 1945 zu alter Partnerschaft zurückzufinden. Schon Ende 1947 konstituierte sich ein paritätisch besetzter Glanzstoff-Aufsichtsrat, in dem auf Wunsch der Holländer Hermann Josef Abs den Vorsitz behielt; sechs Jahre später bot die AKU 24 Prozent der Glanzstoff-Aktien ihren deutschen

Aktionären an. Bereits 1962 beriefen die Holländer Abs in den Aufsichtsrat der AKU. Zusätzlich zog er in den vierköpfigen »Exekutivausschuß« ein, als dessen Mitglied er regelmäßig mit dem Vorstand zu gesonderten Sitzungen zusammenkam. Nach seinem Ausscheiden aus dem Vorstand der Deutschen Bank übernahm Franz Heinrich Ulrich das Aufsichtsratsmandat. Heute ist Alfred Herrhausen sogar Stellvertretender Aufsichtsratschef des aus dem Zusammenschluß von AKU und der Koninklijke Zout Organon (KZO) 1968 hervorgegangenen Chemiemultis Akzo N. V.

Außer der Erinnerung an seine erste Auslandstätigkeit in Amsterdam und der Beherrschung der Landessprache hat vor allem der seinem geschäftlichen Stilempfinden entsprechende Kaufmannsgeist die Holländer für Abs eingenommen. Als Vertrauensmann der Royal-Dutch/Shell-Gruppe, deren legendären, 1939 gestorbenen Generaldirektor Sir Henri Deterding er schon als Partner von Delbrück Schickler kennengelernt hatte, wurde Abs 1956 Stellvertretender Aufsichtsratsvorsitzender der Deutschen Shell AG in Hamburg. Eine ebenso enge Beziehung baute er zum niederländischen Stahlkonzern Hoogovens auf. In den von den Holländern zu 43 Prozent kontrollierten Dortmund-Hörder Hüttenunion übernahm er 1952 den Aufsichtsratsvorsitz und war an deren Fusion mit Hoesch (1966) ebenso beteiligt wie 1973 an der schon wenige Jahre später wieder geschiedenen Stahlehe zwischen Hoesch und Hoogovens.

Doch Abs' Verbindungen gingen auch nach Skandinavien, wo ihn eine sehr enge Freundschaft mit dem schwedischen Bankier Marcus Wallenberg verband, und nach England – dort vor allem zu seinem Vertrauten Siegmund Warburg, den er schon während seines zweiten Auslandsaufenthalts Mitte der zwanziger Jahre in London kennengelernt hatte. Wie weit seine finanziellen und politischen Drähte in den USA reichten, mußte sich für ihn 1957 bei der Lösung einer schwierigen Aufgabe erweisen: der Repatriierung von Stinnes. Hugo Stinnes jr., jüngster Sohn des legendären Konzernerbauers, hatte das ihm verbliebene industrielle Vermögen auf Betreiben seiner amerikanischen Gläubigerbanken 1929 in die neu gegründete Hugo Stinnes Corporation, New York, eingebracht. Als die USA 1941 in den Krieg eintraten, wurden die Aktien der Gesellschaft, soweit sie in deutschem Besitz waren, beschlagnahmt und 1956 von der Feindvermögensverwaltung zur Versteigerung freigegeben. Nach den amerikanischen Reparationsbestimmungen von 1946 war es jedoch verboten, die Aktien, die immerhin mit 56 Prozent die Stinnes-Majorität repräsentierten, an die Alteigentümer zurückzuveräußern. Damit drohten vor allem wertvolle Kohlezechen an der Ruhr unter ausländischen Einfluß zu geraten. Der von der Bundesregierung in den Fall eingeschaltete Abs machte gegenüber Washington geltend, daß es sich bei der Stinnes-Mehrheit gar nicht um Feindvermögen in den USA handele, sondern um deutsche Sicherheiten für eine im übrigen längst getilgte Schuld. Nachdem sich Bundeskanzler Adenauer in dieser Angelegenheit noch einmal persönlich eingeschaltet hatte, gaben die Amerikaner schließlich nach und akzeptierten bei der geplanten Versteigerung der Aktien ausnahmsweise auch deutsche Bieter.

Von seinem schon zwei Wochen vor dem entscheidenden Tag nach Washington geschickten Mitarbeiter Paul Krebs über die vorbereitenden Gespräche mit den zuständigen Behörden, den zwischengeschalteten US-Banken und der deutschen Botschaft ständig auf dem laufenden gehalten, bot Abs in der Endphase seinen inzwischen bei der Chase Manhattan Bank tätigen Freund McCloy als Vermittler auf. Am 25. Juni 1957, genau um 16.46 Uhr (wie Krebs in seinem Bericht »Betr.: Repatriierung der Hugo Stinnes Corporation« feststellt), wurde das Gebot der für ein Konsortium auftretenden Deutschen Bank geöffnet und verlesen. Es lautete auf 37,019 Dollar pro

Aktie. Die 0,019 Dollar waren (als »tail«) hinzugefügt worden, um einen möglicherweise zum gleichen Preis bietenden Konkurrenten auszustechen. Die Vorsicht erwies sich jedoch als unnötig: Die Deutsche Bank blieb der einzige Bieter. Für das Konsortium war der Zuschlag nicht nur ein Prestigeerfolg, sondern obendrein noch ein gutes Geschäft: Mit einem soliden Aufgeld reichten die Banken ihr Stinnes-Paket 1966 an die VEBA weiter.

Bei Transaktionen wie dem Stinnes-Rückerwerb kam Abs sein inzwischen auch großes politisches Ansehen, vor allem jedoch sein enges persönliches Verhältnis zu Konrad Adenauer zustatten. Von Robert Pferdmenges, Mitinhaber des Kölner Privatbankhauses Sal. Oppenheim jr. & Cie., einmal abgesehen, der als CDU-Bundestagsabgeordneter unmittelbar im politischen Geschäft stand, durfte sich kaum ein zweiter aus der Welt der Finanzen eines auch nur annähernd so großen Einflusses rühmen wie der Vorstandssprecher der Deutschen Bank. Seit sich die beiden Mitte 1945 im provisorischen Kölner Rathaus, wo Adenauer als Oberbürgermeister amtierte, zum erstenmal begegneten, hat der spätere Kanzler Abs immer wieder um Rat gefragt – und diesen bisweilen auch gegen seinen eigenen Wirtschaftsminister Ludwig Erhard benutzt.

Nur wenige Tage nach der ersten Kanzlerwahl nahm Abs am 26. September 1949 auf dem Petersberg an einer Zusammenkunft Adenauers mit den drei Hochkommissaren teil. Im November 1949 bildete der Kanzler einen monatlich tagenden Kabinettsausschuß, dem außer den Ministern für Wirtschaft und Finanzen sowie den Spitzen der Bundesbank auch Pferdmenges und – als Vertreter der Kreditanstalt für Wiederaufbau – Abs angehörten. Ebenso saß er in einem »Kleinen Kreis« von Experten, den Adenauer Anfang 1954 zu seiner persönlichen Beratung in wirtschafts- und finanzpolitischen Fragen zusammengestellt hatte. Im selben Jahr wurde dem parteilosen Großbankier gar die Ehre zuteil, auf dem Kölner CDU-Parteitag das Hauptreferat zu halten.

Die Rolle, die der Meister publikumswirksamer Selbstdarstellung auf öffentlicher Bühne spielte, entsprach – vordergründig betrachtet – durchaus seiner Stellung in der Bank. Obwohl er formal nur der Sprecher eines Gremiums von Gleichen war, tat sich zwischen ihm und den übrigen Vorstandsmitgliedern ein fühlbarer Abstand auf. Nicht wenige, die seine bisweilen herablassende Behandlung, sein unbezweifelbares Talent, den Glanz des Erfolgs allzusehr auf die eigene Person zu konzentrieren, nur knurrend ertrugen. Auf der anderen Seite war Abs alles andere als ein Diktator, der seine einsamen Entscheidungen nur noch notifizieren ließ. Mit der Tradition des Hauses, daß Entscheidungen des Vorstandes nur im vollen Konsens aller Mitglieder zu treffen sind, hätte auch er nicht brechen können. Nach dem Geschmack ungeduldiger Kollegen ließ ihr Sprecher wichtige Entscheidungen sogar allzu behutsam heranreifen.

Wieviel industrieller Einfluß der Deutschen Bank sich in der Person von Abs vereinigte, macht die Anzahl der etwa für 1962 ausgewiesenen 24 Aufsichtsratsmandate noch gar nicht einmal deutlich. Auf ähnlich stolze Besitzstände konnten zu diesem Zeitpunkt auch schon seine späteren Nachfolger Franz Heinrich Ulrich und Karl Klasen verweisen. Keiner von ihnen konnte sein Mandatekonto jedoch mit so klangvollen Namen schmücken wie Abs, der bei Daimler-Benz, Lufthansa und Philipp Holzmann ebenso mit am Tisch saß wie bei Siemens, der BASF und dem RWE – und meist auch noch auf dem wichtigsten Stuhl: In 22 seiner Aufsichtsräte war er Vorsitzender oder zumindest Stellvertretender Vorsitzender. Gleichzeitig stand er auch noch den Verwaltungsräten der Kreditanstalt für Wiederaufbau und der Deutschen Bundesbahn vor und leitete die Gesellschaftergremien einer Reihe von Familienfirmen.

Dank der ungewöhnlich großen Zahl von Vorsitzendenmandaten war Abs in der glücklichen Lage, seinen Sitzungskalender weitgehend selber bestimmen zu können. Mit Hilfe regionaler Terminblöcke konnte er auf ein und derselben Reise gleich mehreren Verpflichtungen nachkommen. Seinetwegen hielt der Zug außerhalb des Fahrplans in Hamburg-Harburg, wo er beim Reifenhersteller Phoenix erwartet wurde, oder in Kornwestheim, wo er bei Salamander pünktlich zu erscheinen hatte. Als Verwaltungsratsvorsitzender der Bundesbahn hatte er in seinem Frankfurter Büro sogar einen Bahntelefonanschluß, über den er sich regelmäßig ein ganzes Zugabteil für Reisekonferenzen reservieren ließ. Etappenweise bestellte er sich dann nacheinander die Vorstände mehrerer Mandatsgesellschaften in sein rollendes Büro, um außerhalb der Aufsichtsratssitzungen die geschäftliche Entwicklung oder unaufschiebbare Angelegenheiten zu besprechen.

Außer um die Reiseorganisation hatte sich sein »Persönliches Büro«, bestehend aus einem jüngeren Assistenten und zwei Sekretärinnen, vor allem um eine ausgeklügelte Aktenlogistik zu kümmern. Für Aufsichtsratsvorlagen, Wirtschaftsprüferberichte und andere Papiere der seiner Obhut anvertrauten Firmen hatte er zeitweise nicht weniger als 16 große schwarze Aktentaschen in Gebrauch. Assistenten, Fahrer und Boten hatten alle Hände voll zu tun, um auf Flughäfen, in Hotellobbys oder am Rande von Hauptversammlungen Abs-Gepäck mit unterwegs durchgearbeiteten Unterlagen gegen Koffer mit neuen Vorgängen auszutauschen. Obwohl ihm zwei Mandatsassistenten bei der Vorbereitung seiner Aufsichtsratssitzungen zuarbeiteten und er als einziger im Vorstand keinen Filialbezirk der Bank zu betreuen hatte, saß Deutschlands gefragtester Bankier im Zenit seiner Macht bereits morgens um sechs an seinem Schreibtisch und verließ sein Büro nicht selten erst gegen Mitternacht.

Hermann Josef Abs hat einer Ära in der rund 120jährigen

Geschichte der Deutschen Bank seinen Namen gegeben. In seiner langen Amtszeit von fast drei Jahrzehnten – davon zwölf Jahre als Vorstandssprecher und sieben Jahre als Aufsichtsratsvorsitzender – hat er die Bank weitaus stärker geformt als die Bank ihn. Nicht in dem Sinne, daß er, weit vorausblickend, die nötigen Strategien für die Herausforderungen der Zukunft entwickelt hätte. Ganz im Gegenteil. Für das Geschäft mit dem »kleinen Mann«, inzwischen eine tragende Säule aller Großbanken, hatte der von der Creme der Industrie bewunderte und hofierte Star lange Zeit nur ein mitleidiges Lächeln übrig. Die Errichtung eigener Auslandsfilialen, für ein Institut vom Range und Anspruch der Deutschen Bank im Zeitalter sich öffnender nationaler Finanzmärkte eine absolute Notwendigkeit, blieb – mit Ausnahme Tokios – seinen Nachfolgern vorbehalten.

Vielmehr *wie* er seine Funktion ausübte, prägte den Stil der Bank und – vielleicht sogar noch stärker – ihr öffentliches Erscheinungsbild als das einer »Abs-Bank«. War schon der weitgespannte Bogen seiner Interessen vom erlernten Metier des Bankgeschäfts über die Politik bis hin zur Kunst, gemessen an dem engen Wirkungskreis der meisten seiner Kollegen, ungewöhnlich, so galt dies nicht weniger für die Form, in der er seine Industriebeziehungen anknüpfte und pflegte. Kein anderer hat wohl im Laufe seiner Karriere so viele persönliche hochkarätige Aufsichtsratsmandate errungen und seiner Bank anschließend als Besitzstand »vererbt« wie er. Dabei stand am Anfang dieser Verbindungen nur selten ein Geschäft, dafür um so häufiger diskreter Rat oder Hilfe im Augenblick akuter Not. So sehr er zur vollen Entfaltung seiner Aktivitäten ein Instrument von der Größe und Qualität der Deutschen Bank brauchte, so souverän löste er sich von kurzfristigen Geschäftsinteressen, um getreu dem von ihm zum Prinzip erhobenen Grundsatz »Mandat geht vor Geschäft« als Ratgeber primär das Wohl seiner Klientel im Auge zu behalten – wohlwissend, daß sich der geschäftliche Erfolg dadurch früher oder später ganz von selbst einstellte. Daß er gleichsam über der Bank agierte, ohne dabei jemals den Vorteil für die Deutsche Bank aus dem Blick zu verlieren, empfahl ihn vor allem Industriellen mit einem ähnlich hohen Grad von Unabhängigkeit als engen Vertrauten – einem Ernst von Siemens ebenso wie einem Friedrich Flick oder Hans Merkle. Obwohl er dem mit Abstand größten und reichsten Finanzimperium vorstand, hat sich Abs denn auch nie als »Manager« verstanden. »Ich behalte mir aus einer gewissen Eitelkeit den Namen Bankier, weil ich es nun wirklich war, das heißt persönlich haftender Gesellschafter einer privaten Bank, die ein hohes Ansehen hatte«, ließ er sich 1986 in einer Zeitung zitieren, »die Vorstandsmitglieder sind im strengen Sinne keine Bankiers« – eine Feststellung, die seinen Kollegen im Hause einigermaßen sauer aufgestoßen sein dürfte. Als ihm Robert Pferdmenges Mitte der fünfziger Jahre in aller Form anbot, als Mitinhaber des angesehenen Kölner Privatbankhauses Sal. Oppenheim jr. & Cie. die äußeren Insignien seiner Idealfigur noch einmal entgegenzunehmen, lehnte er mit Dank für die ihm erwiesene Ehre höflich ab. Der »Richelieu des deutschen Bankings«, wie ihn eine amerikanische Wirtschaftszeitung titulierte, wußte schon damals nur allzugut, worauf er hätte verzichten müssen.

Abs hat dem Bild, das sich die Finanzwelt durch die Form seines Wirkens von ihm machte, durch seine äußere Erscheinung noch einige kräftige Striche hinzugefügt. Mit schwarzem Mantel, Bowlerhut und Stockschirm wirkte er in seiner aktiven Zeit wie ein englischer Lord, und einem Beobachter dünkte gar, als kultiviere er diesen Eindruck selbst in der Art, wie er sich bewegte. Mit einer von keinem Kollegen oder Konkurrenten erreichten Meisterschaft zelebrierte er seine öffentlichen Auftritte, vor allem in den seinem Vorsitz anvertrauten Hauptversammlungen. Nicht immer folgte seine scharfe Zunge dabei momentaner Eingebung, sondern wohlüberlegtem Kalkül. Vielleicht lag in der Antwort, die er gelegentlich auf die Frage nach dem Geheimnis seines Erfolges gab, sogar mehr als nur ein Körnchen Wahrheit. Dieser Erfolg, so Abs, beruhe nur zu weniger als einem Drittel auf Bankerfahrung und vom Rest je zur Hälfte auf physischer Kraft und schauspielerischer Begabung.

3. Kapitel

Die Guten ins Kröpfchen

Der Industriebesitz – eine solide strategische Basis

Man kann es jeden Tag vom Kurszettel ablesen: An industriellem Reichtum wird die Deutsche Bank von keinem anderen Geldinstitut des Landes übertroffen. Mit gut elf Milliarden Mark bewertete die Börse Ende Juni 1989 die von der Bank angesammelten Beteiligungen von mehr als zehn Prozent an Gesellschaften außerhalb der Kreditwirtschaft. Ein stolzer Betrag, der dadurch noch zusätzlich an Aussagekraft gewinnt, daß zum selben Zeitpunkt die Deutsche Bank mit einer Notierung von 598,50 Mark je Aktie als Ganzes »nur« einen Wert von gut 21 Milliarden Mark darstellte.

Allein die 28,24 Prozent vom Kapital der Daimler-Benz AG, Kronjuwel im Beteiligungsschatz der Bank, brachten es auf stolze 8,3 Milliarden Mark. Das waren mehr als der gesamte Industriebesitz der Dresdner Bank und Commerzbank zusammengenommen. Aktienpakete von Unternehmen außerhalb der eigenen Branche zu horten gehört sicherlich nicht zu den klassischen Bankgeschäften, doch sind sie wie im Falle der Deutschen Bank ein erheblicher Teil des Gesellschaftsvermögens und ein nicht minder bedeutsamer Faktor der Ertragsrechnung. Allein an Daimler-Dividende kassierte der Großaktionär 1989 einschließlich Steuergutschrift 223 Millionen Mark. Insgesamt dürften der Bank aus den Unternehmen, an denen sie beteiligt ist, fast 350 Millionen Mark zugeflossen sein. Selber schüttete sie im gleichen Jahr 425 Millionen Mark an ihre etwa 310 000 Aktionäre aus, die zusätzlich noch in den Genuß von 239 Millionen Mark an Steuergutschriften kamen.

Eine so starke Vermögens- und Ertragssubstanz ist für die Geschäftspolitik nicht ohne Bedeutung. Die Deutsche Bank konnte von der stabilen Basis ihres wertvollen Industriebesitzes, insbesondere ihrer Daimler-Beteiligung, eine sehr viel größere Sicherheit und Souveränität als einige ihrer zeitweise aktionistisch vorgehenden Konkurrenten entwickeln und ohne allzu große Rücksichten auf vorübergehende Durststrecken langfristig in Qualität investieren. Auch die Aktionäre profitieren unmittelbar von diesem »Goldschatz«: Selbst wenn die Bank in ihrem gesamten übrigen Geschäft nichts verdienen würde, reichten die Ausschüttungen, wie gesehen, zumindest für die Zahlung einer Anstandsdividende aus.

Sich von ihrem Industriebesitz trennen zu müssen würde für die Deutsche Bank nach den geltenden Steuersätzen einen nahezu konfiskatorischen Eingriff in ihr Vermögen bedeuten. Da in ihrer Bilanz die Industriebeteiligungen von über zehn Prozent nur mit etwa 1,5 Milliarden Mark zu Buch stehen, müßte sie bei einem theoretischen Totalausverkauf 9,5 Milliarden Mark an stillen Reserven auflösen und bei voller Thesaurierung des Veräußerungsgewinns rund 63 Prozent Ertragsteuern (Körperschaftsteuer und Gewerbeertragsteuer), zusammen 5,99 Milliarden Mark, an das Finanzamt abführen. Selbst nach der mit dem Inkrafttreten der Steuerreform am 1. Januar 1990 wirksam werdenden Absenkung des Körperschaftsteuer-Spitzensatzes auf 50 Prozent würde der Fiskus rund 5,54 Milliarden Mark kassieren. Verständlich, wenn sich die Bank nur schwer mit dem Gedanken anfreunden könnte, sich von ihrem kostbaren Schatz zur Freude des Fiskus und zum Mißvergnügen ihrer Aktionäre zu trennen.

Dabei funkelten die Juwelen, die sich da zu einem edlen Diadem zusammengefügt haben, längst nicht immer so verführerisch wie heute. Ein Unternehmen wie Karstadt, von dem die Deutsche Bank 25 Prozent besitzt und das Mitte 1989 an der Börse mit mehr als einer Milliarde Mark bewertet wurde, war Anfang der dreißiger Jahre ein hoffnungsloser Sanierungsfall. Eine ungezügelte Expansion und die Folgen der Weltwirtschaftskrise zwangen die älteste der führenden deutschen Warenhausfirmen, ihr Kapital 1932 und 1933 in zwei Schritten von 80 Millionen auf 7,66 Millionen Mark herabzusetzen. Mit anderen Worten: Die alten Eigentümer, die Familien Karstadt und Althoff, verloren mehr als neun Zehntel ihres Vermögens. In die Bresche sprangen die Gläubigerbanken, die ihre Forderungen in haftendes Kapital umwandelten. Neben der Commerzbank und der Dresdner Bank übernahm dadurch auch die Deutsche Bank an der Rudolph Karstadt AG eine Beteiligung von 10,2 Prozent. Um auf ihren Anteil keine Steuern zahlen zu müssen, stockten die Geldmanager ihre Quote in den fünfziger Jahren auf die hierzu notwendige Höhe einer 25prozentigen Schachtelbeteiligung auf.

Nicht anders als die übrigen führenden Kreditinstitute gelangte auch die Deutsche Bank in der schwierigen Zeit zwischen der ersten großen Inflation 1923/24 und der Weltwirtschaftskrise in den Besitz ihrer meisten Industrie- und Handelsbeteiligungen. Wo es nicht direkt, wie im Falle Karstadt, um eine Sanierung ging, galt es, mit der Zufuhr von Eigenkapital für finanziell überforderte Eigentümer einzuspringen oder existenzsichernde Notmaßnahmen, etwa Fusionen, zu unterstützen. Bei der Kölner Schokoladenfirma Gebrüder Stollwerck übernahm die Deutsche Bank 1923 ein Aktienpaket, weil die Nachkommen des Firmengründers Franz Stollwerck die anstehende Kapitalerhöhung um 24 Millionen Mark nicht mehr finanzieren konnten. Erst 1963 jedoch verfügte die Bank über eine volle Schachtel, die sie – über die Börse auf eine knappe Majorität erhöht – 1972/73 an den Handelsmarkenfabrikanten Hans Imhoff verkaufte.

Schwerwiegende finanzielle Probleme waren auch bei der Didier-Werke AG das Motiv für den Einstieg. Als der führende Hersteller von Feuerfest-Erzeugnissen 1932 umstrukturiert werden sollte, übernahm die Deutsche Bank gegen Abtretung von Forderungen eine Schachtelbeteiligung. Gegen Ende desselben Jahres mußte auch die Samtweberei Girmes in Oedt bei Krefeld saniert werden. Ein Konsortium, bestehend aus sechs inländischen und sieben ausländischen Banken, übernahm die Kapitalmehrheit. Die Deutsche Bank verkaufte ihre Girmes-Beteiligung von gut 38 Prozent noch vor Ende des Zweiten Weltkrieges an die mit der Textilindustrie eng verbundene Krefelder Familie von Beckerath.

Im Jahre 1931 – im Reich waren mittlerweile über vier Millionen Arbeitslose registriert – ermöglichte die Bank durch eine Kapitalbeteiligung die Fusion der beiden Münchener Lokomotivfabriken Krauss & Comp. AG und J. A. Maffei AG. Das von dem Pionierunternehmer Joseph Anton Ritter von Maffei 1838 gegründete Unternehmen war schon seit Mitte der zwanziger Jahre Gegenstand wiederholter Sanierungsversuche gewesen. Nun sahen alle Beteiligten keinen anderen Ausweg mehr als die Übernahme durch den örtlichen Konkurrenten Krauss. Die auf den Konstrukteur Georg von Krauß zurückgehende Gesellschaft war aus eigener finanzieller Kraft jedoch nicht in der Lage, den Problemfall Maffei zu übernehmen. Mit dem Ziel, der Firma den erforderlichen Rückhalt für die Eingliederung der verbliebenen Maffei-Aktivitäten zu geben, übernahm die Deutsche Bank die Kapitalmehrheit von Krauss. An der Anfang 1931 entstandenen »Lokomotivfabrik Krauss & Comp. – J. A. Maffei AG« in Allach (der heutigen Krauss-Maffei AG) war sie dadurch mit 38,4 Prozent beteiligt. 1955 veräußerte sie ihr Aktienpaket an die Buderus'schen Eisenwerke in Wetzlar, die unter ihrem Großaktionär Friedrich Flick diesen Anteil an dem inzwischen in die Produktion von Leopard-Kampfpanzern und

Spritzgießmaschinen vorgestoßenen Unternehmen bis 1965 auf 75 Prozent aufstockte.

In den sowohl politisch als auch wirtschaftlich bewegten Zeiten zwischen den beiden Weltkriegen sahen sich viele der in den Jahren der stürmischen Industrialisierung zu internationaler Bedeutung gelangten Firmen vor nahezu unlösbare Probleme gestellt. Die durch die Inflation verursachte immense Kapitalvernichtung, die zunehmend depressive Verfassung der Wirtschaft, dazu nicht selten eine Degeneration unternehmerischer Kraft bei den Erben ließen den Glanz einst klangvoller Namen verblassen. Ein Beispiel unter vielen ist die Landmaschinenfirma Heinrich Lanz AG in Mannheim. Deutschland gehörte auf dem Gebiet der Agrartechnik nicht zu den industriellen Vorreitern. Amerikaner und Engländer verfügten längst über eine leistungsfähige Landmaschinenindustrie, als der aus dem Bodenseeraum stammende Techniker Heinrich Lanz sich 1856 zunächst mit einem Reparaturbetrieb und 1870 mit einer eigenen Fabrikation von Handdreschmaschinen und Lokomobilen selbständig machte. Innerhalb von knapp 20 Jahren baute er seine Werkstatt zum größten Werk der Branche auf dem Kontinent aus. Sein Allzweckschlepper »Bulldog« wurde weltweit ebenso zu einem Verkaufsschlager wie die Lanz-Mähdrescher.

Unter seinem Sohn Karl Lanz (der Gründer war 1905 gestorben) geriet das Unternehmen in den zwanziger Jahren jedoch immer weiter vom Erfolgsweg ab. Die Deutsche Bank sprang ein und erwarb durch Umwandlung von Forderungen in Aktien eine Kapitalbeteiligung von 26,1 Prozent. Nachdem die Mannheimer Fabriken im Zweiten Weltkrieg fast vollständig zerstört worden waren, konnte die Firma nicht wieder an ihre großen Zeiten anknüpfen. Als sich der US-Konzern John Deere 1956 nach einem Stützpunkt in der Bundesrepublik umsah, war die Deutsche Bank bereit, ihr zu einer Mehrheit von 51 Prozent aufgerundetes Lanz-Paket abzustoßen.

Eine andere Mannheimer Beteiligung, an der die Bank dagegen bis heute festgehalten hat, hat ihren Ursprung ebenfalls in den Turbulenzen der Weltwirtschaftskrise und den politischen Ereignissen der dreißiger Jahre. 1926 hatte sich durch die Fusion mehrerer kleinerer Betriebe die Süddeutsche Zucker-Aktiengesellschaft etabliert. Die neue Rübengroßmacht sollte in den ersten Jahren ihres Bestehens in ihrem Aktionärskreis viel Unruhe erleben. Doch ob die italienische Industriegruppe Montesi aus Padua zum Hauptaktionär aufstieg und 1940 zugunsten deutscher Interessenten wieder ausstieg, ob es um das Ausscheiden der jüdischen Aktionärsfamilie Flegenheimer im Jahre 1937 ging – stets war die Deutsche Bank, die von Anfang an die erste Finanzadresse der Zuckerfirma gewesen war, die umsichtig ordnende Macht. Sie finanzierte den Aktienerwerb der maßgebenden Südzucker-Aktionäre, placierte, wo größerer Paketbesitz »locker« wurde, die Aktien in ihrer Kundschaft und griff nach dem Krieg, als ihr die Aktien der Flegenheimers über eine amerikanische Bank angeboten wurden, selber zu. 1956 baute Hermann Josef Abs die Südzucker-Position aus steuerlichen Gründen zu einer vollen Schachtel aus. Der Deutschen Bank gehören vom Kapital des größten Zuckerproduzenten der Bundesrepublik 23,05 Prozent.

Wie bei Südzucker die Flegenheimers der Deutschen Bank zum Grundstock ihrer Beteiligung verhalfen, so waren es bei der Eichbaum-Werger-Brauereien AG in Worms die jüdischen Familiengesellschafter Adler, Feitel und Gütermann. Sie hatten – vermutlich 1938 – ihre Aktien der Bank verkauft, jedoch nach dem Krieg Teile ihres früheren Besitzes zurückerhalten. 1970 veräußerten die Deutsche Bank und die alten Inhaber ihre Brauereipapiere durch Vermittlung von Karl Klasen an die zur Reemtsma-Gruppe gehörende Henninger-Bräu KGaA.

Aber nicht alle Beteiligungen der Deutschen Bank waren »Kinder der Not«. Vor allem Hermann Josef Abs betrachtete den Kauf von Aktienpaketen durchaus als strategisches Instrument im Konkurrenzkampf der Großbanken. Sein sicherlich gefährlichster Gegenspieler war dabei Hugo Zinsser, in den ersten Wiederaufbaujahren der führende Mann der Dresdner Bank im süddeutschen Raum. Abs machte aus seiner Abneigung gegen den gebürtigen Württemberger keinen Hehl und ließ jeden, der es hören wollte, wissen, daß zwischen ihm und Zinsser »das ganze Alphabet stehe«. Vor allem, daß sein Gegenspieler Anfang der fünfziger Jahre heimlich eine Schachtelbeteiligung an der Frankfurter Metallgesellschaft AG (MG) erwarb, während er, Abs, die deutsche Delegation bei der Londoner Schuldenkonferenz leitete, empfand er als persönliche Herausforderung. Abs war von Anfang an überzeugt, daß Zinsser sogar die Mehrheit haben wollte. Dies habe er ihm jedoch, wie er später befriedigt feststellte, »vermasselt«. Wie an späterer Stelle ausführlicher dargestellt (siehe Seite 206 f.), gewann er Siemens zum Aufbau einer Gegenschachtel mit Hilfe der Deutschen Bank. Teile von ihr erwarben später die Allianz-Versicherung und die Deutsche Bank. Über die gemeinsame Vorschaltfirma »Allgemeine Verwaltungsgesellschaft für Industriebeteiligungen mbH« ist das Trio mit 28 Prozent an der MG beteiligt, von denen 10,9 Prozent auf die Deutsche Bank entfallen.

Die Bank hat im Auftrag ihrer beiden Partner auch die industrielle Führung innerhalb dieser Aktionärsgruppierung übernommen. Allerdings stellten die Siemens-Manager ihren Freunden zur Bedingung, daß der von der Bank für den Aufsichtsratsvorsitz nominierte Kandidat auch ihre Zustimmung finden müsse. Die Deutsche Bank wechselt sich in diesem Amt alle fünf Jahre mit der Dresdner ab, die über ihre GMW Gesellschaft für Metallwerte mit 23,1 Prozent eine Gegenposition hält. Gern hätten die MG-Manager nach dem Vorbild der Großchemie den Aufsichtsratsvorsitz für ihren jeweils ausscheidenden Vorstandschef reklamiert. Doch keine der beiden Großbanken war bereit, auf ihren Stammplatz zu verzichten.

Stehen sich Deutsche und Dresdner Bank bei der Metallgesellschaft in einer Art geregeltem Pattverhältnis gegenüber, durften Georg von Siemens und seine Nachfolger den führenden Baukonzern des Landes, die Philipp Holzmann AG, stets ihrem alleinigen Einflußbereich zurechnen. Statt auf einer Kapitalverbindung beruht die enge Beziehung jedoch mehr auf einer bereits in das letzte Jahrhundert zurückreichenden engen Zusammenarbeit, insbesondere auf dem Gebiet des internationalen Eisenbahnbaus. Der Anstoß zu einer engeren Liaison kam dann auch durch Ereignisse von außen. Anfang der vierziger Jahre nämlich begann der Industrielle Günther Quandt, unauffällig Holzmann-Aktien zu kaufen. Es sollte nicht lange dauern, bis er im Besitz einer 25prozentigen Beteiligung war.

Mit seinem Einstieg in das Frankfurter Bauunternehmen hatte Quandt jedoch gegen die von der Reichsregierung erlassene Bestimmung verstoßen, nach der es während des Krieges untersagt war, durch Aktienkäufe neue Abhängigkeiten zu schaffen. Kaum daß der Vorstand von der Existenz eines unerwünschten Großaktionärs erfahren hatte, fuhr Heinrich Holzmann nach Berlin und erreichte im Reichswirtschaftsministerium, daß Quandt unzweideutig zum Wiederverkauf seines Aktienpakets aufgefordert wurde. Da aus denselben Gründen auch kein anderes Unternehmen die Anteile erwerben durfte, übertrug Quandt seine Papiere der Deutschen Bank, die sie in kleineren, gesetzlich erlaubten Päckchen an befreundete Firmen, wie Reemtsma und Henkel, weiterveräußerte. Die Bank selber behielt ebenfalls einen kleinen Anteil, den sie nach dem Krieg durch Rücknahme einiger der zuvor placierten Aktienposten und zusätzliche Käufe über die Börse zu einer Schachtelbeteiligung ausbaute.

Argwöhnisch wachte der neue Großaktionär darüber, daß

ihm bei Holzmann niemand seine Kreise störte. Ebendies kam Anfang der siebziger Jahre jedoch einem Mann in den Sinn, mit dem in dieser Branche wohl niemand gerechnet hatte: Hans Glöggler, ehemals Baustoffhändler, einer größeren Öffentlichkeit aber erst durch spektakuläre Firmenkäufe zu einem Begriff geworden. Der Arbeitersohn aus dem Allgäu hatte, großenteils mit gepumptem Geld, innerhalb weniger Jahre das größte Textilimperium der Bundesrepublik formiert, wobei ihm mit dem Verkauf einer Beteiligung an der Augsburger Kammgarn-Spinnerei übrigens auch die Deutsche Bank zu Diensten gewesen war. Die innere Beziehung zur Baubranche hatte der Sammler von Spinnereien und Webereien darüber keineswegs verdrängt, wie sich schon bald zeigen sollte. Denn insgeheim begann Glöggler damit, Holzmann-Aktien aus dem Markt zu fischen. Das hierzu nötige Geld schoß ihm gegen gute Sicherheiten – nämlich die erworbenen Aktien – die Westdeutsche Landesbank vor.

Der Deutschen Bank blieb nicht lange verborgen, daß ihr jemand den Rang streitig zu machen suchte. Daß sie dem mysteriösen Treiben nicht tatenlos zuschaute, offenbarte sie auf der Holzmann-Hauptversammlung 1975: Hatte sie in den Vorjahren stets einen Anteilsbesitz von 25,1 Prozent gemeldet, so stand sie nunmehr mit einer Quote von 34,6 Prozent in der Präsenzliste. Weitere fünf Prozent waren einem in ihrer Regie betriebenen Wertpapierfonds zuzurechnen. Durch Absprache mit einer Reihe kleinerer, der Bank nahestehender Holzmann-Aktionäre konnten die Bankmanager die undurchsichtigen Börsenmanöver in dem beruhigenden Gefühl verfolgen, daß niemand in der Lage sein würde, in »ihrem« Baukonzern gegen die Deutsche Bank die Majorität zu erreichen. Zu der möglichen Kraftprobe freilich kam es erst gar nicht. Unter dem Druck steigender Zinsen mußte der mit dem sagenhaften Goldfinger »König Midas« (so das Düsseldorfer *Handelsblatt*) verglichene Hasardeur seinen Sturm

auf die Festung Holzmann abbrechen und sein sicherheits-
übereignetes Paket an die Westdeutsche Landesbank abtre-
ten.

Auf ihren Industriebesitz angesprochen, beteuern die Sprecher der Deutschen Bank gern, daß sie ihre Beteiligungen aus
vielerlei Gründen, nur nicht aus Machtmotiven erworben hätten. Mit dieser Feststellung treffen die Geldmanager sicherlich die Realität, zumindest was das Gros ihrer Engagements
betrifft. Einen Teil ihrer Stützpunkte bauten sie jedoch eindeutig aus strategischen Gründen auf – vorgeblich, um die
Unabhängigkeit der betreffenden Unternehmen zu vertei-
digen, in Wahrheit wohl eher in der Absicht, eigene Ein-
flußsphären zu sichern. Daß Hermann Josef Abs, der in den
fünfziger Jahren diese Schachteln für seine Bank bildete,
durchaus ein sicheres Auge für Qualität bewies, läßt sich
daran ablesen, daß seinen Nachfolgern die damals gesammelten Besitztümer lieb und vor allem teuer geworden sind. Nach
dem Wiederverkauf vieler der mehr auf Initiative von außen
übernommenen Anteile setzt sich der verbliebene Rest im
wesentlichen aus den strategischen »Hochkarätern« Philipp
Holzmann, Metallgesellschaft, Karstadt und vor allem Daimler-Benz zusammen – getreu dem Motto: Die Schlechten ins
Töpfchen, die Guten ins Kröpfchen!

Daß die Bank von außen gedrängt wurde, sich zu beteiligen,
hatte – von reinen Sanierungsfällen abgesehen – recht unter-
schiedliche Gründe. In vielen Fällen waren Inhaberfamilien
gezwungen, Aktienpakete abzugeben, oder waren außerstan-
de, notwendige Kapitalerhöhungen mitzumachen. So hatten
Familienaktionäre der Leonische Drahtwerke AG in Nürn-
berg 1956 die Deutsche Bank beauftragt, aus ihrem Besitz ein
größeres Aktienpaket über die Börse zu placieren. Die Folge
war, daß der Kurs empfindlich zurückging und die Verkaufsak-
tion vorzeitig gestoppt werden mußte. Die Bank nahm das
noch nicht untergebrachte Material erst einmal, wie es so

schön heißt, »in den eigenen Bauch«. Als sich die Notierungen später wieder erholt hatten, drängten die Eigentümer ihren Finanzpartner, wenigstens mit zehn Prozent in der Gesellschaft zu bleiben. Die Deutsche Bank stockte ihren Anteil daraufhin auf 12,5 Prozent auf und brachte ihn Ende 1972 in die aus steuerlichen Gründen gemeinsam mit der Nürnberger Allgemeine Versicherungs-AG gegründete Groga Beteiligungsgesellschaft mbH ein. An dem überaus profitablen Hersteller von Kabeln, Leitungen und Kupferdrähten ist die Vorschaltgesellschaft mit 25 Prozent beteiligt.

Auf besonderen Wunsch der Inhaber übernahm die Deutsche Bank 1960 ein Aktienpaket von gut 20 Prozent der Büssing Automobilwerke AG in Braunschweig. Für das 1903 von Heinrich Büssing gegründete Lastkraftwagen- und Omnibusunternehmen waren Ende der fünfziger Jahre schwere Zeiten angebrochen. Probleme bei neuen Modellen und die zunehmende Lkw-Konkurrenz von Daimler-Benz machten 1960 die Zufuhr neuen Kapitals erforderlich. Da jedoch die Familie die hierzu nötigen Mittel nicht mehr aufbringen konnte, mußte die Deutsche Bank durch Übernahme einer Beteiligung einspringen. Doch schon zwei Jahre später veräußerte sie ihr Paket an den bundeseigenen Salzgitter-Konzern weiter.

Eine bedeutende Rolle spielte die Bank auch beim Wiederaufbau der deutschen Filmwirtschaft. Im Jahre 1955 hatte Bundeskanzler Adenauer seinen Freund Robert Pferdmenges, Mitinhaber des Kölner Privatbankhauses Sal. Oppenheim jr. & Cie., gebeten, sich um die Überführung der Ufa in deutschen Besitz zu bemühen. Er hatte es dabei in erster Linie auf die Wochenschau abgesehen, die ihm für die Bonner Regierungspropaganda außerordentlich nützlich erschien. Das frühere reichseigene Filmvermögen war nach dem Krieg von den Alliierten entflochten worden. Die britischen Kontrolloffiziere setzten einen Liquidator ein, der sich einen jungen Mann namens Arno Hauke, ehedem bei der Deutschen Treuhand-

Gesellschaft beschäftigt, als Mitarbeiter ins Haus holte. Nach dem plötzlichen Tod seines Vorgesetzten konnte Hauke praktisch allein bestimmen. Statt jedoch das Erbe der einst größten Traumfabrik Europas weisungsgemäß zu liquidieren, baute er unter den Augen der Briten den Konzern wieder neu auf.

1955 nun waren die Bemühungen Pferdmenges' so weit gediehen, daß ein Banken- und Industriekonsortium unter Führung der Deutschen Bank die Universum-Film AG und die Ufa-Theater AG in Düsseldorf übernehmen konnte. Beteiligt waren zwölf Aktionäre, darunter die Firmen AEG, Agfa und Zeiss Ikon. Das entscheidende Wort führte jedoch Hans Janberg, Vorstandsmitglied der Deutschen Bank, des mit 31,25 Prozent größten Teilhabers. Dem Bankier, der mit der Zelluloidbranche ohnehin nicht allzuviel im Sinn hatte, war der 1,92-Meter-Mann Hauke mit der Wirtschaftswunderattitüde vom ersten Augenblick an suspekt. Zunehmender Kritik aus Kreisen der im Aufsichtsrat nicht vertretenen Aktionäre an den horrenden Verlusten im Filmgeschäft ausgesetzt, feuerte Janberg ihn schließlich im August 1960 fristlos.

Die Deutsche Bank, mit ihrem Engagement in der Filmbranche alles andere als glücklich, sah sich nach einem Käufer für die beiden Ufa-Gesellschaften um und fand ihn 1964 in der kommenden Mediengroßmacht Bertelsmann. Für die Gütersloher war dies ein glänzendes Geschäft. Da sie die mit der Universum-Film AG übernommenen hohen steuerlichen Verlustvorträge mit entsprechenden Gewinnen aus ihrer Schallplattenproduktion verrechnen konnten, zahlte – wenn man so will – das Finanzamt einen Teil des Kaufpreises. Die Ufa-Theater AG mit ihrem wertvollen Immobilienbesitz in besten Citylagen reichten sie Anfang 1972 zum Dreifachen des Einstandspreises an den »Kinokönig« Heinz Riech weiter.

Auch bei der Bavaria Filmkunst GmbH, der dritten aus dem Ufa-Komplex entflochtenen Nachfolgegesellschaft, führte die Deutsche Bank Regie: An der Spitze eines Konsortiums übernahm sie im Februar 1956 hundert Prozent der Anteile der Münchener Produktionsfirma mit ihrem 37 Hektar großen Studiogelände Geiselgasteig. Mit dem Aufkommen des Fernsehens geriet Ende der fünfziger Jahre die deutsche Filmwirtschaft in eine schwere Krise. In dieser Situation bot sich für die Bavaria ein Zusammengehen mit dem »Heimkino« geradezu an – dies um so mehr, als die öffentlich-rechtlichen Rundfunkanstalten kaum über eigenes Film-Know-how und Produktionskapazitäten verfügten. An der 1959 gegründeten Bavaria Atelier GmbH (der heutigen Bavaria Film GmbH) beteiligten sich denn auch die Werbetöchter des Westdeutschen und des Süddeutschen Rundfunks, die Majorität von 51 Prozent – durch Einbringung ihrer Studios – behielt sich jedoch zunächst noch die Bavaria Filmkunst GmbH vor. Heute gehören dieser Gesellschaft (an der die Deutsche Bank zu 67,97 Prozent beteiligt ist) nur noch 20 Prozent. Die Mehrheit von zusammen 60 Prozent liegt inzwischen bei WDR und SDR.

Wie im Falle der Ufa-Nachfolger, so gehen auch die Reedereibeteiligungen der Deutschen Bank zumindest mittelbar auf politische Weichenstellungen zurück. Ähnlich wie die Filmwirtschaft war auch die deutsche Hochseeschiffahrt nach 1945 zunächst unter alliierter Kontrolle. Erst 1951 durften in der Bundesrepublik überhaupt wieder Handelsschiffe gebaut werden. Die Reedereien hatten nahezu ihre gesamte Flotte im Krieg verloren. Enge Beziehungen hatte die Bank schon früh zur Hapag aufgenommen. Ihr Generaldirektor Albert Ballin, der das Unternehmen bis 1918 zur größten Schiffahrtslinie der Welt ausgebaut hatte, unterhielt vor allem zu Arthur von Gwinner und Karl Helfferich beste Kontakte. Als die Hapag Anfang der fünfziger Jahre buchstäblich vom Nullpunkt aus an ihren Wiederaufbau ging, durfte sie einmal mehr auf die Hilfe ihres Finanzpartners rechnen.

Die Deutsche Bank hatte schon im Herbst 1953 von Hapag-Großaktionär Philipp Reemtsma 20 Prozent des Kapitals übernommen. Bei der Aufstockung ihres Anteils auf über 25 Prozent bediente sie sich später der von der Bundesregierung speziell zur Finanzierung des Schiffbaus eingeführten »7d-Darlehen«. Sie waren zinslos, übten jedoch auf Kreditgeber wegen ihrer hohen Steuervorteile eine erhebliche Attraktion aus und konnten obendrein später in Aktien umgewandelt werden. Schon 1957 präsentierte sich die Bank mit 26,1 Prozent als Großaktionär. Nachdem ihr Hamburger Vorstandsmitglied Karl Klasen dem bei einem aggressiven Übernahmeversuch gescheiterten Bugsierreeder Behrend Schuchmann zwei Jahre später dessen Mehrheitspaket (über 55 Prozent) wieder entwunden hatte, hielt die Bank an der Traditionsreederei vorübergehend damit sogar 83 Prozent. Nach der Fusion zwischen der Hapag und dem Norddeutschen Lloyd in Bremen 1970 war sie an der durch den Zusammenschluß entstandenen Hapag-Lloyd AG mit 29 Prozent beteiligt.

Neben Sanierungen und dem Aufbau strategischer Positionen waren wie für andere Kreditinstitute auch für die Deutsche Bank Aktienplacierungen häufig der Grund, sich an Unternehmen zu beteiligen. Ein typisches Beispiel sind die Vereinigte Elektrizitätswerke AG (VEW), Dortmund. Der 1925 gegründete, seit 1930 als AG geführte Stromversorger erhöhte 1966 sein gut 280 Millionen Mark betragendes Kapital um 75 Millionen. Da die kommunalen Aktionäre kein Geld mehr nachschießen wollten, übernahm ein Konsortium unter Führung der Deutschen Bank die jungen Aktien und placierte sie im Publikum. Als nach dieser Teilprivatisierung zwei Jahre später eine weitere Kapitalerhöhung um 120 Millionen Mark anstand, blieben die Kommunen erneut abseits. Diesmal sprang die neugegründete Energie-Verwaltungs-Gesellschaft mbH, Düsseldorf, ein, an der die Bank neben RWE und CONTIGAS (beide je 30 Prozent) sowie der Allianz-Versicherung (15 Prozent) mit 25 Prozent beteiligt war. »Durchgerechnet« besitzt sie damit 6,3 Prozent des viertgrößten deutschen Elektrizitätsunternehmens.

Auf ähnliche Weise kam die Deutsche Bank 1969 auch an ihre Beteiligung an der Düsseldorfer Warenhauskette Horten. Im Unterschied zu den VEW-Eigentümern wollte der damalige Alleinaktionär Helmut Horten jedoch ganz aussteigen. Die von der Deutschen Bank (75 Prozent) und der Commerzbank (25 Prozent) gegründete Deutsche Gesellschaft für Anlageverwaltung mbH übernahm dabei zunächst 25 Prozent, die sie auch heute noch besitzt; Ende desselben Jahres übertrug Helmut Horten einem Konsortium unter Führung der Deutschen Bank weitere 49,4 Prozent zur Placierung im Publikum.

Die zunehmende öffentliche Kritik an der Macht der Banken veranlaßte den Vorstand Anfang der siebziger Jahre, intensiv über eine Neuorientierung in ihrer Beteiligungspolitik nachzudenken. Schon auf der Hannover-Messe 1973 verkündete Franz Heinrich Ulrich die Absicht seines Hauses, sich nach und nach von Aktienpaketen zu trennen, vor allem jedoch keine neuen Anteile von 25 Prozent und mehr auf Dauer zu erwerben. Die Deutsche Bank hat denn auch alle Beteiligungen dieser Größe, die sie seither – meist mit dem Ziel der Placierung – gekauft hat, wieder abgegeben:

1974   25 Prozent der Accumulatorenfabriken Wilhelm Hagen AG, Soest (seit 1983: Hagen Batterie AG) aus einer Kapitalerhöhung;
1983 über die Börse placiert.

1975   29 Prozent der Daimler-Benz AG von der Friedrich Flick KG;
placiert zwischen 1976 und 1981 über die Börse und die Mercedes-Automobil-Holding AG.

1975   25 Prozent der Leffers AG, Bielefeld, aus einer Kapi-
        talerhöhung;
        1977 über die Börse placiert.

1979   25 Prozent der Nixdorf Computer AG, Paderborn,
        aus einer Kapitalerhöhung;
        1984 15 Prozent an die Familie Nixdorf verkauft, die
        restlichen 10 Prozent 1985 über die Börse placiert.

1982/83 25,1 Prozent der Didier-Werke AG, Wiesbaden, von
        der Hoesch AG;
        1985/86 davon 15 Prozent an die VIAG AG verkauft,
        den Rest 1987.

1985/86 98 Prozent der Friedrich Flick Industrieverwaltung
        KGaA;
        1986 in mehreren Schritten direkt und über die Börse
        weiterverkauft.

1988   98 Prozent der Klöckner & Co. AG;
        1989 weiterveräußert an die VIAG AG.

Von ihren Altbeteiligungen verkaufte die Deutsche Bank in
derselben Zeit:

1972/73 46,5 Prozent Gebr. Stollwerck AG, Köln, an die
        Schweizerische Kreditanstalt sowie an Hans Imhoff.

1973   25,1 Prozent der Augsburger Kammgarn-Spinnerei
        AG, Augsburg, an Hans Glöggler.

1973/74 25 Prozent der Hoffmann's Stärkefabriken AG, Bad
        Salzuflen, an die Firma Franz Hagen, Hamburg.

1974   Gut 25 Prozent der Maschinenfabrik Moenus AG, Frankfurt, an Fritz H. Harms.

1974/75 31,58 Prozent der Schuhfabrik Manz AG, Bamberg, an die Firma Keller-Geister-Kellerei Hannesen & Co. KG, Alf/Mosel.

1976   Knapp 50 Prozent der Bayerische Elektrizitäts-Werke AG, München, an die Lech-Elektrizitätswerke AG, Augsburg.

1978   11,6 Prozent der Continental AG, Hannover; breit gestreut.

1978   10,67 Prozent der Phoenix AG Hamburg; breit gestreut (zehn Prozent besitzt die Bank noch).

1983   Rund 48 Prozent der Pittler Maschinenfabrik AG, Langen, an die Gildemeister AG, Bielefeld.

1986/88 26,9 Prozent der Hapag-Lloyd AG, Hamburg/Bremen, an die Gevaert-Gruppe, VEBA, Lufthansa, Kaufhof und TUI (Restbesitz: 12,5 Prozent).

1988/89 36,46 Prozent der Bergmann-Elektricitäts-Werke AG, Berlin, an die Röchling-Gruppe.

1989   25 Prozent der Hutschenreuther AG, Selb, an die Württembergische Metallwaren-Fabrik AG (vorbehaltlich der Zustimmung des Kartellamtes).

1989   15,5 Prozent der Didier-Werke AG, Wiesbaden (von der Zwischenholding Roßma-Beteiligungsgesellschaft mbH gehalten), an die VIAG AG.

Der Industriebesitz der Deutschen Bank, in der Bilanz unter der Rubrik »Beteiligungen« ausgewiesen, setzte sich am 30. Juni 1989 wie folgt zusammen:

	Aktien-kapital (in Mill.)	Davon % Deutsche Bank	Kurs am 30. 6. 89	Börsenwert in Mill. DM
Direktbeteiligungen				
Daimler-Benz AG	2 117,90	28,24	694,50	8 307,54
Deutsche Beteiligungs AG	30,00	46,30	173,00	48,06
Philipp Holzmann AG	112,50	30,00	985,00	664,88
Karstadt AG	360,00	25,00	558,00	1 004,40
Süddeutsche Zucker AG	120,58	23,05	461,50	256,59
Beteiligungen über Zwischengesellschaften				
Metallgesellschaft AG	320,00	10,90	462,00	322,29
Horten AG	250,00	18,80	271,00	254,74
Vereinigte Elektrizitätswerke AG	1 000,00	6,30	199,00	250,74
Leonische Drahtwerke AG	18,00	12,50	481,00	21,65
Hutschenreuther AG	21,33	37,50	483,00	77,27
Didier-Werke AG	92,40	15,50	273,50	78,34

Börsenwert: 11 286,50

Die als »Beteiligungen« ausgewiesenen Anteile stellen jedoch bei weitem nicht den vollständigen Besitz der Deutschen Bank außerhalb ihrer eigenen Branche dar. Spätestens seit 1983 verfolgt sie das Ziel, sich mit zehn Prozent an rendite-trächtigen Unternehmen zu engagieren. Sie reagierte damit auf die damalige Absenkung der für die Inanspruchnahme des steuerlichen Schachtelprivilegs geltenden Mindestquote für Beteiligungen von 25 auf nur noch zehn Prozent. Zehnprozen-ter haben obendrein den Vorteil, daß sie nach den Vorschrif-ten des Kreditwesengesetzes (KWG) nicht zu hundert Prozent durch Eigenkapital finanziert werden müssen, wodurch sich die Banken ihr Pulver für andere strategische Vorhaben trocken halten können. So ist die Deutsche Bank inzwischen mit zehn Prozent nicht nur an dem auf technische Gummierzeugnisse »umgestiegenen« früheren Reifenhersteller Phoenix AG beteiligt, sondern auch an der Wiesbadener Linde AG (Kältetechnik, Flurförderzeuge, Industriegase) sowie an der von Friedrich Karl Flick 1985 an eine Aktionärsgruppe verkauften Krauss-Maffei AG. In aller Heimlichkeit stockte Alfred Herrhausen auch seinen Bestand an Aktien der Allianz AG Holding auf die neue Maßeinheit auf. Allein dieses Paket verkörperte Mitte 1989 einen Börsenwert von 2,85 Milliarden Mark. Insgesamt waren die neun »Zehnprozenter« Mitte 1989 zwischen vier und fünf Milliarden Mark wert.

Solange die Banken nur auf der Basis von zehn Prozent, also weit unterhalb der aktienrechtlichen Sperrminorität von 25 Prozent, »fremdgehen«, können sie vor allem dem gegen sie gerichteten Machtvorwurf ausweichen. Nach geltendem Recht brauchen diese Beteiligungen noch nicht einmal einzeln ausgewiesen zu werden, sondern lassen sich vor den Blicken der Öffentlichkeit in der Bilanzsammelposition »Wertpapiere« verstecken.

Die Strategie, den Radar der öffentlichen Aufmerksamkeit zu unterfliegen, löst jedoch nicht das Problem der »Altlasten«. Solange die Deutsche Bank über ihr fast 30prozentiges Teileigentum und den von ihr gestellten Aufsichtsratsvorsitzenden bei Daimler-Benz mitregiert, wird die Forderung nach einer Reduzierung des Bankeinflusses auf Unternehmen der Industrie und des Handels nicht verstummen. Alfred Herrhausen hat schon vor Jahren Planspiele für einen geordneten Rückzug veranstaltet. Diskutiert wurde vor allem die Möglichkeit, alle Beteiligungen in eine selbständige Gesellschaft einzubringen, an der wie an einem Investmentfonds private Kleinsparer beteiligt werden sollten. Das Konzept verschwand jedoch schon bald wieder in der Schublade. Wie bei allen Ausstiegs-modellen hätte auch hierbei der Fiskus das beste Geschäft gemacht.

Statt für den großen Wurf entschieden sich Herrhausen und seine Kollegen zunächst für einen Rückzug auf Raten. Ihre Stellung räumten sie als erstes dort, wo industrielle Investo-ren mit Hilfe der von der Bank gehaltenen Aktienpakete unternehmerisch aktiv werden wollten, nämlich bei Berg-mann, bei Hutschenreuther und bei Didier. Des weiteren schmolzen sie da ihre Anteile leicht ab, wo sie keine stillen Reserven aufzudecken brauchten. So ließen sie sich bei Süd-zucker nach der Fusion der Firma mit einem kleinen Konkur-renten von 26,73 Prozent bis unter die Sperrminorität auf 23,05 zurückfallen; beim Baukonzern Philipp Holzmann senkten sie 1989 ihre Beteiligungsquote von 35,43 dadurch auf rund 30 Prozent ab, daß sie in einer – wie Börsianer sagen – »Opération blanche« nur einen geringen Teil ihrer Bezugs-rechte ausübten. Für das zweitteuerste Stück im Safe der Deutschen Bank, die 25prozentige Karstadt-Beteiligung, interessierte sich vor einigen Jahren der Stollwerck-Sanierer Hans Imhoff. Das Ansehen des führenden deutschen Waren-hauskonzerns hatte durch das verlustreiche Neckermann-Abenteuer schwer gelitten, der Kurs eine Talfahrt bis auf 160 Mark hinter sich. Die Frage, ob die Bankiers wirklich bereit gewesen wären, ihr Paket herzugeben, blieb allerdings unbe-antwortet. Denn mitten in den ersten Gesprächen nahm die Karstadt-Aktie plötzlich wieder Fahrt nach oben auf – Imhoffs Finanzierungspläne waren Makulatur.

Bleibt das Kronjuwel Daimler-Benz. Von der öffentlichen Kritik an der Kapitalverflechtung der beiden Giganten abge-sehen, spricht inzwischen auch vom Interessenstandpunkt der Bank einiges dafür, nicht mehr über die Hälfte des Industrie-besitzes auf ein einziges Unternehmen zu konzentrieren. Durch den kräftigen Ausbau seiner Fertigungskapazitäten, vor allem jedoch den Mehrheitserwerb des Luft- und Raumfahrtkonzerns MBB, wird das Unternehmen verwundbarer werden. Eine breitere Risikostreuung wäre für die Geldmanager daher das Gebot der Stunde. Da aber gerade für das Daimler-Paket die Anschaffungswerte extrem niedrig zu Buch stehen, mithin ein hoher Veräußerungsgewinn versteuert werden müßte, zögern sie verständlicherweise noch damit, »Ballast« abzuwerfen.

Die Aussichten, noch ein steuerliches Schlupfloch für den Ausstieg zu orten, werden mit Inkrafttreten des Steuerreformgesetzes 1990 nicht besser – im Gegenteil: Die Möglichkeit, nach dem vielzitierten Einkommensteuer-Paragraphen 6b stille Reserven von einer Beteiligung auf eine andere zu übertragen, ist Banken von da an endgültig verbaut. Nicht einmal das sogenannte »Tauschgutachten« des Bundesfinanzhofes von 1958 weist einen Weg am Finanzamt vorbei. Es ermöglichte vor allem bei der Neuordnung der Montanindustrie den Kohle- und Stahlgesellschaften, durch einen steuerneutralen Tausch von Betriebsvermögen die für sie optimale Betriebsstruktur zu finden. Doch ganz abgesehen von der Frage, ob sich mit dieser Hilfskrücke aus den Wiederaufbaujahren zugunsten der Deutschen Bank heute noch operieren ließe, erkannten die vorsichtigen Finanzhofrichter den Steuervorteil nur im Falle eines Tausches nach Wert, Art und Funktion gleicher Beteiligungen an.

So könnte der kuriose Fall eintreten, daß Hilfe letzten Endes ausgerechnet von den politischen Befürwortern einer gesetzlichen Beschränkung der Bankenmacht kommt: nämlich dann, wenn diese den Banken, um dem Vorwurf der Teilenteignung zu entgehen, die Trennung von Teilen ihres Industriebesitzes durch entgegenkommende Ausstiegshilfen zu versüßen suchten.

4. Kapitel

Im Glanze des guten Sterns

Die glückliche Verbindung von Geld und Genie

Eigentum verpflichtet zum Tätigwerden –
und Bankbeteiligungen sind Eigentum.
(Dr. Alfred Herrhausen am 23. März 1976)

Die große Welt des Automobils war in der Stuttgarter Hanns-Martin-Schleyer-Halle zusammengekommen, als am 29. Januar 1986 Daimler-Benz mit einer im Fernsehen live übertragenen Monstershow den hundertjährigen Geburtstag der ersten Benzinkutsche und damit gleichzeitig auch seiner beiden Stammhäuser öffentlich feierte. Da saßen sie ganz vorn in den ersten Reihen, die Chefs von General Motors, Ford und Chrysler, von Toyota, Nissan, Mitsubishi und Honda, von VW, Fiat, Renault, Peugeot und BMW, um die beiden Männer zu ehren, deren Erfindergenie die über den Erdball hinwegschwappende Motorisierungswelle in Gang gesetzt hatte: den Cannstatter Ingenieur Gottlieb Daimler und den Mannheimer Maschinenbauer Karl Benz.
Doch nicht der Hausherr, Daimler-Benz-Chef Werner Breitschwerdt, begrüßte die über 5000 geladenen Gäste mit Bundespräsident Richard von Weizsäcker an der Spitze. Vielmehr trat Alfred Herrhausen, Vorstandssprecher der Deutschen Bank und Vorsitzender des Aufsichtsrates des prestigeträchtigsten deutschen Industriekonzerns, ans Rednerpult. Eine

protokollarische Nuance? Vielleicht. Doch manch einer deutete sie als diskreten Hinweis auf den kleinen Unterschied zwischen dem Hausherrn und dem Herrn des Hauses. Die Vorstandsvorsitzenden von Hoechst und Bayer, die zwei Jahre später ihr 125jähriges Firmenjubiläum begingen, ließen es sich jedenfalls nicht nehmen, die versammelte politische und wirtschaftliche Prominenz selber zu begrüßen. Ihre Aufsichtsratschefs durften am Ende der Feier anstandshalber ein kurzes Schlußwort sprechen.

Manchmal sagen scheinbar bedeutungslose Äußerlichkeiten mehr aus als bedeutungsschwere Worte. Mit seinem Auftritt machte der erste Mann der Deutschen Bank vor aller Augen deutlich, daß für sein Haus der Konzern unter dem guten Stern weit mehr als nur ein geachtetes Mitglied im Kreis der »befreundeten« Unternehmen ist. Mögen die Beziehungen zu Siemens vielleicht auch mehr historischen Tiefgang und durch den ersten Bankchef Georg von Siemens fast so etwas wie eine gemeinsame familiäre Wurzel haben, dennoch steht Alfred Herrhausen und seinen Kollegen das Mercedes-Imperium sehr viel näher, allein schon deshalb, weil es – wenigstens zu 28 Prozent – ein Stück von ihnen ist.

Im Unterschied zu den Herstellern begehrter Artikel haben Bankiers in ihrem sehr abstrakten Geschäft nur wenig sichtbare Erfolge vorzuweisen. Das Geld, mit dem sie handeln, ist überall dasselbe Geld und für den Verbraucher immer nur Mittel zur Erfüllung von Wünschen. Gerade deshalb erfüllt es die Finanzmanager mit besonderem Stolz, wenn vom Glanz eines außergewöhnlich erfolgreichen Unternehmens auch etwas auf sie abfällt, vor allem wenn es sich dabei um einen Konzern wie Daimler-Benz handelt, dessen Namen bis in den hintersten Winkel der Erde praktisch jedes Kind kennt. Dabei darf die Deutsche Bank sogar das Verdienst für sich in Anspruch nehmen, zu diesem Erfolg einiges beigetragen zu haben. Von dem Tag an, da unter ihrer Regie 1926 die beiden finanziell stark angeschlagenen Stammfirmen Daimler und Benz miteinander verschmolzen, ist die Firma bis auf den heutigen Tag ihrer Obhut nicht entronnen. Wenn sich Alfred Herrhausen dem Unternehmen mit ganz besonderer Hingabe widmet, dann stets in dem Bewußtsein, daß es um die Pflege des weitaus wertvollsten Industriebesitzes der Bank geht. Nach dem Börsenkurs vom 30. Juni 1989 für die 50-Mark-Aktie von 694,50 Mark wurde ihre Beteiligung mit gut 8,3 Milliarden Mark bewertet. Da die Aktien aber nur zu einem Bruchteil ihres aktuellen Wertes in den Büchern stehen, verfügen die Bankmanager allein bei dieser Beteiligung über immense stille Reserven – ein Fundus, der als Sicherheitspolster und solide Grundlage für strategische Vorhaben nicht hoch genug einzuschätzen ist.

Wie nach einem ungeschriebenen Gesetz ist es denn auch seit jeher dem Vorstandssprecher der Bank vorbehalten, in Untertürkheim den Aufsichtsratsvorsitz zu übernehmen. 15 Jahre lang (von 1955 bis 1970) war Hermann Josef Abs die höchste Autorität. Ihm folgten Franz Heinrich Ulrich (1970 bis 1976), Wilfried Guth (1976 bis 1985) und anschließend Alfred Herrhausen. Welche Aufmerksamkeit darüber hinaus der Gesamtvorstand seinem industriellen Kronjuwel schenkt, läßt sich unter anderem daran ablesen, daß Ulrich seinen für Daimler-Benz zuständigen Mandatsassistenten jährlich einen voluminösen Bericht über alle Facetten des Geschäfts für seine Kollegen verfassen ließ.

Wohl keiner unter den führenden Männern der Deutschen Bank dürfte die Sache von Daimler-Benz jedoch so konsequent zu seiner eigenen gemacht haben, wie Emil Georg von Stauß, der von der Geburtsstunde der Firma an über 16 Jahre lang bis zu seinem Tode 1942 ihr Aufsichtsratchef war. 1933 wechselte er mit 55 Jahren aus dem Vorstand der Bank in den Aufsichtsrat, um sich noch intensiver seinen industriellen Interessen, vor allem bei Daimler-Benz, widmen zu können.

Schon lange vor Kriegsbeginn forcierte Stauß hier die Entwicklung und Produktion von Flugzeugmotoren. Während der Ermittlungen der amerikanischen Militärregierung gegen die Deutsche Bank erklärte ein Direktor der Berliner Zentrale bei einer Befragung, Stauß habe dort ein Büro ausschließlich für seine Aufsichtsratsarbeit bei Daimler-Benz und BMW unterhalten. Gegen schwerwiegende Bedenken aus dem Kreditausschuß seiner Bank setzte der bei der Nazi-Führung wohlgelittene Bankier auf Wunsch der Reichsregierung die Bewilligung erheblicher Mittel zur Finanzierung kriegswichtiger Daimler-Projekte durch.

Der starke Einfluß der Deutschen Bank auf die Geschäftspolitik des Konzerns blieb auch unter dem Stauß-Nachfolger Hans Rummel bestehen. Auf die Frage des amerikanischen Militärjuristen »Kann man sagen, daß von Stauß und später Rummel in Wirklichkeit mehr waren als Vorsitzende des Aufsichtsrates, daß sie diese beiden Unternehmen, Daimler-Benz und BMW, tatsächlich leiteten?« antwortete der befragte Direktor: »Ja, das kann man sagen.« Dabei beschränkte sich die Präsenz der Deutschen Bank im 14köpfigen Daimler-Aufsichtsrat nicht nur auf den aus ihrem Hause kommenden Vorsitzenden. Ein zweiter Sitz war für den Leiter der örtlichen Filiale bestimmt, ein weiterer für ihren Industrieberater Max H. Schmid. Im wichtigen »Arbeitsausschuß« stellte die Deutsche Bank von vier Mitgliedern zwei, darunter als Vorsitzenden dieses Gremiums den Aufsichtsratsvorsitzenden.

Wegen ihrer militärischen Bedeutung waren die Produktionsstätten von Daimler-Benz im Zweiten Weltkrieg ein besonderes Angriffsziel der alliierten Bomberstaffeln. In Untertürkheim waren zum Zeitpunkt der Kapitulation 70 Prozent aller Gebäude bis auf die Grundmauern zerstört, in Sindelfingen sogar 85 Prozent. Das Werk Berlin-Marienfelde war noch im März 1945 in Schutt und Asche gelegt worden. Das in den Jahren 1935/36 auf Wunsch des Reiches gebaute Flugzeugmotorenwerk Genshagen südlich von Berlin wurde nach der Besetzung durch die Rote Armee vollständig demontiert. Doch schon wenige Monate nach Kriegsende lief die Lkw-Produktion in Gaggenau wieder an, und in dem am wenigsten zerstörten Werk Mannheim ließen die amerikanischen Besatzungsbehörden die Produktion des seit dem Krieg hier gefertigten Dreitonners »Opel-Blitz« praktisch weiterlaufen. Im Oktober 1947 wurde der tausendste nach dem Krieg hergestellte Personenwagen mit Musik und Ansprachen gefeiert. Doch erst im Februar 1949 verließen in einem Monat wieder mehr als tausend Mercedes-Pkw die Daimler-Montagehallen. Im Mai desselben Jahres konnten die Besucher der Internationalen Exportmesse Hannover zum erstenmal wieder drei neue Modelle bestaunen, darunter die Personenwagen »170 S« und »170 Diesel«. Doch trotz dieser Erfolge dürfte sich damals kaum jemand im Traum vorgestellt haben, zu welch einer Entwicklung die auch nach dem Krieg noch außerordentlich stark handwerklich geprägte schwäbische Firma gerade aufgebrochen war.

Den ihm allgemein nachgerühmten »Riecher« scheint zunächst nicht einmal jener Mann gehabt zu haben, der Anfang der fünfziger Jahre die deutsche Industrie auf Firmen mit überdurchschnittlichen Zukunftschancen untersuchte: Friedrich Flick, der vom Nürnberger Militärgerichtshof zu sieben Jahren Gefängnis verurteilt und im August 1950 vorzeitig aus der Haftanstalt Landsberg entlassen worden war. Der zu dieser Zeit bereits 67jährige Siegerländer hatte – rückblickend betrachtet – das große Glück, daß ihn die Kriegssieger zwangen, sich von einem Teil seines schwerindustriellen Besitzes zu trennen. Vor die Wahl gestellt, entweder seine Zechen oder seine Stahlinteressen abzustoßen, entschied er sich für einen Ausstieg aus der Kohle. Für zusammen 230 Millionen Mark verkaufte er seine Mehrheitsbeteiligungen an der Harpener Bergbau-AG und der Essener Steinkohle AG. Seine

Aufmerksamkeit wandte Friedrich Flick statt dessen der Automobilindustrie zu, der er mit steigendem Massenwohlstand eine große Zukunft voraussagte. Dabei richtete er sein begehrliches Auge nicht allein, vielleicht nicht einmal in erster Linie auf Daimler-Benz, sondern auf das von der beginnenden Motorisierungswelle verständlicherweise sehr viel stärker erfaßte Volkswagenwerk. Doch schon erste Sondierungen führten ihn zu der Erkenntnis, daß bei den Politikern wenig Neigung bestand, ausgerechnet ihm das industrielle Erbe der »Deutschen Arbeitsfront« zu übertragen. Notgedrungen konzentrierte er seine Pläne in der Folgezeit nahezu ganz auf Daimler-Benz. Allerdings hatte er sich bereits Anfang der fünfziger Jahre mit einer Minderheitsbeteiligung bei der (1932 durch Zusammenschluß der Firmen DKW, Audi, Horch und Wanderer entstandenen) Auto Union GmbH engagiert.

Friedrich Flick war sich wohl bewußt, daß er mit seinem Versuch, in Untertürkheim eine unternehmerisch bestimmende Rolle zu übernehmen, in die strenggehütete Einflußsphäre der Deutschen Bank eindringen würde. Doch plagten ihn in dieser Hinsicht keine besonderen Skrupel. Der kühle Konzernstratege hatte es stets vermieden, Bankiers über das unbedingt notwendige Maß hinaus ins Vertrauen zu ziehen. Dieses notwendige Maß erschöpfte sich durchweg in der diskreten Ausführung von Börsenaufträgen. Wie wenig ihn die finanztechnische Seite seines Geschäfts interessierte, läßt sich allein schon daran erkennen, daß er den laufenden Kontakt zu den Geldinstituten bereits vor dem Krieg weitgehend seinem Vetter Konrad Kaletsch überlassen hatte. Dieser konnte Flick jedoch immerhin dazu bewegen, ein gewisses Mindestmaß an gesellschaftlichem Verkehr mit führenden Bankiers zu pflegen. So waren in Flicks Berliner Haus in der Taubenstraße nicht nur Carl Fürstenberg, Seniorteilhaber der Berliner Handels-Gesellschaft, und Hjalmar Schacht, Vorstandsmitglied der Darmstädter und Nationalbank (»Danat-Bank«), zu Gast, sondern auch der junge Abs, am Anfang noch Mitinhaber von Delbrück Schickler & Co. In eine etwas engere Beziehung trat der Emporkömmling von der Ruhr allein zur Dresdner Bank, die ihn sogar für ihren Aufsichtsrat gewann. Doch wenn die Herren der Bank gehofft hatten, auf diese Weise bei Flick eine geschäftlich interessante Sonderstellung übernehmen zu können, so hatten sie sich gründlich getäuscht.

Für die Art und Weise, wie Flick seine Ziele zu erreichen suchte, empfahlen sich ohnehin eher kleinere Privatbanken als die großen Geldkonzerne mit ihren vielfältigen, nie ganz zu durchschauenden Interessen. Vor allem glaubte er die für den Erfolg seiner Börsenaktionen notwendige Diskretion bei den ihm aus langer Zusammenarbeit vertrauten Privatbankiers besser gewahrt als in den unübersichtlichen Finanzbürokratien der Großbanken. Aber selbst bei der Einschaltung kleinerer Häuser verteilte er, um nicht etwa durch zu große Kauforders Aufmerksamkeit zu erregen, seine Aufträge unter mehrere Banken. Dabei achtete er peinlich genau darauf, daß keine erfuhr, wer neben ihr in gleicher Sache außerdem noch tätig war.

Mit dabei war stets die Berliner Handels-Gesellschaft, die Flick bereits das erste größere Paket Feldmühle-Aktien besorgt hatte, mit dessen Hilfe er später die Herrschaft über Deutschlands führenden Papierhersteller erringen sollte. Die Fürstenberg-Bank befand sich auch unter denjenigen Instituten, die Kaletsch 1952 beauftragte, unauffällig Daimler-Benz-Aktien aus dem Markt aufzunehmen. Die gleiche Order erhielten unter anderem die Privatbankhäuser C. G. Trinkaus in Düsseldorf und Sal. Oppenheim jr. & Cie. in Köln. Zwar gingen Flicks Beauftragte, wie vereinbart, äußerst behutsam vor; doch blieb niemandem verborgen, daß die Börsenentwicklung des Papiers mit der Zeit deutlich nach oben wies. Notierte die Daimler-Aktie im Nennwert von hundert Mark

Ende 1953 noch mit 127, so kletterte der Kurs innerhalb eines Jahres bereits auf 250. Gemessen am heutigen Wert des Unternehmens, war Daimler-Benz jedoch immer noch äußerst billig. Bei einem Grundkapital von 72 Millionen Mark bewertete die Börse Ende 1954 die Firma demnach nur mit knapp 180 Millionen Mark. Dennoch registrierte Friedrich Flick den überdurchschnittlich ansteigenden Daimler-Kurs mit verständlichem Mißvergnügen. Und nicht nur er. Auch Generaldirektor Fritz Könecke und seine Vorstandskollegen versetzte das geheimnisvolle Treiben eines anonymen Interessenten in zunehmende Unruhe. Hatte sich der Daimler-Chef bis dahin im Vertrauen auf die Wachsamkeit der Großbanken vor unerwünschten Übernahmeversuchen einigermaßen sicher gefühlt, so beschlichen ihn mit einem Mal düstere Ahnungen. Je weiter der Kurs nach oben ging, desto größer wurde in der Untertürkheimer Vorstandsetage die Gewißheit, daß hinter den Kulissen ein finanzkräftiger Aufkäufer um die Macht pokerte. Dabei konzentrierte sich der Verdacht zunächst auf den amerikanischen Automobilmulti General Motors.

Nun konnte auch Hermann Josef Abs nicht mehr länger die Augen vor der Gefahr verschließen, daß ein ungebetener Gast Einlaß in das Allerheiligste seiner Bank begehrte. Wie es hieß, um die Unabhängigkeit des Unternehmens zu bewahren, beeilte sich die Deutsche Bank (respektive die Süddeutsche Bank als deren Vorgängerin), so viele Aktien wie möglich unter ihre Kontrolle zu bringen. Schon bald mußte Flick erkennen, daß ihm bei Daimler-Benz der Weg zur alleinigen Herrschaft verbaut war. So unbeirrt der knorrige Alte im allgemeinen an einem als richtig erkannten Weg festzuhalten pflegte, so nüchtern zog er für sich den Schluß, daß die neue Situation einen Interessenausgleich mit der Deutschen Bank unumgänglich machte. Zu dieser Einsicht führten ihn sogar recht handfeste Gründe. Schon im Herbst 1954 war ihm nämlich klargeworden, daß er die zur Erlangung des steuerlichen

Schachtelprivilegs erforderlichen 25 Prozent per Stichtag Jahresultimo nicht zusammenbekommen werde. Abs erkannte die einmalige Gelegenheit, den an einer Unterstützung durch die Deutsche Bank bei der Komplettierung seines Aktienpakts brennend interessierten Flick im Gegenzug auf verbindliche Verhaltensregeln festzulegen. Als erstes verlangte er dabei von Flick die Zusicherung, daß dieser keinerlei Ansprüche auf den Aufsichtsratsvorsitz erheben werde. Daneben mußte er Abs zusagen, keinesfalls die Mehrheit anzustreben und seine Daimler-Aktien, sofern er sie jemals würde verkaufen wollen, zunächst der Deutschen Bank anzudienen – eine (Abs schriftlich gegebene) Zusage, die noch einmal entscheidende Bedeutung erlangen sollte. Erst nach diesen Zugeständnissen stellte die Bank rechtzeitig zum Jahresende Flick die zur Daimler-Schachtel fehlenden Aktien zur Verfügung.

Wie sich allmählich herausstellte, war Friedrich Flick nicht der einzige Industrielle gewesen, der fleißig Daimler-Aktien gesammelt hatte. Ähnlich wie der große Schweiger aus Düsseldorf bemühte sich auch Herbert Quandt, Einfluß auf das – wie er fand – »vornehmste und schönste deutsche Unternehmen« zu gewinnen. Der Deutschen Bank und speziell Hermann Josef Abs dürfte der Hinzutritt eines weiteren Großaktionärs alles andere als unwillkommen gewesen sein. Zum einen bot Quandt eine zusätzliche Garantie gegen eine allzu dominante Rolle Flicks. Zum anderen mußte der Bank sehr daran gelegen sein, auf diese Weise ihre geschäftlichen Beziehungen zur Quandt-Gruppe und damit zu einem der führenden deutschen Industrieimperien in Familienbesitz zu vertiefen.

Schon 1938 hatte Herbert Quandts Vater Günther Quandt den damals 36jährigen Abs an die Spitze des Aufsichtsrates seiner Accumulatoren-Fabrik AG, Berlin, Vorgängerin der heutigen Varta AG, berufen. Gleichzeitig war Quandt in den Aufsichtsrat der Deutschen Bank eingetreten. Wie Abs einmal erzählte, habe er den Quandts in einem frühen Stadium sogar geraten, sich für Daimler-Benz zu interessieren, offensichtlich jedoch ohne damit allzu großes Interesse ausgelöst zu haben. Denn Ende 1954, als Friedrich Flick mit Hilfe der Deutschen Bank bereits über eine Sperrminorität verfügte, brachten es die Quandts gerade auf magere 3,85 Prozent. Ein Jahr später waren es mit 9,06 nur wenig mehr und Ende 1956 gerade 12,75 Prozent. Um auch den kleinsten der drei Großaktionäre in den Genuß des Steuervorteils kommen zu lassen, brachte Flick 1960 aus seinem auf fast 40 Prozent angewachsenen Daimler-Besitz die den Quandts fehlenden Anteile in eine von diesen gegründete Vorschaltgesellschaft ein. Damit hatten Flick, Quandt und die Deutsche Bank ein geregeltes Verhältnis untereinander geschaffen, das über Jahre die Machtverhältnisse bei Daimler-Benz bestimmen sollte. Als Mitglieder des dreiköpfigen Aufsichtsratspräsidiums bildeten die beiden Industriepatriarchen gemeinsam mit der Leitfigur des deutschen Kreditgewerbes das eigentliche Entscheidungszentrum des Konzerns.

Natürlich verfolgte jeder nach wie vor seine eigenen Interessen. Wie die Deutsche Bank den Aufsichtsratsvorsitz für sich beanspruchte und ihren Einfluß in allen wichtigen Fragen des Finanzmanagements geltend machte, so war vor allem Flick darauf bedacht, in der eigentlichen Produktion, aber auch in der Personalpolitik eigene Vorstellungen durchzusetzen. Aufmerksam wachte er beispielsweise darüber, daß beim Bezug von Karosserieblechen seine Maxhütte in Sulzbach-Rosenberg (Oberpfalz) besonders zuvorkommend berücksichtigt wurde. Flick setzte auch durch, daß Daimler-Benz 1958/59 in zwei Schritten die von ihm de facto beherrschte Auto Union GmbH übernahm. Der Vorstoß ins untere Marktsegment bekam den Mercedes-Managern jedoch alles andere als gut: Nach unerwarteten Verlusten, zum größten Teil die Folge technischer Probleme beim DKW »Junior«, verkauften die

Stuttgarter die Auto Union 1965 an das Volkswagenwerk weiter. Flick hätte bei dieser Gelegenheit gern auch seine Lieblingsidee einer Fusion zwischen Daimler-Benz und VW verfolgt. Immerhin verdienten die Wolfsburger mit ihrem »Käfer« zu diesem Zeitpunkt noch dreimal soviel wie die Schwaben mit ihrem ungleich größeren Typenprogramm. Doch widersetzten sich sowohl Hermann Josef Abs als auch Vorstandssprecher Joachim Zahn den Konzentrationsplänen Flicks.

Wo die Interessen der Deutschen Bank weniger stark tangiert waren, ließ Abs den größten der drei Großaktionäre jedoch gewähren. Dies galt vor allem für die Personalpolitik. Nachdem Daimler-Generaldirektor Fritz Könecke aus privaten Gründen Ende 1960 die Untertürkheimer Chefetage verlassen hatte, übernahm nicht Abs die ihm als Aufsichtsratschef zukommende Aufgabe, einen Nachfolger zu suchen, sondern Flick. Dessen Vorstellung war es, daß ein Produktionsmann Daimler-Benz führen müsse. Den aus seiner Sicht passenden Kandidaten hatte er schnell gefunden: Walter Hitzinger, Chef des staatlichen österreichischen Stahlkonzerns Voest in Linz. Den gelernten Maschinenbauer hatte er über seine Stahlinteressen kennen- und schätzengelernt. Doch der joviale Hitzinger, Sohn einer kinderreichen Arbeiterfamilie, stieß in Untertürkheim vom ersten Tag an auf Akzeptanzprobleme. Binnen kurzer Zeit pfiffen es die Spatzen von den Dächern, daß die Geschäftspolitik zunehmend am Vorstandsvorsitzenden vorbeilief und einige Hitzinger-Kollegen über ihre Vertrauensleute im Aufsichtsratspräsidium kaum verhüllt ihre eigenen Ziele verfolgten. Am Ende wunderte es kaum noch jemanden, daß Flicks Mann, obwohl erst 57 Jahre alt, nach nur einer Amtsperiode nach Österreich zurückkehrte. Auf Flicks Initiative zog 1966 auch der Krupp-Manager Ulrich Raue in den Daimler-Vorstand ein, um dort mit Rückendeckung seines Mentors das Nutzfahrzeuggeschäft auszubauen. Direkt aus der Düsseldorfer Flick-Zentrale wechselte ein Jahr später der PR- und Werbemann Heinz Schmidt gegen den erklärten Willen Zahns in das Untertürkheimer Führungsgremium – als »Aufpasser«, wie viele wohl nicht ganz zu Unrecht vermuteten.

Zahn, der 14 Jahre und damit länger als jeder andere Daimler-Chef vor und nach ihm an der Spitze des Konzerns stand, hatte zumindest unter Abs als Aufsichtsratsvorsitzendem keinen leichten Stand. Obwohl er 1958 durch eine Empfehlung des Deutsche-Bank-Vorstandsmitgliedes Walter Tron zunächst als Finanzchef bestellt wurde und schon vor Hitzingers Berufung für höhere Weihen im Gespräch war, mußte er sich fürs erste mit der herabgestuften Funktion eines Vorstandssprechers zufriedengeben, die es bei Daimler-Benz zuvor noch niemals gegeben hatte und die es ihm schwermachte, seine Gegenspieler im Vorstand unter Kontrolle zu halten. Die Motive, lediglich einen »Primus inter pares« zu inthronisieren, dürften unterschiedlicher Art gewesen sein. Für Abs, der Zahn nur allzugern seine gefürchtete scharfe Zunge spüren ließ, spielte sicherlich der Hintergedanke eine wesentliche Rolle, ohne einen Vorstandsvorsitzenden selber noch ungehinderter mitregieren zu können. Im Hause Flick war man dagegen bestrebt, sich eine spätere, wie man meinte, bessere Besetzung nicht zu versperren.

Vor allem Flick-Gesellschafter Eberhard von Brauchitsch baute für das höchste Amt im Konzern einen Mann seiner eigenen Wahl auf: Hanns Martin Schleyer, im Daimler-Vorstand für das Personalwesen zuständig. Gegen ihn sprach jedoch, daß sein Ressort nicht gerade als ideales Sprungbrett zur Spitze galt. Auf Betreiben seines Freundes Brauchitsch erhielt Schleyer deshalb am 1. Juli 1968 gegen den Widerstand Zahns den Vorstandsbereich »Zentralplanung« zugesprochen. Damit hatte er ein Instrument in der Hand, mit dem er vor allem in der Investitionspolitik den Kurs des Konzerns entscheidend mitbestimmen konnte.

Die damit institutionalisierte latente Rivalität zwischen Zahn und Schleyer entlud sich schon nach kurzer Zeit in einem heftigen Streit über die Kapazitätsplanung auf dem Nutzfahrzeugsektor. Während Schleyer, unterstützt von Raue, für eine deutliche Steigerung der Inlandsproduktion auf 225 000 Einheiten jährlich plädierte, befürwortete Zahn, an der bereits erreichten »Kammlinie« von 175 000 Fahrzeugen festzuhalten. Nach dem Anlaufen der Produktion im neuen Lkw-Werk Wörth 1965 und der Übernahme der Hanomag-Henschel-Werke von Rheinstahl 1969, so der Vorstandssprecher, sei eine weitere Expansion nicht zu verantworten. Das Protokoll über die zu diesem Punkt am 12. Dezember 1970 geführte Vorstandsdiskussion stellte »unüberbrückbare Meinungsunterschiede« fest.

Zahn hatte in dieser Phase das Glück, daß sich die Personalkonstellationen im Aufsichtsrat plötzlich zu seinen Gunsten veränderten. Nach zunehmenden Spannungen zwischen Friedrich Karl Flick, der anstelle des inzwischen zurückgezogen am Bodensee lebenden Seniors das Führungserbe angetreten hatte, und Eberhard von Brauchitsch erklärte der Schleyer-Freund im Juni 1970 sein Ausscheiden aus dem Flick-Konzern zum Jahresende und legte schon am 10. August sein Daimler-Mandat nieder. Am selben Tag übertrug auch Hermann Josef Abs den Vorsitz im Aufsichtsrat auf seinen Sprecher-Nachfolger Franz Heinrich Ulrich. Von seiten Ulrichs war zuvor intern deutliche Kritik an seinem schon 1967 aus dem aktiven Dienst geschiedenen Vorgänger zu hören gewesen, weil dieser sich mit der Weitergabe seines Daimler-Amtes allzuviel Zeit gelassen habe. Durch die starke Bindung dieser zu den begehrtesten Schaltstellen der deutschen Industrie gehörenden Position an die Person von Abs, so Ulrichs Befürchtung, hätte die Deutsche Bank das Amt möglicherweise eines Tages nicht mehr als Besitzstand für sich reklamieren können. Diese Sorge hatte für Ulrich zu dieser Zeit durchaus einen realen Hintergrund: Schon seit längerem nämlich hatte er Eberhard von Brauchitsch im Verdacht, selber die Abs-Nachfolge in Untertürkheim anzustreben, um anschließend mit dem von ihm favorisierten Schleyer als Zahn-Nachfolger Daimler-Benz unter den einseitigen Einfluß des Flick-Konzerns zu bringen.

Wie gesagt, wurden solcherlei Spekulationen gegenstandslos, nachdem Brauchitsch wenige Wochen vor dem Rücktritt von Abs als Aufsichtsratschef in Untertürkheim sein Ausscheiden aus dem Flick-Konzern ankündigte. Ulrich konnte unangefochten das höchste Kontrollamt übernehmen. Als auch der eher zögerlich-vorsichtige Flick-Erbe zu erkennen gab, daß er mehr den moderaten Lkw-Plänen Zahns zuneigte, war Schleyers Niederlage praktisch vorgezeichnet. In der Aufsichtsratssitzung am 29. Juli 1971 wurde schließlich zu Protokoll genommen, was hinter den Kulissen längst entschieden worden war. »Abschließend weist Ulrich darauf hin, daß Schleyer gebeten habe, mit dem heutigen Tag die Planungsaufgaben abzugeben«, heißt es in der Niederschrift lapidar. Noch in derselben Sitzung wurde Zahn – späte Genugtuung – zum Vorstandsvorsitzenden befördert. Ein langer, zäh geführter Machtkampf war damit beendet.

Mit dem Generationswechsel im Hause Flick begannen sich die Kräfteverhältnisse in Untertürkheim deutlich zugunsten der Deutschen Bank zu verändern. Friedrich Karl Flick, industriell von erkennbar geringerem Format als sein Vater, war nicht der Mann, den es drängte, in die Geschäftsführung einzugreifen. Sein überragendes Interesse konzentrierte sich vielmehr auf die Bewahrung des in der Daimler-Beteiligung gebundenen Großteils seines Vermögens. Die erste Ölkrise markiert schließlich den Anfang vom Ende des in den fünfziger Jahren von Abs, Flick und Quandt errichteten Machtgefüges. Am 28. November 1974 kündigte die Familie Quandt den Verkauf ihres rund 14prozentigen Daimler-Pakets an – an das in Petrodollars schwimmende Scheichtum Kuwait, wie die in das Geschäft eingeschaltete Dresdner Bank einige Tage später mitteilte.

Was zu diesem Zeitpunkt noch niemand wußte: Schon Mitte des Jahres hatte der Flick-Intimus Günter Max Paefgen diskrete Gespräche mit dem iranischen Anwalt Cyrus Ansari, einem engen Vertrauten des Schah, über einen Verkauf des von den Flicks gehaltenen 39prozentigen Pakets Daimler-Aktien aufgenommen. Am 3. Januar 1975, also nur etwas mehr als einen Monat nach dem Bekanntwerden des Quandt-Kuwait-Deals, erschien Friedrich Karl Flick bei Daimler-Aufsichtsratschef Ulrich an dessen Urlaubsort St. Moritz. Der war von den Eröffnungen seines Gastes nicht völlig überrascht. Hermann Josef Abs, von Ulrich telefonisch nach dem möglichen Anliegen seines Gastes befragt, tippte spontan, Flick werde ihn von seiner Absicht, das Daimler-Paket an den Iran zu verkaufen, informieren. Ulrich hielt dies für ausgeschlossen. Bei seinen auch privat engen Beziehungen zur Familie Flick, so der Vorstandssprecher, hätte er von solchen Überlegungen etwas gehört. Abs blieb bei seiner Vermutung, hatte er doch schon vor einiger Zeit entsprechende Hinweise von Vertrauensleuten in der iranischen Nationalbank erhalten, deren Berater er einst gewesen war. Ulrich brach seinen Feiertagsurlaub früher als sonst ab und flog direkt nach Frankfurt, um mit Abs und den erreichbaren Vorstandskollegen sein Konzept zu besprechen, von dem seinerzeit durch Friedrich Flick der Deutschen Bank eingeräumten Vorkaufsrecht Gebrauch zu machen und damit ein Abwandern des größten Aktienpakets des Prestigekonzerns nach Nahost zu verhindern.

Für Ulrich bedeutete dies, ein aus damaliger Sicht hohes Risiko einzugehen. Die Iraner hatten einen Übernahmekurs akzeptiert, der mit 295 Mark pro 50-Mark-Aktie deutlich über dem Jahresschlußkurs von 250 Mark lag. Zu verhandeln gab es in dieser Situation für Ulrich nichts mehr. Entweder die Deutsche Bank stieg in diesen Preis ein, oder sie konnte ihren »Rettungsplan« begraben. Die kurzfristig einberufene Vorstandssitzung verlief äußerst turbulent. Einige Mitglieder äußerten unmißverständlich ihre Sorge, daß die Ausgabe von zwei Milliarden für ein aus ihrer Sicht viel zu teuer angebotenes Daimler-Paket bei ungünstiger Börsenentwicklung zu einem unverantwortlichen Abenteuer werden könne. Um Ulrich den Rücken zu stärken, erschien, was nur äußerst selten vorkam, Aufsichtsratschef Abs vor seinen Exkollegen und redete den Skeptikern ins Gewissen. Eindruck machte bei den Zweiflern nicht zuletzt das Argument, daß die eigene Daimler-Beteiligung der Deutschen Bank an Bedeutung verlieren werde, falls der Iran auch an das von der Familie Quandt nach Kuwait verkaufte Paket kommen und damit die Majorität erringen sollte.

In der Parteispendenaffäre publik gewordene Aktennotizen des ehemaligen Flick-Gesellschafters Brauchitsch haben den Verdacht aufkommen lassen, die Düsseldorfer Industriedynastie habe in Wirklichkeit niemals die Absicht gehabt, ihr Daimler-Paket den Iranern zu überlassen. So schrieb der einst starke Mann des Konzerns in einem vom SPIEGEL auszugsweise veröffentlichten Vermerk am 7. März 1975 an Friedrich Karl Flick: »Ich habe Friderichs ausdrücklich klargemacht, daß wir nur eine begrenzte Zeit die bisherige falsche ›Geschichtsschreibung‹ – insbesondere die Daimler-Transaktion – hinnehmen können. Wir hätten uns bisher über den tatsächlichen Geschehensablauf deshalb nicht öffentlich geäußert, weil wir weder die Deutsche Bank noch die Bundesregierung desavouieren wollen. Zu irgendeinem Zeitpunkt werden wir aber klarzustellen haben, daß niemals die Absicht bestanden hat, ein beherrschendes Daimler-Paket ›über den Ladentisch‹ an Persien zu geben.« Brauchitsch hat diese Formulierung später dahingehend interpretiert, daß Flick dem Schah die Aktien nur dann verkauft hätte, wenn sich der Iran bei der Ausübung seiner Stimmrechte bestimmte Beschränkungen auferlegt hätte, etwa durch einen Stimmenpool mit der Deutschen Bank als zweitem Großaktionär. Wäre Flick tatsächlich nur unter dieser Bedingung bereit gewesen, sein Paket abzugeben, hätte es die öffentlich beschworene Gefahr einer Überfremdung niemals gegeben. Zu wessen Gunsten sollte aber die »falsche Geschichtsschreibung« noch für eine »begrenzte Zeit« aufrechterhalten werden? Die Antwort geht aus einem weiteren Aktenvermerk des Flick-Managers vom 9. Januar 1975 über ein Telefonat mit Bundeswirtschaftsminister Friderichs hervor. Dieser berichtete Brauchitsch, daß am selben Tag Franz Heinrich Ulrich bei Finanzminister Hans Apel gewesen sei und diesem erklärt habe, daß er bei einer »solchen nationalen Tat ein steuerliches Entgegenkommen« erwarte. Ihm kam es insbesondere darauf an, daß Erwerber von Teilen des von der Deutschen Bank übernommenen Pakets, insbesondere andere Geldinstitute und Versicherungen, hierzu realisierte Veräußerungsgewinne unversteuert wiederanlegen durften. Allerdings kam es 1976 zwischen Ulrich und dem für 6b-Genehmigungen zuständigen Wirtschaftsminister wegen eines abgelehnten Antrags der Allianz-Gruppe zu einem heftigen Disput. Der Münchener Versicherungskonzern hatte Gewinne aus dem Verkauf mehrerer Industriebeteiligungen am Finanzamt vorbei in Daimler-Benz reinvestieren wollen.

Die Deutsche Bank hatte von Anfang an erklärt, die von Flick erworbenen Aktien nicht behalten, sondern wieder placieren zu wollen. Doch fiel es Ulrich nicht nur (wie im Falle Allianz) aus steuerlichen Gründen schwer, selbst kleinere Päckchen bei institutionellen Anlegern unterzubringen. Dabei hatte er mit Unterstützung Zahns Flick sogar noch dazu überreden können, von seinen 39 Prozent wenigstens zehn Prozent zu behalten. Immerhin riß der Kauf von nur zwei Prozent des

Daimler-Kapitals ein Loch von fast 140 Millionen Mark in die Kasse – viel Geld selbst für reiche Unternehmen. Hinzu kam, daß ohne das erst bei einem Anteil von 25 Prozent einsetzende Schachtelprivileg die Dividendenrendite nach Steuern mit etwas mehr als zwei Prozent äußerst bescheiden war.

Die rettende Idee, wie Flicks Daimler-Aktien finanzkräftigen Geldanlegern doch noch schmackhaft zu machen seien, kam Dr. Georg Siara, Chef der Steuerabteilung der Deutschen Bank. Er war ursprünglich Leiter des Körperschaftsteuer-Referats im Bonner Finanzministerium gewesen und von Abs 1952 zur damaligen Süddeutschen Bank abgeworben worden. Der Exbeamte, der für seinen Minister unter anderem Steuerfragen bei der Entflechtung des I.G.-Farben-Konzerns bearbeitet hatte, schlug für die Placierung der Aktien eine eigens zu diesem Zweck zu gründende Holding mit steuerbegünstigten Schachteln und Unterschachteln vor. Um der Gefahr vorzubeugen, daß die Finanzbehörden die trickreiche Steuersparkonstruktion womöglich als Mißbrauch ablehnten, fuhr Siara mit Franz Heinrich Ulrich und dessen Vorstandskollegen Klaus Mertin nach Bonn, um sich für seine Holding-Idee den Segen des Finanzstaatssekretärs Rainer Offergeld (SPD) zu holen.

Die Aktien der 1975 gegründeten Mercedes-Automobil-Holding AG wurden zur einen Hälfte breit im Publikum gestreut, zur anderen Hälfte zu gleichen Teilen in die Untergesellschaften »Stern Automobil-Beteiligungs-GmbH« und »Stella Automobil-Beteiligungs-GmbH« eingebracht. Deren Anteile, jeweils in vier Päckchen aufgeteilt, übernahmen Daueranleger aus Finanz und Industrie, wie Dresdner Bank, Bayerische Landesbank, Commerzbank, Bosch und Voith. Die Unterbringung der letzten Mercedes-Aktien glückte jedoch erst im Jahre 1981, nachdem drei der insgesamt acht »Stern«- und »Stella«-Schachteln noch einmal geviertelt worden waren.

Ulrichs Kraftakt hatte auf alle Fälle den Effekt, daß die Deutsche Bank bei Daimler-Benz ihren in den vorangegangenen Jahren verstärkten Einfluß noch weiter ausbauen konnte. Nachdem die Familie Flick fast drei Viertel ihrer Daimler-Anteile abgestoßen hatte, waren die finanziellen Wegbereiter mit ihren 28,5 Prozent der größte Hauptaktionär. Die Mercedes-Automobil-Holding, deren einzige Aufgabe in der Durchleitung der jährlichen Daimler-Dividende an ihre Gesellschafter besteht und die auf den Vorstands- und auf den meisten Aufsichtsratspositionen mit Vertrauten aus dem industriellen Freundeskreis der Deutschen Bank besetzt ist, konnte nicht zuletzt wegen ihres heterogenen Aktionärskreises kaum eigenes Profil entwickeln. Auch wenn die Strategie einer Weiterentwicklung des Autokonzerns zu einem Technologie-Imperium in Untertürkheim entwickelt wurde, die letzte Entscheidungsinstanz nach dem Ausscheiden von Quandt und Flick wurde doch immer mehr der Vorstand der Deutschen Bank. Allein die Konzentration eines so großen Teils des industriellen Bankvermögens auf ein einziges Unternehmen erklärt das Interesse der Frankfurter Geldmanager, über die von ihrem Sprecher bei Daimler-Benz vertretenen Entscheidungen mitzubestimmen.

Vor allem bei der Besetzung des Vorstandsvorsitzes in Untertürkheim wurden die Weichen fortan in Frankfurt gestellt – und dies nicht immer überzeugend. So sicher und vor allem diskret sie durchweg ihren eigenen ersten Mann bestimmen, so wenig gelang dies den Bankiers teilweise bei Daimler-Benz. Die zögerliche Art etwa, in der Wilfried Guth die Nachfolge des Ende 1979 pensionierten Vorstandschefs Zahn regelte, löste eine quälende öffentliche Diskussion aus. Es blieb dabei nicht verborgen, daß sich gegen den als aussichtsreichsten Kandidaten geltenden Gerhard Prinz innerhalb der Führung der Bank Widerstand regte. Vor allem Aufsichtsratchef Ulrich wandte sich intern gegen die Berufung des 1974 von VW nach Stuttgart gewechselten und hier für das Ressort

Materialwirtschaft zuständigen Nachfolgekandidaten. Guth, der in der Angelegenheit das entscheidende Wort hatte, ging lange mit sich und engen Freunden des Hauses, wie Hans Merkle von Bosch, zu Rate, bevor er sich am Ende doch auf Prinz festlegte.

Die Sache war für den Vorstand der Deutschen Bank insofern einigermaßen pikant, als einer aus seiner Mitte deutliches Interesse an dem sicherlich zu den attraktivsten Spitzenposten der deutschen Industrie zählenden Vorstandsvorsitz bei Daimler-Benz erkennen ließ: Alfred Herrhausen, seit 1976 schon im Aufsichtsrat des Automobilkonzerns und mehr als seine Kollegen an der praktischen Umsetzung industrieller Konzeptionen interessiert, mußte die Daimler-Aufgabe um so mehr reizen, als durch die Wahl des Sprechergespanns Christians/Guth der Aufstieg zur Spitze im eigenen Haus noch bis mindestens 1985 (dem Jahr der Pensionierung Guths) verbaut war. Doch ebensowenig wie ihn seine Kollegen ziehen lassen wollten, gedachten die Herren der Daimler-Führung, sich abermals einen Chef von außen präsentieren zu lassen. Unter wohlwollendem Augenzwinkern höchster Würdenträger der Bank gaben sie in Frankfurt vernehmbar Widerspruch zu Protokoll.

In das Reich der Legende gehört die Version, im Rennen um die Nachfolge Zahns habe bereits Planungschef Edzard Reuter eine Rolle gespielt. Zumindest unter den maßgeblichen Männern der Deutschen Bank wurde er zu keinem Zeitpunkt als ernsthafte Alternative zu Prinz in Erwägung gezogen. Vor allem Guth hielt es mit Rücksicht auf die konservative Firmenkundschaft der Bank für undenkbar, ausgerechnet Deutschlands Prestigekonzern von einem erklärten Sozialdemokraten führen zu lassen. In dieser Einstellung wurde er insbesondere aus einflußreichen Kreisen der baden-württembergischen Wirtschaft und des Bundesverbandes der Deutschen Industrie (BDI) bestärkt. Nicht zu vergessen: In Bonn regierte zu dieser Zeit die von dem SPD-Kanzler Helmut Schmidt geführte sozialliberale Koalition. Die Berufung eines Sozialdemokraten an die Spitze von Daimler-Benz, mochte für seine fachliche Qualifikation noch soviel sprechen, hätte – so insgeheim die Sorge der Bankiers – als plumpe Anbiederung mißverstanden werden können.

Das Verhältnis zwischen Reuter, der unter dem neuen Vorstandschef Prinz das von dessen Vorgänger Zahn mitverwaltete Finanzressort übernahm, und seinem Aufsichtsratsvorsitzenden war durch die intern und in der Öffentlichkeit geführte Nachfolgediskussion nicht gerade besser geworden. So zögernd sich anfangs Guth für Prinz hatte erwärmen können, so sehr wuchs sein Vertrauen in den neuen Vorstandschef mit zunehmender Dauer ihrer Zusammenarbeit. Prinz wiederum ließ es nicht an Versuchen fehlen, seinen Finanzkollegen loszuwerden. So ventilierte er beispielsweise die Möglichkeit, Reuter an die Spitze der Deutschen Lufthansa zu lancieren. Das Rennen machte dort 1982 mit Heinz Ruhnau jedoch ein anderer Kandidat mit Parteibuch. Schon Ende 1974 hatte der damalige Bonner Finanzstaatssekretär Karl Otto Pöhl Reuter abzuwerben versucht – als Nachfolger von VW-Chef Rudolf Leiding. Doch holte sich Helmut Schmidts Emissär einen Korb.

Edzard Reuter seinerseits ließ jetzt kaum eine Chance aus, um seinen Kritikern neue Munition zu liefern. Auf dem Management-Symposium in St. Gallen nahm er die seiner Ansicht nach mangelnde soziale Verantwortung in vielen Chefetagen der Wirtschaft aufs Korn: »Akzeptieren nicht manche vielleicht gerade noch jenes Beiwörtchen ›soziale‹ zum Begriff der Marktwirtschaft, indem man es im Sinne patriarchalischer Fürsorge mißversteht?«

Im Herbst 1983 stand die Führungsfrage bei Daimler-Benz aber plötzlich wieder auf der Tagesordnung. Gerhard Prinz, gerade 54 Jahre alt, war an Herzversagen gestorben. Wieder mußte Guth entscheiden. Wäre es darum gegangen, den erfahrensten Manager mit der umfassendsten Kenntnis des Konzerns an die Spitze zu stellen, hätte die Wahl eigentlich schon damals auf den einstigen Planungschef Reuter fallen müssen. Doch dessen Verhältnis zu Guth war inzwischen so weit in die Nähe des Nullpunktes abgesunken, daß aus der Sicht des Aufsichtsratsvorsitzenden – vorausgesetzt, er hätte seine politischen »Bauchschmerzen« überwunden – die Voraussetzungen für eine vertrauensvolle Zusammenarbeit nicht gegeben waren. Reuter seinerseits tat von sich aus kaum etwas, um das Verhältnis zu Guth, in dessen Verhalten ihm gegenüber er die letzte Offenheit vermißte, zu verbessern.

Für den Finanzchef bedeutete es daher auch keine Überraschung, daß Wilfried Guth an seiner Stelle Werner Breitschwerdt, im Daimler-Vorstand für das Entwicklungsressort zuständig, als Prinz-Nachfolger vorschlug. Schon damals äußerten einzelne Vorstandsmitglieder der Deutschen Bank vorsichtige Zweifel, ob ihr Sprecher damit den richtigen Mann nominiert habe. Nach dem in ihrem Kreise geltenden Comment überließen sie jedoch ihrem in der Sache unmittelbar zuständigen Kollegen das entscheidende Wort. Guth selber räumte später ein, daß sein Mann, an dessen Fähigkeiten als Entwicklungschef nie der leiseste Zweifel bestanden hatte, nicht wie erwartet in sein neues Amt hineingewachsen sei.

Breitschwerdts Stern begann zu sinken, nachdem im Juli 1985 Alfred Herrhausen die Nachfolge Guths als Aufsichtsratschef übernommen hatte. Sehr schnell erkannte Herrhausen, daß der durch die vollständige Übernahme der Motoren- und Turbinen-Union (MTU) 1985 sowie durch den Erwerb der Majorität an Dornier und AEG noch im selben Jahr zu neuer Quantität wie Qualität emporgestiegene Konzern einer anderen Führung bedürfe. In der Hoffnung, Breitschwerdts Position durch einen sichtbar herausgehobenen zweiten Mann stabilisieren zu können, setzte Herrhausen im März 1987 die

Ernennung Reuters zum Stellvertretenden Vorstandsvorsitzenden durch. Breitschwerdt, so sein Gedanke, sollte nach außen eindeutig die Nummer eins bleiben, intern jedoch das Unternehmen zusammen mit Reuter kollegial führen.

Schneller als erwartet stellte sich allerdings heraus, daß der bisweilen intuitiv entscheidende Entwicklungsingenieur und der kühle Finanzstratege, obwohl beide persönlich durchaus miteinander auskamen, kein ideales Führungsgespann abgaben. Dabei hätte der Konzern, für den es jetzt dringend eine neue, auf die erweiterte Aufgabenstruktur zugeschnittene Organisation zu schaffen galt, gerade in dieser Phase einen klaren, auch nach innen überzeugend wirkenden Kurs steuern müssen. Statt dessen brachten immer häufiger pikante, zum Teil bewußt lancierte Berichte über Dissonanzen in der Führungsspitze das Unternehmen öffentlich ins Gerede. Einmal mehr lag das Gesetz des Handelns bei der Deutschen Bank. Doch diesmal war mit ihrer Entscheidung das Eingeständnis verbunden, eine vorangegangene falsche personelle Weichenstellung korrigieren zu müssen.

Breitschwerdts Demontage auf Raten und seine Ablösung durch Edzard Reuter am 1. September 1987 weckten aber auch in der Öffentlichkeit, und zwar bis in den industriellen Freundeskreis der Deutschen Bank hinein, zwiespältige Gefühle. Konnte es ein eklatanteres Beispiel für die Macht der Großbanken geben als die Amtsenthebung des über Deutschlands größten und weltweit bekanntesten Industriekonzern herrschenden Managers – eines Mannes überdies, dem keine konkreten Fehler und Pannen anzulasten waren? Herrhausens starke Hand bei Daimler-Benz, die besonders in der Phase der Daimler-Entwicklung vom reinen Automobilproduzenten zu einem breit diversifizierten Technologiekonzern augenfällig wurde, bewirkte denn auch, daß die in Teilen der Industrie deutlich spürbare Reserve gegenüber dem MBB-Erwerb vor der Deutschen Bank nicht haltmachte.

Als der mit Abstand größte Industriekomplex der Bundesrepublik hat Daimler-Benz (Jahresumsatz 1988: rund 73 Milliarden Mark) für die Deutsche Bank als bestimmenden Großaktionär mittlerweile eine auch unternehmenspolitisch neue Dimension erreicht. Für die Bank geht es nicht mehr, wie noch in der Ära Zahn, allein darum, ob – und gegebenenfalls wie stark – die Produktion von Personenwagen oder Nutzfahrzeugen erweitert werden sollte. Vielmehr trägt sie, so wie sie ihren durch Beteiligung und Aufsichtsratsvorsitz gegebenen Einfluß bei Daimler-Benz nutzt, die unternehmerische Mitverantwortung für einen Konzern, der durch seine marktbeherrschende Stellung in der Rüstungswirtschaft, im zivilen Flugzeugbau und in der Raumfahrt eine ordnungspolitisch kritische Masse überschritten hat und dazu in starkem Maße von politischen Entscheidungen abhängig geworden ist.

Regierungen entscheiden in Fragen, die unmittelbare Auswirkungen auf einzelne Unternehmen oder Branchen haben, nach aller Erfahrung nie ohne mehr oder weniger starke Einflüsse von interessierter Seite. Hier liegt der eigentliche Kern des »Falles« Daimler-Benz. Wenn »Eigentum zum Tätigwerden verpflichtet«, um noch einmal das Bekenntnis Alfred Herrhausens aufzugreifen, dann vielleicht eines Tages mit dem Ziel, sich aus dieser Verpflichtung zumindest graduell wieder zu lösen.

5. Kapitel

Das Kabinett
des Doktor Herrhausen

Die Schaltstelle der deutschen Wirtschaft

*Unter Bezug auf Ihren vorgestrigen Bericht über die
Bergmann-Generalversammlung bitte ich freundlichst,
mich nicht als Generaldirektor zu bezeichnen.*
*Die Deutsche Bank hat nie einen solchen gehabt und wird auch,
solange ich Mitglied des Vorstandes bin, keinen erhalten.*
Unsere Verfassung ist eine demokratische.
(Arthur von Gwinner am 13. Mai 1912 an das »Berliner Tageblatt«)

Demokratisch, wie zu Zeiten Arthur von Gwinners, präsentiert sich die Deutsche Bank in ihrer Spitze heute, 77 Jahre später, immer noch. Wüßte man nicht, wer im Vorstand die Nummer eins ist – aus dem in vornehmes Silbermetallic gebundenen Geschäftsbericht erfährt man es nicht. Alphabetisch und titellos rangiert Alfred Herrhausen an vierter Stelle zwischen seinen Kollegen Cartellieri und van Hooven. Alle »ordentlichen« Mitglieder verdienen dasselbe – 1988 fast 1,32 Millionen Mark, die drei Stellvertretenden drei Viertel dieses Betrages. Um ihre Gleichheit zu demonstrieren, verlosten die zwölf Geldmanager vor dem Einzug in den Turm A im November 1984 sogar die Chefzimmer in den Stockwerken 30 bis 32.
Der SPD-Politiker Peter Glotz hat 1987 in der Festschrift zum 50. Geburtstag des baden-württembergischen Ministerpräsi-

denten Lothar Späth, wenngleich in vorsichtiger Frageform, gemeint: »Ist es nicht so, daß der Kreditausschuß der Deutschen Bank die mächtigste, zugleich aber die am wenigsten kontrollierte und geheimste Entscheidungseinheit der deutschen Wirtschaft ist?« Mag sein, die geheimste und am wenigsten kontrollierte, auf keinen Fall jedoch die mächtigste. Davon abgesehen, daß kaum noch eins der allgemein bekannten deutschen Großunternehmen bei Investitionen auf den Kredit der Deutschen Bank angewiesen ist, stehen dem Kreditausschuß de facto kaum nennenswerte Einwirkungsmöglichkeiten zu. Der nach dem Kreditwesengesetz vorgeschriebene, aus der Mitte des Aufsichtsrates heraus zu bildende Ausschuß, der bei der Deutschen Bank sechsmal jährlich zusammenkommt, kann dem Vorstand zwar empfehlen, seiner Meinung nach zu hohe Kreditengagements im Einzelfall abzubauen; zu etwas zwingen kann er ihn jedoch nicht. Selbst bei sogenannten »Organkrediten« (an personell oder durch Kapitalbesitz mit der Bank verbundene Unternehmen) ist die vom Kreditwesengesetz (Paragraph 15) geforderte Zustimmungspflicht mehr eine Formsache.

Hätte Glotz die dem Kreditausschuß unterstellte Macht statt dessen dem Vorstand der Deutschen Bank zugesprochen, wäre er der Wahrheit ein großes Stück nähergekommen. Zwar gehen auch von Industriekonzernen wie Daimler-Benz, Siemens oder Thyssen erhebliche Einflüsse, vor allem auf die jeweilige Branchenstruktur und den Arbeitsmarkt aus; kein anderes Gremium dürfte jedoch Entscheidungen von einer solchen alle Bereiche der Wirtschaft umspannenden Vielfalt und einem solchen Gewicht treffen wie der Vorstand der führenden Universalbank unseres Landes. Wer es geschafft hat, in diesen finanziellen Olymp vorzustoßen, ist kaum noch für ein anderes Amt zu haben, allenfalls für das des Bundesbankpräsidenten.

Bei allem, was sie beraten und beschließen, umgeben sich die zwölf Auserwählten mit einer Aura der Diskretion. Um auch das geringste Risiko eines Nachrichtenlecks auszuschalten, ziehen sie nicht einmal Protokollanten zu ihren Sitzungen hinzu. Die Niederschrift fertigen traditionsgemäß vielmehr reihum die stellvertretenden Mitglieder an. Nur jeweils zu einzelnen Tagesordnungspunkten dürfen bei Bedarf Spezialisten aus den Fachabteilungen Bericht erstatten.

Mit der Breite und dem Volumen des Geschäfts ist auch der Beratungs- und Entscheidungsbedarf im Laufe der Jahre ständig gewachsen. Ältere Vorstandsmitglieder erinnern sich mit einiger Wehmut an die Zeiten, da die für den Vormittag anberaumten Sitzungen pünktlich zu einem ausgedehnten Lunch überleiteten. Heute beginnen die mindestens dreimal monatlich, in aller Regel dienstags stattfindenden Treffen um zehn Uhr, manchmal auch schon um neun Uhr und dauern – ohne Unterbrechung – meist bis in die späten Nachmittagsstunden. Zur Stärkung läßt die Küche zwischendurch ein Tellergericht um den runden Tisch im 29. Stock servieren. Die Tagesordnung* ist immer dieselbe; jedes Mitglied kann über das Generalsekretariat Themenwünsche anmelden. Jeweils freitags finden die Lenker des Geldimperiums die kompletten Sitzungsunterlagen auf ihrem Schreibtisch, um sich über das Wochenende auf die anstehenden Themen einstimmen zu können. Nach jeder Sitzung sucht Vorstandssprecher Alfred Herrhausen seinen Aufsichtsratschef Wilfried Guth auf, um ihn über die getroffenen Entscheidungen zu informieren. Das von seinen Amtsvorgängern zu einem geheiligten Ritus erhobene ausführliche sonntägliche Nachmittagstelefonat mit dem ins

---

* 1. Termine und Dringliches, 2. Konjunkturbeurteilung, 3. Geschäftspolitik, 4. Personalien, 5. Status, Geldmarkt, Devisen, 6. Konditionen, 7. Firmenkunden- und Privatkundengeschäft, 8. Kredite, 9. Vermögensanlagengeschäft, Kapitalmarkt, 10. Betriebs- und Organisationsfragen, 11. Beteiligungen, 12. Werbung, 13. Mandate, 14. Spenden, 15. Verschiedenes.

höchste Kontrollamt übergewechselten Senior hat der neue Alleinsprecher dafür »sterben« lassen.

Die Vorstandsmitglieder der Deutschen Bank halten sich viel darauf zugute, alle Entscheidungen in kollegialer Einstimmigkeit zu treffen – ohne daß jemals formell über etwas abgestimmt worden wäre. Läßt sich in einer Angelegenheit auf Anhieb kein Konsens erzielen, wird eine Entscheidung lieber noch einmal vertagt und bis zur nächsten Sitzung in Einzelgesprächen Überzeugungsarbeit geleistet. Dreimal, so war zu hören, gingen die Vorstandsmitglieder Anfang 1975 mit sich zu Rate, bevor die letzten Skeptiker ihre Bedenken gegen die in ihren Augen zu riskante Übernahme des von den Flicks dem Iran offerierten Daimler-Pakets aufgegeben hatten. Die Notwendigkeit, auch noch das letzte Mitglied für eine Sache gewinnen zu müssen, ist vielfach mühsam und zeitraubend; der Lohn solcher Anstrengung ist jedoch, daß der gesamte Vorstand die getroffene Entscheidung geschlossen vertritt und gegenüber der Öffentlichkeit mit einer Stimme spricht. Was dies bedeutet, zeigt sich meist erst dann, wenn sich Mißerfolge einstellen. Da kann sich niemand damit herausreden, daß er den verhängnisvollen Beschluß von Anfang an für falsch gehalten habe.

Besonders intensiv pflegt das Chefkollegium sich mit Top-Personalien zu beschäftigen, vor allem mit der Frage, wer ihrer aller Sprecher sein soll. Anders als bei der Dresdner Bank und der Commerzbank, wo der Aufsichtsrat den Mann an der Spitze bestimmt, erwählen sich bei der Deutschen Bank die Mitglieder des Vorstandes ihren Primus selber, und zwar nach alter Hausregel in Abwesenheit des abtretenden Sprechers. Nicht jedoch die Qual der Wahl allein bestimmt das Zeitmaß des Konklaves. Seit nach Hermann Josef Abs mit Klasen und Ulrich erstmals ein Tandem die Bank repräsentierte, steht bei jedem Revirement die von keiner anderen Publikumsgesellschaft in dieser Form praktizierte Doppellösung von neuem

zur Diskussion. So war es auch, als Ulrich, der nach Klasens Übertritt an die Spitze der Bundesbank (1970) den größten Teil seiner Amtszeit Alleinsprecher gewesen war, 1976 in Pension ging und deutliche Sympathien für eine Neuauflage des »Pas de deux« durchblicken ließ. Dagegen regte sich im Vorstand jedoch Widerstand. Unstrittig war allein die Berufung des für das Börsengeschäft zuständigen Christians. Unklar war hingegen, ob sich das Kollegium auf Guth als gleichberechtigten zweiten Sprecher verständigen würde. Unter denen, die seinerzeit bereits für eine Konzentration auf nur einen Mann an der Spitze plädierten, war auch Alfred Herrhausen. Zusammen Sprecher werden, so sein Petitum, könnten nur zwei, die sich persönlich verstehen; ob jedoch die Wahl dabei auch auf die besten falle, sei nicht unbedingt gesagt. Dreimal kamen die Vorstandsmitglieder zusammen, um sich zu einer einstimmigen Entscheidung durchzuringen. Die Sorge, ein ungeduldig werdender Aufsichtsrat könne die Sprecherkür am Ende an sich ziehen, war schließlich größer als die Lust, die Diskussion über die Vor- und Nachteile der Führungsmodelle weiter in die Länge zu ziehen. Mit der Wahl von Christians und Guth einigte sich die Runde auf die in dieser Situation auch menschlich eleganteste Lösung.
Ohne die enge Freundschaft zwischen Ulrich und Klasen wäre es 1967 kaum zur Erstauflage der Doppelwahl gekommen. Der bei Kriegsende von Berlin nach Hamburg übergesiedelte Abs-Mitarbeiter hatte den gerade aus der Gefangenschaft heimgekehrten Justitiar Klasen mit der Voraussage verblüfft, daß sie eines Tages gemeinsam in den Vorstand kommen würden. Auf dem Wege dahin sollte, wie er unter Hinweis auf die in der Berliner Zentrale erlebten Intrigen vorschlug, keiner den anderen auszutricksen versuchen. In der Tat wurden beide 1952 in das Führungsgremium der damaligen Norddeutschen Bank berufen. Ihr Verhältnis war so eng, daß sie – anders als ihre Kollegen – ihre Aufsichtsratstantiemen in

einen Topf warfen und auf die Mark genau unter sich aufteilten. So erscheint es fast konsequent, daß sich der lange vor dem Abtritt seines Mentors Abs als kommender Mann feststehende Ulrich den in die gleiche Richtung zielenden Ambitionen Klasens nicht verschließen wollte. Beide haben in ihrer relativ kurzen gemeinsamen Sprecherzeit denn auch hervorragend harmoniert. Von Stil und Temperament her hätte sich das Duo besser kaum ergänzen können. Ulrich war sicherlich der effizientere Manager, der das Bankgeschäft bis in die letzten Facetten beherrschte, stets schnell auf den Punkt kam und auf diese Weise Mitarbeiter wie die Manager seiner Mandatsgesellschaften gleichermaßen forderte. Demgegenüber war der weltläufige, den Künsten zugetane Klasen – seit 1931 eingeschriebenes SPD-Mitglied – der politischere von beiden, der in größeren Zusammenhängen dachte und in der Zeit der sozialliberalen Koalition engste Beziehungen zu seinen regierenden Parteifreunden, inbesondere zu Karl Schiller und Helmut Schmidt, pflegte. Daß Klasen zur Bundesbank ging, hat der Deutschen Bank keinesfalls geschadet – ganz im Gegenteil. Der ständige Kontakt zu seinem Duzfreund dürfte Ulrich möglicherweise frühzeitig zu wichtigen Einschätzungen und Informationen verholfen haben.

Wie schafft es ein aus zwölf gleichberechtigten Mitgliedern bestehender Vorstand, unter den erschwerenden Bedingungen des Einstimmigkeitsprinzips permanent handlungsfähig zu sein? Daß dazu ein großes Maß an Disziplin Voraussetzung ist, bedarf kaum einer näheren Begründung. Disziplin allein jedoch könnte stark divergierende Ansichten zu wichtigen geschäftspolitischen Vorhaben wohl kaum ausgleichen. Aus der Sicht der Betroffenen ist denn auch ein verbindendes Element noch wichtiger: das, wie es Alfred Herrhausen nennt, »hohe Maß an gleicher Erfahrung«. Jedes Vorstandsmitglied betreut neben einem Zentralbereich – etwa Firmenkundengeschäft, Kapitalmarkt/Börse oder Emissions- und Konsortialgeschäft – mindestens einen der insgesamt 14 inländischen Filialbezirke. In seiner Region ist jedes Vorstandsmitglied für das ganze Spektrum des Bankgeschäfts verantwortlich. Macht ihn in der Zentrale sein Fachgebiet zum Spezialisten, so ist er etwa im Filialbezirk Hamburg/Bremen, der außer den beiden Hansestädten ganz Schleswig-Holstein umfaßt, oder in München mit ganz Bayern als Einzugsgebiet profitverantwortlicher Allroundbanker. »Das hat vor uns keine andere Bank praktiziert«, lobte 1983 der seinerzeitige Vorstandssprecher Christians das zur Weltanschauung erhobene Kompetenzverteilungssystem, »jeder von uns kennt die Nöte aus der täglichen Praxis der Filialen, oft bis ins einzelne . . . das ergibt eine besondere Qualität der Meinungsbildung.«

Die durch »deckungsgleiche Kenntnisse« (Herrhausen) erreichte Homogenität wird zusätzlich noch durch die Form der Personalauslese gefördert. Von wenigen Ausnahmefällen abgesehen, rücken ausschließlich »Eigengewächse« in die obersten Führungsränge einschließlich des Vorstandes. Wer aber ganz oben angekommen ist, hat auf seinem langen Weg durch die Abteilungen und Filialen den Geist des Hauses längst verinnerlicht. Wer in ihren Kreis paßt und wer nicht, machen die Zwölf an der Spitze unter sich aus. Das Recht des Aufsichtsrates, den Vorstand zu bestellen, reduziert sich de facto – wie auch bei einer Reihe der am besten gemanagten Industriekonzerne – auf die Befugnis, vorgegebene Entscheidungen nur noch zu notifizieren. Der Vorstand erneuert sich somit nach Art einer Sozietät per Kooptation.

Bei den beiden anderen Großbanken war dies zumindest in der Vergangenheit nicht immer so. Nach dem Mord an Jürgen Ponto im Sommer 1977 führte bei der Dresdner Bank deren Stellvertretender Aufsichtsratschef Hans-Günther Sohl die Nachfolgegespräche mit Hans Friderichs. Ein Teil des Vorstandes stand nie voll hinter dem auf Pontos Stuhl berufenen Bonner Wirtschaftsminister. Bei der 1980 in heftige Turbulenzen geratenen Commerzbank übernahm der bereits an die Spitze des Aufsichtsrates gewechselte Paul Lichtenberg noch einmal das Kommando und warb Walter Seipp aus dem Vorstand der Westdeutschen Landesbank in Düsseldorf für die Chefposition in seinem Hause ab.

Bei der Deutschen Bank weckte der Karrieresprung Walter Seipps, einst Leiter ihres Zentralen Sekretariats (siehe Seite 227), zwiespältige Erinnerungen. Ulrich hätte den kantigen Hessen, den er als einen der Stars im internationalen Konsortialgeschäft außerordentlich schätzte, gerne in den Vorstand geholt. Seipp selber waren diese Absichten nicht ganz verborgen geblieben. 1966 wurde er von Abs zu einer Vorstandssitzung nach Hamburg eingeladen, ein Indiz für seinen Kurswert. Klasen machte ihm sogar unverhohlen Hoffnungen auf eine baldige Beförderung. Die Dinge sollten sich jedoch anders entwickeln. Franz Heinrich Ulrich, alles andere als ein durchsetzungsschwacher Mann, hat später offen eingeräumt, für Seipps Bestellung nicht alle Vorstandskollegen gewonnen zu haben. Gegen Ulrichs Kandidaten war vor allem Wilfried Guth. Wie Seipp stark auf das internationale Geschäft fixiert, dürfte der 1967 von Abs zur Deutschen Bank geholte Vorstandsmanager der Kreditanstalt für Wiederaufbau mit einiger Sorge der persönlichen Zusammenarbeit mit dem selbstbewußten Praktiker entgegengesehen haben.

Es war übrigens nicht das erstemal, daß ein von höchster Stelle protegierter Mann durchfiel. So hatte sich Jahre zuvor Karl Klasen vergeblich darum bemüht, seinen Hamburger Auslandsmitarbeiter Johannes Feske in den Vorstand nachzuziehen. Selbst Hermann Josef Abs, dessen Name mehr als der jedes anderen mit der Vorstellung unbeschränkter Macht verbunden war, erlitt bei dem Versuch, einem Mann seines Vertrauens zu Vorstandsehren zu verhelfen, eine persönliche Niederlage. Paul Krebs, Leiter des Auslandssekretariats, hatte – seinerzeit noch für die Kreditanstalt für Wiederaufbau – als

Mitglied der von Abs geleiteten deutschen Delegation an den Londoner Schuldenverhandlungen teilgenommen. Nach seinem Übertritt in die Deutsche Bank koordinierte er im Auftrag seines Mentors unter anderem 1957 in Washington die taktischen Schritte seines Hauses und der Bundesregierung bei der Ersteigerung der Stinnes Corporation (siehe Seite 53f.). Für seinen Vorschlag, den verdienten Mitarbeiter in den Vorstand aufsteigen zu lassen, fand Hermann Josef Abs im Kollegenkreis jedoch nicht die Zustimmung aller Mitglieder.

Der Umstand, daß durch die Doppeltüren zum Vorstandssaal so gut wie nie ein lautes Wort an die Öffentlichkeit dringt, könnte zu der Annahme führen, die Deutsche Bank werde von einem Harmonieverein geführt. Nichts wäre jedoch irriger als dieser Eindruck. In der obersten Führung auch des mächtigsten und reichsten Geldinstituts hat es zu allen Zeiten »gemenschelt«, gab es bisweilen Cliquenbildungen, gibt es vor allem – trotz aller formalen Gleichheit – Starke und weniger Starke, Männer, die die Bank tragen, und solche, die eher von ihr getragen werden. Ein hohes Maß an Diskretion und geschlossener Selbstdarstellung sowie die ausgeprägte Tugend, Erfolge mehr auf die gesamte Bank als auf die eigene Person zu projizieren, haben meist allerdings ein anderes, attraktiveres Erscheinungsbild vermittelt.

So etwas wie eine unsichtbare Hierarchie oder »Hackordnung« gibt es jedoch, zumindest von längerfristiger Beständigkeit, kaum. Dazu wohnen Erfolg und Mißerfolg, bisweilen auch Glück und Pech, zu eng zusammen, als daß ein Vorstandsmitglied fest darauf vertrauen könnte, sein einmal erreichtes internes »Rating« für alle Zeiten zu halten. Versagen, ja manchmal nur mangelnde Fortüne bei einer in Turbulenzen geratenen Mandatsgesellschaft oder die Verantwortung für Pannen und Verluste im eigenen Kompetenzbereich, lassen einen gerade eben noch hoch gehandelten Mann praktisch über Nacht um Amt und Ruf bangen. So erging es beispielsweise 1985 Ulrich Cartellieri, der in der von ihm als Aufsichtsratchef kontrollierten European Asian Bank (»Eurasbank«) in Hamburg einen überraschenden Verlust von rund 400 Millionen Mark beichten mußte. Zwar blieb der alerte Manager im Gegensatz zum Vorstand der ins Gerede gekommenen Tochterbank im Amt; intern und nach außen galt seine Position jedoch für längere Zeit als geschwächt.

Ein ähnliches Mißgeschick war 1975 auch Hans Leibkutsch unterlaufen. Der einst von der Braunschweiger Verpackungsfirma Schmalbach-Lubeca zur Deutschen Bank gestoßene Manager war als Dezernent für die Filialbezirke Hamburg und Bremen unter anderem für Schiffsfinanzierungen zuständig. In dieser Eigenschaft hatte er auch Kredite für den in London residierenden griechischen Großreeder Minos Colocotronis zum Bau von zwei Supertankern auf der Bremer Werft »AG Weser« abgesegnet. Der Besteller der beiden Schiffe (Kaufpreis: je 175 Millionen Mark) hatte sich seit Mitte der sechziger Jahre mit einer Flotte von 50 großenteils veralteten Frachtern zu einem der Großen in der Seeschiffahrt emporgearbeitet. Er beging jedoch den Fehler, bei Auftragsvergabe keine langfristigen Charterverträge für seine teuren Supertanker abzuschließen. Mit der ersten Ölkrise und dem Zusammenbruch des Tankermarktes steuerte der Grieche mangels kostendeckender Aufträge zwangsläufig in die Illiquidität. Die Deutsche Bank war über ihren Anteil von 25,3 Prozent an der Deutschen Schiffahrtsbank AG in Bremen und von 22,125 Prozent an der European-American Banking Corporation in New York (einer Gemeinschaftsgründung sechs europäischer Großbanken) gleich an zwei Stellen an dem notleidenden Kreditengagement beteiligt. Hans Leibkutsch verlor bald darauf die Zuständigkeit für den Filialbezirk Bremen und damit auch für das Schiffsfinanzierungsgeschäft an seinen Kollegen Eckart van Hooven.

Kappen die Bankchefs jemandem, der schwerwiegende Fehler gemacht hat, Kompetenzen oder trennen sie sich, was allerdings nur ganz selten einmal vorkommt, von einem Vorstandsmitglied, so vollziehen sie auch diesen Akt mit der geräuschlosen Eleganz eines Ordens. Niemand fragte nach den wirklichen Hintergründen, als die Bank 1980 den Entschluß ihres Vorstandsmitgliedes Hans-Otto Thierbach mitteilte, »aus gesundheitlichen Gründen« vorzeitig in Pension zu gehen. Der für das Auslandsgeschäft zuständige, einst vor allem durch Franz Heinrich Ulrichs Fürsprache in den Vorstand berufene Manager hatte sich insbesondere bei der Akquisition großer europäischer Firmenkunden, wie Fiat und Renault, sowie als Initiator eigener Auslandsfilialen der Bank große Verdienste erworben. Doch zwischen ihm und Vorstandssprecher Wilfried Guth kam es wiederholt zu starken Meinungsverschiedenheiten. Starke Spannungen belasteten zunehmend auch das Verhältnis zu Guths Sprecherkollegen Christians, der vor allem im prestigeträchtigen Rußland-Geschäft dem fachlich zuständigen Thierbach ins Gehege kam. Die menschlichen Probleme eskalierten, so daß die Trennung früher oder später unausweichlich wurde. Nachdem die Entscheidung gefallen war, wurde Thierbach in allen Ehren verabschiedet. Er behielt seinen Dienstwagen einschließlich Chauffeur, unterhält in der Frankfurter Zentrale selbstverständlich ein Büro und betreut sogar einige Mandate im »Dunstkreis« der Bank.

Doch auch eine kurzfristig zu schließende Vakanz stellt die Geldmanager selten vor Probleme. Die »Warteschlange« ist in aller Regel beträchtlich. Ein sehr eigenes Verfahren hatte sich Horst Burgard, Personalvorstand bis 1988, ausgedacht, um den Nachfolgekader à jour zu halten. Stets trug er einen kleinen Zettel bei sich, auf dem er die Namen von leitenden Mitarbeitern notierte, die seiner Ansicht nach das Zeug zu Höherem hatten. Ein- bis zweimal jährlich präsentierte er die

Liste seinen Kollegen, die ihrerseits eigene Favoriten nachtragen konnten. Die auf diese Weise erweiterte Aufstellung diente dann jeweils als Basis für die nächste Personaldiskussion.

Können sich die Vorstandsmitglieder von der Qualifikation der Zentraldirektoren aus nahezu permanenter interner Zusammenarbeit ein Bild machen, so erleben sie deren Kollegen aus den Hauptfilialen vor allem bei den regelmäßig alle 14 Tage stattfindenden Zusammentreffen. An den Sitzungen – in Frankfurt jeweils donnerstags, in Düsseldorf montags – nehmen alle am Ort amtierenden Vorstandsmanager und die Direktoren der angeschlossenen Hauptfilialen sowie die Geschäftsführer der Tochterinstitute teil.

Das hochgesteckte Ziel ist, daß von den Direktoren der Zentrale und Hauptfilialen sowie den Chefs der großen Töchter, insgesamt etwa 200 Leute, 20 Prozent für ein Vorstandsamt geeignet sein sollten. Da, wenn es um die Besetzung einer bestimmten Position geht, erfahrungsgemäß einige Anwärter aus fachlichen oder persönlichen Gründen »durchs Sieb« fallen oder nicht in die Altersstruktur des Vorstandes passen, bleiben in aller Regel zwei- bis dreimal so viele Kandidaten, wie Positionen zu besetzen sind, übrig.

Nach einem ungeschriebenen Gesetz kommt niemand mehr in den Vorstand, der die 50 überschritten hat. Einer, der es gerade noch rechtzeitig schaffte, war Werner Blessing, ein Sohn des früheren Bundesbankpräsidenten Karl Blessing. Als die Wahl 1981 endlich auf ihn fiel, fehlten ihm bis zu seinem runden Geburtstag gerade noch drei Monate. Gänzlich tabu ist das höchste Führungsgremium der Bank für die Söhne großer Bankväter. Hans-Joachim Bechtolf, Sohn des Vorstandsmitglieds und späteren Aufsichtsratschefs Erich Bechtolf, brachte es in der Deutschen Bank zwar zum Direktor; in die Chefetage zog er jedoch bei der Vereinsbank in Hamburg ein. Karl Klasens Filius, zunächst Prokurist in der Filiale Krefeld der Deutschen Bank, zog es zur Dresdner.

Kommen in Deutschlands führendem Geldkonzern somit allein die nach objektiven Maßstäben besten Leute an die Spitze? Wohl kaum. Auch hier spielen, wie überall, persönliche Sentiments und Ressentiments, glückliche und weniger glückliche Fügungen eine Rolle. Niemand tritt in die Zwölferrunde, ohne daß er nicht mehreren ihrer Mitglieder als weit überdurchschnittliche Führungskraft aufgefallen wäre. Gerade wenn in der letzten Phase der Kür nur noch zwei oder drei Kandidaten in der engeren Wahl stehen, bedarf es zum Erfolg eines überzeugenden »Sponsors«. Die in der Vergangenheit häufig zu beobachtende Praxis, daß einzelne Vorstandsmitglieder »ihren« Nachfolger planmäßig aufbauten, dürfte, je größer die Bank und entsprechend länger die Karriereschleifen der nach vorn drängenden Talente werden, in Zukunft jedoch an Bedeutung verlieren. Da die meisten Aufsteiger ihr Ziel heute durchweg erst in einem späteren Alter als ihre Vorgänger in den fünfziger und sechziger Jahren erreichen, stehen ihre »Ziehväter« in der Stunde der Entscheidung vielfach schon nicht mehr im Mittelpunkt des Geschehens.

Eigentlich hätten die Sterne für Klaus Jacobs günstiger nicht stehen können. Als ungemein tüchtiger Leiter des »Büro Abs«, des internen Nervenzentrums der Bank, gewann der allgegenwärtige Manager schnell das Vertrauen des dem Zenit seiner Macht zustrebenden Großbankiers. An Jacobs kam nur schwer vorbei, wer etwas von Abs wollte, gleichgültig, ob Mitarbeiter aus dem Haus oder Topmanager von Unternehmen, in denen das Oberhaupt der deutschen Nachkriegsfinanz Aufsicht führte. Er organisierte dessen mit Gesprächs- und Konferenzterminen gespickte Reisen, arrangierte für Abs Höflichkeitsbesuche bei Staatsoberhäuptern und Regierungschefs und erledigte viele Routinedinge selber. An sich hielt Abs nicht viel von »Ziehkindern«. Jeder sollte selber sehen, wie er vorwärtskam. Bei Klaus Jacobs allerdings machte er eine Ausnahme. Planmäßig baute er seinen Assistenten zum

Auslandsbanker auf und sorgte dafür, daß er 1968 als Executive Vice President zur European-American Banking Corporation nach New York ging. Die zupackende Art des an selbständiges Handeln gewöhnten Abs-Protegés paßte jedoch nicht allen Kollegen in der Führung der Gemeinschaftsbank. Wegen eines von Jacobs (mit Wissen der Deutschen Bank) gewährten Kredits für ein geplantes Stahlwerk in Südrhodesien, ein Land, über das die Vereinten Nationen Wirtschaftssanktionen verhängt hatten, kam es 1973 zu einem ersten Krach. Doch konnte der dem Board angehörende Franz Heinrich Ulrich, der sich Jacobs freundschaftlich verbunden fühlte, den Ex-Assistenten noch einmal herauspauken. Nachdem sich das New Yorker Institut als Konsortialführer für einen Teil der Colocotronis-Kredite jedoch spektakulären Schadensersatzforderungen amerikanischer Banken ausgesetzt sah, wurde die Lage für Jacobs schwierig. Von Ulrich war Hilfe nicht noch einmal zu erwarten – er hatte Amt und Board-Mandat inzwischen an Wilfried Guth übergeben, der für seinen ins Kreuzfeuer der Kritik geratenen Kollegen jedoch nicht in den Ring steigen wollte. Ende 1978 verließ der einstige Manager der Macht die Deutsche Bank und sattelte ins Personalberaterfach um.

Die Deutsche Bank hat in langen Phasen ihrer Geschichte, seit ihrer Wiederentstehung nach dem Zweiten Weltkrieg eigentlich ohne Unterbrechung, Männer an ihre Spitze berufen, deren Wort in der Wirtschaft Gewicht hatte und deren Einfluß oft genug bis ins Kanzleramt hineinreichte. Daß ihnen dabei der Amtsbonus zugute kam, als Repräsentant des größten und angesehensten Geldinstituts auftreten zu können, soll nicht bestritten werden, reicht jedoch zur Erklärung ihres Wirkungsgrades allein nicht aus. Schon die führenden Privatbankiers früherer Zeiten besaßen allein aufgrund ihrer Persönlichkeit, ihrer meist breiten Bildung und vorzüglichen Beziehungen zu anderen gesellschaftlichen Kreisen einen Einfluß und vielfach eine öffentliche Ausstrahlung, die in keinem Verhältnis zu ihrem Geschäft standen.

Die Dresdner Bank hat den Mangel, in den Wiederaufbaujahren keinen Mann von einem auch nur annähernden Format eines Abs zur Verfügung zu haben, schmerzhaft empfunden. Erst mit Jürgen Ponto trat 1969 mit damals gerade 45 Jahren ein Mann ins Rampenlicht, der in seiner achtjährigen Amtszeit das Händlerische, das dem Ruf der Bank so lange angehaftet hatte, allmählich vergessen ließ. Die zunehmende Akzeptanz, die Ponto vor allem in den letzten Jahren vor seiner Ermordung in der Großindustrie fand und die sich in einer Reihe hochkarätiger Aufsichtsratsmandate (als Vorsitzender vor allem bei der AEG und beim RWE) ausdrückte, berechtigte zu der Hoffnung, daß in ihm den erfolgsverwöhnten Führern der Deutschen Bank erstmals wieder ein ernsthafter Konkurrent erwachsen könnte. Sein früher Tod – Ponto hätte noch zwölf Jahre im Amt bleiben können – hat die Dresdner Bank in ihren Bemühungen, industriepolitisches Profil zu entwickeln, zweifellos zurückgeworfen.

Es ist durchaus eine legitime Frage, ob ein Vorstand, der sich nach seinem eigenen Bilde ergänzt, permanent die in der Tradition ihrer großen Vorgänger stehenden Bannerträger hervorbringen kann. Birgt das Kooptationsprinzip nicht vielmehr die Gefahr in sich, daß es anstelle scharf profilierter, singulärer Persönlichkeiten zwar fachlich untadelige, jedoch ansonsten kaum faszinierende Manager produziert – und dies je stärker, desto größer und folglich auch bürokratischer das zu führende Unternehmen wird? Dieses Problem ist sicherlich nicht neu. Immerhin waren schon in der Vergangenheit gerade einige der markantesten Männer der Deutschen Bank keine Karrierebanker – man denke nur an den Altvater Georg von Siemens. Auch Hermann Josef Abs war ja kein »Deutschbankier« reinen Geblüts; er hat seine Herkunft, das Privatbankgeschäft, nie verleugnet und verdankt sein unverwechselbares Profil sicherlich nicht zuletzt seiner Neigung, auch im »Management« eines Geldkonzerns den Einzelkämpfer vergangener Zeiten durchscheinen zu lassen. Ebenso war Wilfried Guth Seiteneinsteiger und natürlich Herrhausen.

Ob die Deutsche Bank heute noch einmal einen 39jährigen Industriemanager in ihren Vorstand berufen und nach nur einem Jahr (anstatt üblicherweise drei) zum ordentlichen Mitglied küren würde? Schon die Umstände seiner Abwerbung waren nicht alltäglich. Herrhausen, 1967 zum Finanzvorstand der Vereinigten Elektrizitätswerke Westfalen (VEW) ernannt, wurde 1969 von seinem Aufsichtsratsmitglied Friedrich Wilhelm Christians zum »Kundenfrühstück«, einem von den in Düsseldorf residierenden Vorstandsmitgliedern für Topmanager aus befreundeten Unternehmen veranstalteten Treffen, eingeladen. Dabei sollte er, wie bei diesen Anlässen üblich, einen kurzen Vortrag über aktuelle Fragen seiner Branche, der Energiewirtschaft, halten. Noch am selben Abend rief Christians bei Herrhausen an, bedankte sich für das bei allen gut angekommene Referat und fragte ihn ohne Umschweife, ob er in den Vorstand der Deutschen Bank eintreten wolle. Der Jungmanager, der besonders bei der Teilprivatisierung der VEW ins Blickfeld seiner Anwerber gerückt war, erbat sich Bedenkzeit und sagte nach einigen Tagen zu. Herrhausen war genau zwei Jahre im Amt, als ihn das Angebot von Berthold Beitz erreichte, als Nachfolger Günter Vogelsangs an die Spitze des Krupp-Konzerns zu treten. Unter Hinweis auf seinen laufenden Vertrag verwies er den Krupp-Aufsichtsratschef an seinen Vorstandssprecher Ulrich weiter. Der jedoch ließ Beitz freundlich, aber bestimmt abblitzen: »Mit dem haben wir noch einiges vor.«

Alfred Herrhausen hat schon kurz nach seinem Start industrielle Elemente in die Deutsche Bank eingebracht. 1971 holte er sich gegen vielerlei Widerstände aus dem Kollegenkreis bei Ulrich die Zustimmung zum Aufbau einer »strategischen

Planung«, die das Haus bis dahin nicht kannte. Unter seiner Leitung etablierte sich ein Vorstandsausschuß »Unternehmensplanung«, dem außer ihm die stellvertretenden Mitglieder Horst Burgard und Klaus Mertin angehörten. Noch im selben Jahr begann eine Planungsabteilung mit ihrer Arbeit, deren Leitung Herbert Zapp aus der Direktion der Hauptfiliale Mannheim übernahm.

Nicht lange verborgen blieb den Vorstandsmitgliedern auch, daß ihr neuer Kollege nicht weniger Gefallen an der Lösung externer, vor allem industrieller Probleme erkennen ließ. So übertrug ihm 1977 der damalige Bundeskanzler Helmut Schmidt die Aufgabe, die deutsche Luft- und Raumfahrtindustrie neu zu ordnen. Dabei ging es vor allem darum, die Vereinigte Flugtechnische Werke GmbH (VFW) in Bremen aus dem deutsch-niederländischen Flugzeugkonzern VFW-Fokker herauszulösen und sie mit ihrem süddeutschen Konkurrenten Messerschmitt-Bölkow-Blohm (MBB) zu fusionieren. Die Aufgabe war schwieriger, als es Herrhausen und vor allem der ungeduldige Kanzler angenommen hatten. Um die Niederländer zum Einlenken in der Frage der von Fokker noch zu tragenden Folgekosten zu bewegen, mußte sogar Hermann Josef Abs noch einmal aktiv werden und für mehrere Wochen die Schlichterrolle übernehmen. Der um VFW erweiterte deutsche Luft- und Raumfahrtkonzern schließlich war erst Ende 1980 startklar. Das übrigens schon von der sozialliberalen Regierung angestrebte Ziel, MBB mit seinem gemischt privat-öffentlichem Gesellschafterkreis unter eine klare industrielle Führung zu stellen, war damals gegen Einwände der beteiligten Bundesländer überhaupt noch nicht zu erreichen.

Herrhausen war auch unter den drei sogenannten »Stahlmoderatoren«, die 1983 ein Konzept für die in einer tiefen Krise steckenden deutschen Hüttenkonzerne erarbeiteten. Angeregt hatte diese Expertise der damalige Wirtschaftsminister

Otto Graf Lambsdorff gegenüber Günter Vogelsang, Berufsaufsichtsrat (unter anderem auch bei der Deutschen Bank)
und Bonner Berater für die bundeseigenen Unternehmen,
darunter den Stahlkonzern Salzgitter. Gemeinsam mit Herrhausen (seinerzeit Stellvertretender Aufsichtsratschef der
notleidenden Klöckner-Werke AG) und dem Allianz-Finanz-
vorstand Marcus Bierich (zuvor Finanzchef bei Mannesmann) schlug Vogelsang einen engen Produktionsverbund
zwischen Thyssen und Krupp einerseits sowie Hoesch, Klöckner und Salzgitter auf der anderen Seite vor. Die Realisierung
des Notprogramms scheiterte jedoch an der mangelnden
Fusionsbereitschaft der Stahlmanager und am Widerstand der
betroffenen Bundesländer gegen die Stillegung unwirtschaft-
licher Stahlstandorte.

Anfang 1988 bat Bundesumweltminister Klaus Töpfer den
Vorstandssprecher der Deutschen Bank um Unterstützung
bei der Neuordnung der deutschen Brennelementeindustrie.
Hintergrund waren die Ende 1987 bekanntgewordenen skan-
dalösen Vorkommnisse bei der in der Entsorgung von Kern-
kraftwerken tätigen Hanauer Firma Transnuklear. Die aufge-
deckten dubiosen Praktiken beim Umgang mit radioaktiven
Abfällen hatten erhebliche Schwachstellen im Transportsy-
stem und seiner Kontrolle offenbar werden lassen. Töpfer
kam am 25. April 1988 eigens in die Frankfurter Zentrale der
Deutschen Bank, um im Beisein hochrangiger Vertreter
betroffener Unternehmen, wie Rudolf von Bennigsen-Foerder (VEBA), Klaus Barthelt (Siemens), Gert Becker (Degussa) und Reiner Gohlke (Deutsche Bundesbahn), mit Herrhausen ein von dessen Experten erarbeitetes Entflechtungs-
konzept auf den Weg zu bringen. Es sah anstelle der teilweise
unübersichtlichen Beteiligungsverhältnisse bei den Nuklear-
betrieben eine klarere Aufgabenverteilung zwischen Brenn-
elementeherstellern, Kraftwerksbetreibern und Transporteu-
ren von Atommüll vor.

Von den »Sondereinsätzen« seines Sprechers abgesehen, stellt der Vorstand der Deutschen Bank in sich ein industriepolitisches Denk- und Entscheidungszentrum ersten Ranges dar. Allein schon die auf bedeutende Branchen, wie die Automobilindustrie, die Bauwirtschaft oder den Einzelhandel, verteilten eigenen Beteiligungen zwingen die zwölf Spitzenmanager, sich regelmäßig mit der Situation einzelner Unternehmen und Industriezweige zu beschäftigen, dasselbe gilt für die ihrer Zustimmung vorbehaltene Bewilligung von Großkrediten von 30 Millionen Mark und mehr. Mit der Möglichkeit, Aktienpakete aus Altbesitz, aus Notübernahmen sanierungsreifer Firmen (wie im Falle Klöckner & Co.) oder aus dem Kauf ganzer Konzerne zum Zwecke des Weiterverkaufs (nach Art des Flick-Geschäfts) da zu placieren, wo sie es für richtig halten, können sie unmittelbar die Struktur ganzer Branchen beeinflussen. Mit ihren insgesamt fast 150 Aufsichts- und Beiratsmandaten vereinen die Lenker der führenden deutschen Finanzgroßmacht ein industrielles Herrschaftswissen, das in dieser Qualität und Konzentration in der Bundesrepublik einmalig sein dürfte.

6. Kapitel

Die Magie der Mandate

Eine Bank und 400 Aufsichtsratsposten

*Bei einem guten Vorstand
ist der Aufsichtsrat überflüssig,
bei einem schlechten hilflos.*
(Ludwig Bamberger, Mitbegründer der Deutschen Bank)

Wie oft könnte man sich heute an Ludwig Bamberger erinnert
fühlen! Die deprimierende Einsicht des geistreichen Schrift-
stellers und glänzenden Essayisten hat jedoch die Attraktivität von Aufsichtsratsposten bis heute nicht beeinträchtigt – am
wenigsten im eigenen Haus: Insgesamt rund 400 Mandate in
deutschen Aktiengesellschaften verwalteten Mitte 1989 Vorstandsmitglieder und Direktoren der Deutschen Bank – etwa
160 mehr als 1976. Hinzu kommen weitere, vielfach nicht einmal ausgewiesene Sitze in Firmenbeiräten, Gesellschafterausschüssen und Stiftungskuratorien – vorsichtig geschätzt noch
einmal an die 150 Pfründen. Bleiben schließlich noch die als
besondere Ehre empfundenen Berufungen in Gremien ausländischer Gesellschaften. Vertreter der Deutschen Bank sitzen im Verwaltungsrat der Compagnie de Saint-Gobain S. A.
in Paris, des belgischen Chemiekonzerns Solvay & Cie. in
Brüssel, des britischen Glasherstellers Pilkington Brothers in
St. Helens und von Fiat in Turin. Die einzige Dame im Vorstand, Ellen Ruth Schneider-Lenné, wurde in den Internatio-

nal Advisory Council von Avon Products in New York berufen. Alfred Herrhausen schließlich ist nicht nur Stellvertretender Aufsichtsratsvorsitzender des holländischen Chemiemultis Akzo, sondern reist darüber hinaus mindestens neunmal pro Jahr zu den Boardsitzungen der Xerox Corporation in die USA. Daneben gehört er dem Advisory Board des britisch-holländischen Lebensmittelgiganten Unilever und dem European Advisory Council des US-Pharmakonzerns Merck sowie von Coca-Cola und Westinghouse an.

Zeugt schon das stattliche Mandatekonto der heutigen Vorstandsmitglieder von einem imponierenden Wirkungskreis, galt dies erst recht für die Industrieverbindungen ihrer Altvorderen. Hermann Josef Abs brachte es im Zenit seiner Macht auf über 30 Beratungs- und Kontrollposten – Funktionen in Personengesellschaften eingeschlossen. Seine engsten Kollegen standen ihm kaum nach: Franz Heinrich Ulrich wies 1965 offiziell schon 19 Mandate in fremden Unternehmen aus, Karl Klasen sogar 23. Zu diesem Zeitpunkt hatte sich aber bereits bis weit in die Wirtschaft ein wachsendes Unbehagen gegenüber einer so starken Konzentration von Einfluß in den Händen prominenter Großbankenvertreter breitgemacht. So war es keine Überraschung, daß der Deutsche Bundestag in seine Aktienrechtsreform von 1965 Aufsichtsratsmitgliedern nur noch maximal zehn Mandate in Aktiengesellschaften erlaubte.

Pikanterweise war der Mann, der den Stein ins Rollen gebracht hatte, ausgerechnet ein der Deutschen Bank nicht allzufern stehender CDU-Abgeordneter: Rembert van Delden, Initiator der sogenannten »Lex Abs«, gehörte als Textilfabrikant sogar dem Regionalbeirat Wuppertal/Bielefeld/Münster der Bank an. Wäre es allein nach van Delden gegangen, hätten die Bankmanager ihre Mandatslisten noch kräftiger zusammenstreichen müssen. Sein Fraktionskollege Fritz Burgbacher setzte jedoch durch, daß sie über die Höchstzahl von zehn Mandaten hinaus bis zu fünf weitere in Unternehmen des eigenen Konzerns übernehmen durften. Aber auch so rührte die Reform an die Schmerzgrenze der Bankiers. Als Reaktion auf heftige Kritik durch Hans Janberg vom Vorstand der Deutschen Bank bot van Delden sogar seinen Rücktritt als Beiratsmitglied an. Janberg, der in dieser Situation von einem solchen Schritt eine negative Wirkung in der Öffentlichkeit befürchten mußte, wehrte erschrocken ab. Noch zwei weitere Vorstandsmitglieder der Bank, als letzter Wilhelm Vallenthin, versuchten, van Delden die Mandatslimitierung auszureden – vergeblich. Die »Lex Abs«, die ihr Namensgeber wenig später als »besten Dienst an meiner Gesundheit« kommentieren sollte, trat wie geplant in Kraft. Dem Einfluß der Deutschen Bank hat sie keinesfalls Abbruch getan, auch wenn ihre vielbeschäftigten Stars Mandate abgeben mußten – in aller Regel natürlich an Kollegen aus dem eigenen Haus.

In die Aufsichtsräte großer angesehener Gesellschaften berufen zu werden gehört zu den erstrebenswertesten Auszeichnungen eines jeden Bankiers. Entzieht er sich in seinen eigenen, eher abstrakten und durch den Schleier der Diskretion verhüllten Geschäften weitgehend öffentlicher Anteilnahme, so agiert er, zumal wenn er dem höchsten Kontrollgremium vorsteht und in dieser Position die jährliche Hauptversammlung zu leiten hat, vor großer Kulisse. Wie sich gerade diese Rolle zu publikumswirksamer Selbstdarstellung nutzen läßt, hat wiederum niemand eindrucksvoller demonstriert als Hermann Josef Abs. Kaum etwas pflegte er bei seinen Auftritten dem Zufall zu überlassen. Er verfügte sogar über ein – wie er fand – »hochinteressantes« vertrauliches Dossier über die geschäftliche und private Sphäre der bei den Aktionärstreffen regelmäßig auftretenden bekanntesten Berufsopponenten. Als jüngstes Vorstandsmitglied lenkte Anfang der siebziger Jahre Alfred Herrhausen das wohlwollende Interesse der Medien dadurch auf sich, daß er – anders als üblich – stehend die Hauptversammlungen der vor seiner Zeit in Schwierigkeiten geratenen Unternehmen Continental Gummi und Gebr. Stollwerck mit Bravour leitete. Das durch überzeugendes Auftreten und geschliffene Rhetorik nach außen projizierte Bild hat nicht unerheblich zu seinem schnellen Aufstieg in der Bank beigetragen. Gerade in einem Vorstand wie dem der Deutschen Bank, der dem frommen Schein eines Gremiums Gleicher unter Gleichen huldigt, ist für das einzelne Mitglied die »Wertigkeit« seiner Aufsichtsratsmandate vor allem extern ein zuverlässiger Gradmesser für seine Rangstellung auch innerhalb des Hauses.

Je renommierter die Unternehmen, in die ein Bankier über seine Mandatsarbeit Einblick gewinnt, desto höher wird im übrigen auch seine Qualifikation als kompetenter Ratgeber in der Kundschaft eingeschätzt. Da die Geldmanager über keine eigenen industriellen Erfahrungen verfügen, schöpfen sie die für ihr persönliches Standing notwendigen Informationen zu einem erheblichen Teil aus ihrer Aufsichtsratstätigkeit. Wer dabei am Herrschaftswissen exzellent geführter, international tätiger Gesellschaften, wie Siemens, Daimler-Benz oder der drei großen Chemiekonzerne, partizipiert, darf sich als Gesprächspartner nicht nur bei kleineren Firmen im allgemeinen höchster Wertschätzung sicher sein.

Nicht zu vergessen unter den Dingen, die Aufsichtsratsmandate begehrenswert machen: Geld. Zwar dürften die meisten Bankiers entrüstet bestreiten, sich in ihrer Vorliebe für die eine oder andere Mandatsgesellschaft auch nur im entferntesten von der jeweiligen Tantieme leiten zu lassen. In Wahrheit registrieren sie aufmerksam, welches Zubrot es wo zu verdienen gibt. Immerhin ist das Gefälle selbst zwischen renommierten Großunternehmen erheblich. Kassierte 1987 der seinerzeitige Vorstandssprecher Friedrich Wilhelm Christians für sein Mandat bei Bayer 77 000 Mark, so waren es im selben Jahr beim Volkswagenwerk lediglich magere 12 000 Mark.

Unter dem Strich summieren sich jedoch die Sitzungsgelder der Multiräte zu einem stattlichen zweiten Einkommen. So kamen auf Alfred Herrhausens Konto 1988 zusätzlich zu seinem Bankgehalt von rund 1,3 Millionen Mark über 450 000 Mark an Aufsichtsratstantiemen zusammen.

Wie in anderen Kreditinstituten, so darf auch bei der Deutschen Bank niemand ein ihm angetragenes Mandat von sich aus annehmen. In jedem Einzelfall befindet der Vorstand unter Punkt 13 seiner festen Tagesordnung (»Mandate«) darüber, ob die Bank in der betreffenden Gesellschaft vertreten sein will und wen sie gegebenenfalls entsendet. Wer aus dem Vorstand oder Direktorium wohin geht, hängt dabei von vielerlei Gesichtspunkten ab. Die regionale Zuständigkeit für den jeweiligen Filialbezirk spielt dabei ebenso eine Rolle wie konkrete Wünsche des betreffenden Unternehmens, aber auch die Frage, wer noch »Luft« hat oder noch nicht bei einer anderen Gesellschaft derselben Branche engagiert ist.

Seit den Tagen, da sich Hermann Josef Abs mit den feinsten Adressen der deutschen Wirtschaft – von Daimler-Benz und Siemens über BASF und RWE bis zu Philipp Holzmann – schmückte, gelten in der Bank einige besonders prestigeträchtige Positionen teilweise bis auf den heutigen Tag als »Sprechermandate«. Nachdem Ulrich und Klasen 1967 von Abs gemeinsam das Sprecheramt im Vorstand übernommen hatten, teilten sie auch das Mandatserbe ihres vielgefragten Vorgängers unter sich auf. Ulrich ging zu Siemens, Klasen zu Daimler-Benz. Allerdings erfüllte sich die Hoffnung des Hanseaten, in Untertürkheim auch den begehrten Chefsessel zu erklimmen, nicht. Als Abs Mitte 1970 endlich den ihm liebgewordenen Aufsichtsratsvorsitz niederlegte, war Klasen bereits auf den Stuhl des Bundesbankpräsidenten gewechselt. Aus demselben Grund blieb ihm auch in der BASF, in deren Aufsichtsrat er nachrücken sollte, selbst ein kurzes Gastspiel versagt.

Im Prinzip, so will es die Regel, sollen Mandatsträger nach ihrer Pensionierung nur dann in einem Aufsichtsrat bleiben, wenn die Wahlperiode ohnehin spätestens in einem Jahr zu Ende ist. Einem Unternehmen soll auf diese Weise innerhalb der kurzen Restzeit nicht noch ein Wechsel zugemutet werden. Ansonsten erwartet die Bank eine zügige Aufgabe aller Aufsichtsratssitze. Für eine rasche Überleitung sprechen einsichtige Bankinteressen: Wer noch im Tagesgeschäft steht, kann über ein Mandat gepflegte Industrieverbindungen sehr viel direkter geschäftlich umsetzen als Ruheständler. Besondere Umstände können es den Geldmanagern jedoch geraten erscheinen lassen, ihr Reglement weniger rigide zu handhaben. Müssen sie beispielsweise damit rechnen, ein von ihnen gehaltenes Mandat bei einem Wechsel zu verlieren, empfiehlt es sich, die Nachfolge so lange wie möglich hinauszuschieben. So ließ sich Friedrich Wilhelm Christians beim Stromriesen RWE 1988 nur wenige Monate vor seiner Pensionierung für weitere fünf Jahre wiederwählen. Im Falle seines Ausscheidens wäre der von ihm 1977 übernommene Aufsichtsratsvorsitz sicherlich nicht einem Nachrücker der Deutschen Bank zugefallen, sondern dem diesem Gremium bereits seit 1985 angehörenden Vorstandssprecher der Dresdner Bank, Wolfgang Röller. Christians selber war, bevor er sein RWE-Amt übernehmen konnte, erst einmal einige Jahre einfaches Mitglied gewesen, nachdem der scheidende Aufsichtsratsvorsitzende Abs 1977 den damaligen Dresdner-Bank-Chef Jürgen Ponto als Nachfolger bestimmt hatte. Auch Wilfried Guth legte sein Mandat bei Siemens erst 1988, über drei Jahre nach seinem Abgang in der Bank, nieder. Normalerweise hätte er seinen Stuhl in München sofort für den neuen Sprecher Alfred Herrhausen frei gemacht. Der jedoch war blockiert, nachdem sich Daimler-Benz – Aufsichtsratchef: Herrhausen – 1985 in den Siemens-Konkurrenten AEG eingekauft hatte. Da Guth bei Siemens immerhin als Mitglied des dreiköpfigen Aufsichtsratspräsidiums eine Sonderstellung einnahm, hielt es die Deutsche Bank für angebracht, zunächst erst einmal alles beim alten zu belassen.

Allenfalls wenn eine Position eindeutig als »persönliches Mandat« anzusehen ist, für das also die Bank nicht ohne weiteres einen Nachfolger ins Spiel bringen kann, sind dem Wirken eines Aufsichtsratsmitgliedes kaum zeitliche Grenzen gesetzt. Dem Rat der Dahlbusch AG gehörte Hermann Josef Abs genau 50 Jahre an, die meiste Zeit als Vorsitzender. Niemand aus seiner Bank folgte ihm nach, als er – fast 87 Jahre alt – im Herbst 1988 Amt und Mandat abgab. Weit über ihre aktive Tätigkeit hinaus widmen sich die meisten Großbankiers über die Zugehörigkeit zu Aufsichts- und Beiräten sowie Gesellschafterausschüssen den Beziehungen zu kleineren und mittleren Familienfirmen. Mitunter haben sie diese teilweise glänzend dotierten und trotz aller Terminnot über ihre Vorstandsjahre hinweg beibehaltenen Posten bereits zu Beginn ihrer Karriere als junge Filialdirektoren übernommen.

Bedienen sich die Vorstandssprecher bei der Vergabe von Mandaten stets vom Feinsten, müssen auf der anderen Seite die Novizen ihre ersten Ratserfahrungen durchweg in kleineren Unternehmen oder Töchtern großer Konzerne sammeln. So verdiente sich beispielsweise der 1985 in den Vorstand berufene ehemalige Abs-Assistent Georg Krupp seine Sporen bei Zweitadressen, wie den zu 100 Prozent von der Thyssen AG kontrollierten Thyssen Edelstahlwerken, in der zum Einflußbereich der Hoechst AG gehörenden Chemiefirma Cassella und der am Tropf staatlicher Subventionen hängenden Arbed Saarstahl.

Natürlich achten die auf gute Formen bedachten Geldmanager stets darauf, in ihre Überlegungen, wer die Bank in einem Aufsichtsrat vertreten soll, auch die jeweilige Gesellschaft mit einzubeziehen. De facto bestimmen sie in den weitaus meisten Fällen selber, wer aus ihrem Hause wohin geht. Gelegentlich jedoch lassen Unternehmen die Bankiers unverblümt wissen, daß sie gern einen anderen als den ihnen vorgeschlagenen hätten. Als in den fünfziger Jahren Karl Klasen in den Aufsichtsrat der Continental Gummi-Werke AG einziehen sollte, teilte die Firma der Deutschen Bank mit, daß sie ihr anstelle des Hamburger Sozialdemokraten lieber dessen Kollegen Erich Bechtolf schicken sollte. Die Bank wollte aber die politischen Vorbehalte gegen ihr Vorstandsmitglied nicht anerkennen und hielt an Klasen fest. Beim Düsseldorfer Waschmittel- und Chemiekonzern Henkel sollte 1975 das regional zuständige Vorstandsmitglied Christians das seinem Haus zugedachte Mandat übernehmen. Familienchef Konrad Henkel, der mit einer opulenten Eigenkapitalquote gegenüber Kreditinstituten nicht allzuviel Demut an den Tag legen mußte, bat um Verständnis, daß ihm im Hinblick auf die internationalen Aktivitäten seines Unternehmens der auslandserfahrene Wilfried Guth willkommener wäre. Wie gewünscht, bestimmte der Bankvorstand Guth anstelle von Christians. Dasselbe passierte genau zehn Jahre später erneut, als der im Vorstand für den Filialbezirk Düsseldorf zuständige Herbert Zapp für den pensionierten Guth nachrücken wollte. Da Henkel auf den Wachstumsmärkten des pazifischen Beckens große Pläne habe, wäre, so gaben die Konzernmanager zu bedenken, der im Vorstand der Deutschen Bank für diese Region verantwortliche Ulrich Cartellieri sicherlich die bessere Wahl. Es geschah wie gewünscht. Solche Extravaganzen können sich, wie gesagt, nur Unternehmen mit einem entsprechenden Standing leisten. Wer dieses nicht hat, »begrüßt« im allgemeinen denjenigen, der ihm vorgeschlagen wird.

Eine häufig gestellte Frage lautet: Wie bringen es die Lenker der großen, neuen Zielen – Stichworte: Globalisierung, Allfinanzhäuser – zustrebenden Geldimperien fertig, auch noch ihre vielen Mandate mit der erforderlichen Sorgfalt zu betreuen? Dieses Thema kommt vor allem dann auf den Tisch, wenn wieder einmal ein ihrer Obhut anvertrautes Unternehmen vom rechten Weg abgekommen ist. Das Aktiengesetz umreißt die Aufgaben des obersten Kontrollgremiums einer AG nur allgemein. »Der Aufsichtsrat«, so heißt es in Paragraph 111 lapidar, »hat die Geschäftsführung zu überwachen.« Mit welcher Intensität und mit welchem Aufwand an Zeit er dies tut, ist von Fall zu Fall verschieden. Das Aktiengesetz jedenfalls hindert den Aufsichtsrat nicht daran, sich umfassend über die aktuelle wirtschaftliche Lage und die mittel- und langfristige Unternehmenspolitik zu informieren. Der Paragraph 111 gewährt den Kontrollräten immerhin das Recht auf Einblick in alle Bücher. Jeder Aufsichtsrat kann sich über die strategischen Absichten des Vorstandes jederzeit mit Hilfe detaillierter Unterlagen ins Bild setzen lassen und so entscheidungsfähig machen. Die Wirklichkeit sieht jedoch vielfach anders aus. Der in maximal vier halbtägigen Sitzungen pro Jahr zustandekommende Arbeitseinsatz und Wirkungsgrad ist, wie Reinhard Mohn kritisierte, »minimal und unzureichend«. Der hierbei erreichbare »Informationsstand gestatte keine wirkliche Intervention«. Der Aufsichtsratchef des Bertelsmann-Konzerns ist davon überzeugt, daß »dieser Mißstand in Wirklichkeit in viel gravierenderem und häufigerem Ausmaß existiert, als es der Öffentlichkeit bekannt wird«.

Gerade den vielbeschäftigten Großbankiers fehlt es meist an der nötigen Zeit, um mehr als Routine zu leisten. Berücksichtigt man Vorbereitung, Anreise und die in vielen Gesellschaften mittlerweile üblich gewordene Vorbesprechung der Anteilseignervertreter, sind acht Tage im Jahr schnell zusammen. Hinzu kommt der zeitliche Mehraufwand, der mit der Position des Aufsichtsratsvorsitzenden verbunden ist. Ein auf diesem Gebiet erfahrener Mann, der gelegentlich als »Berufsaufsichtsrat« ausgewiesene Günter Vogelsang, kalkuliert für Vorsitzendenmandate glatt den fünf- bis sechsfachen Zeitaufwand eines normalen Ratsmitglieds.

Um die Tagesordnung reibungslos abzuwickeln, gilt es, in Einzelgesprächen mit dem Vorstandschef und oft getrennt noch einmal mit dem Gesamtvorstand, mit Großaktionären und Gesellschaftern sowie mit der Arbeitnehmerfraktion und dem Aufsichtsratspräsidium die Sitzung vorzubereiten und etwaige Konflikte bereits im Vorfeld zu entschärfen. Besonders groß wird die Terminnot für die Aufsichtsratchefs in der Zeit vor der Hauptversammlung. Zum Pflichtpensum zählen ein Gespräch über die Bilanzgestaltung und eine Regiebesprechung unmittelbar vor der Hauptversammlung. Das gesamte Jahr über kommen telefonische oder persönliche Abstimmungen mit dem Vorstandschef und dem (nach dem Mitbestimmungsgesetz) dem Arbeitnehmerlager zugehörigen Stellvertretenden Aufsichtsratsvorsitzenden hinzu. Bei Bedarf muß er sich mit Dienstverträgen von Vorstandsmitgliedern, Pensions- und Tantiemeregelungen beschäftigen. Die von der sozialliberalen Koalition 1976 eingeführte paritätische Mitbestimmung mit der pattauflösenden Zweitstimme des von den Anteilseignern gestellten Aufsichtsratchefs hat dessen Rolle deutlich aufgewertet. Er ist die Hauptfigur in einem zur Vermeidung des »Ernstfalls« unerläßlichen, immer aufwendigeren Regelungs- und Abstimmungssystem geworden. Selbst ein Mann von der Disziplin und Belastbarkeit eines Hermann Josef Abs, von dessen 24 Aufsichtsratssitzen einst nicht weniger als 20 Vorsitzendenmandate waren, würde die damit verbundene Arbeitslast nicht mehr tragen können. Auch heute stellt die Deutsche Bank in den Aufsichtsräten deutscher Unternehmen weitaus häufiger den Vorsitzenden als jedes andere Geldinstitut: In den 500 inländischen Aktiengesellschaften, die am 30. September 1988 in der Bundesrepublik gehandelt wurden, fiel ihr dieses Amt 38mal zu; die Dresdner Bank hielt diese Position in elf, die Commerzbank in fünf Fällen.

Ihren Kontrollpflichten können Großbankiers denn auch nur

durch ein eingespieltes System der Arbeitsdelegation nachkommen. Jedes Vorstandsmitglied der Deutschen Bank beschäftigt mindestens einen Mandatsassistenten. Die meisten haben heute bereits zwei. Zur Hand gehen den überforderten Mandatsträgern durchweg 26- bis 32jährige Hochschulabsolventen mit Fachrichtung Jura oder Wirtschaftswissenschaften sowie anschließender Traineeausbildung. In der nur ein- bis zweijährigen Berufserfahrung liegt sicherlich ihre größte Schwäche. Nach drei bis vier Jahren, wenn sie sich gerade einigermaßen mit den Mandatsgesellschaften ihrer Chefs vertraut gemacht haben, müssen sie auf ihrem Karriereweg bereits eine Station weiterziehen – meist in die Direktion einer Bezirksfiliale. Franz Heinrich Ulrich, der die Unerfahrenheit der meisten Mandatsgehilfen wohl am klarsten erkannte, schickte deshalb seine Assistenten gelegentlich erst einmal für einige Zeit in eine der Bank nahestehende Wirtschaftsprüfungsgesellschaft, um ihnen das nötige Rüstzeug für ihre Arbeit verpassen zu lassen.

Die Verfeinerung des Berichtswesens in vielen Unternehmen hat zur Folge, daß allein die in aller Regel drei Wochen vor einer Aufsichtsratssitzung allen Mitgliedern zugestellten Unterlagen häufig hundert Seiten und mehr umfassen. Aufgabe der Assistenten ist es meist, dieses Material zu knapp formulierten Extrakten von drei bis vier Seiten zu verdichten und Ansatzpunkte für kritische Fragen an den Vorstand herauszufiltern. Die Zuarbeiter haben dabei die Möglichkeit, sich ihrerseits aus den Fachabteilungen der Bank zuarbeiten zu lassen. So leistet die Rechtsabteilung bei der Begutachtung von Anstellungsverträgen der Vorstände von Mandatsfirmen Assistenz, im Falle von Familiengesellschaften grundsätzlich auch bei der Prüfung von Gesellschaftsverträgen, wenn die Bank den Vorsitz in Aufsichts- oder Beratungsgremien stellt. Bei Auslandsinvestitionen kann die Expertise der volkswirtschaftlichen Abteilung und zusätzlich, etwa bei der Abschätzung von Währungsrisiken, die Devisenabteilung hilfreich sein, bei anstehenden Kapitalerhöhungen die Markteinschätzung der Börsenabteilung.

Doch trotz aller Unterstützung durch ihre Spezialisten können Bankiers ein entscheidendes Manko nur schwer ausgleichen: Ihnen fehlt die für die Überwachung der Investitionspolitik und damit für die Lenkung der finanziellen Ressourcen erforderliche Kenntnis der Märkte. Ihre Kontrolle auf der Grundlage der von ihren Assistenten analysierten Bilanzen, Gewinn- und Verlustrechnungen und Wirtschaftsprüferberichten ist immer noch weitgehend vergangenheitsbezogen. Die oftmals vorformulierten Fragen konzentrieren sich deshalb vielfach nur auf die Eckdaten des Rechenwerkes; wo es um große Investitionen, zunehmend im Ausland, geht, richtet sich ihr Interesse durchweg auf banknahe Probleme, wie die Absicherung gegenüber Währungsrisiken oder alternative Gewinnerwartungen auf der Basis verschiedener Dollarparitäten. Häufige Krankheitsursachen in Schwierigkeiten geratener Unternehmen, wie nicht rechtzeitig bemerkte Veränderungen der Nachfrage, verschlafene technische Innovationen oder nicht genügend durchdachte Diversifikationsversuche, bleiben dabei vielfach unerkannt.

Bei der traditionsreichen Werkzeugmaschinenfirma Pittler in Langen bei Frankfurt, an der sie selber sogar maßgeblich beteiligt war, lieferte die Deutsche Bank den Beleg für die völlig unzureichende Wirksamkeit ihrer Kontrollmechanismen. Das von dem Technikpionier Wilhelm von Pittler 1889 gegründete, ursprünglich in Leipzig-Wahren beheimatete Unternehmen galt über Jahrzehnte als der führende deutsche Hersteller von Revolverdrehbänken und Drehautomaten. Noch für Delbrück Schickler trat Hermann Josef Abs in den Aufsichtsrat der Firma ein. Als Pittlers Entwicklungsingenieure und Konstrukteure nach 1945 in den Westen kamen, war es wiederum Abs, der mit einem Personalkredit den Wiederaufbau des von den Russen demontierten Leipziger Werkes ermöglichte. Deutsche Bank und Dresdner Bank übernahmen je 25 Prozent der Aktien der neuen Gesellschaft. Da seine Bank industrielle Mehrheitsbeteiligungen prinzipiell ablehnte, weil sie außerhalb ihrer Branche eine unternehmerische Alleinverantwortung scheute, engagierte sich Abs bei Pittler persönlich mit einer Schachtel. Sein besonderes Vertrauen setzte er dabei vor allem auf den ihm schon aus Vorkriegszeiten bestens vertrauten Cheftechniker Wilhelm Fehse, unter dessen Führung die Firma sehr bald an ihre früheren Erfolge anknüpfen konnte. Ende der sechziger Jahre begannen über dem Unternehmen jedoch dunkle Wolken aufzuziehen. Die Hereinnahme schlecht kalkulierter Großaufträge aus der Sowjetunion zur Auslastung der kräftig ausgebauten Kapazitäten sowie ruinöse Preiskämpfe mit dem Hauptkonkurrenten Gildemeister ließen die Gewinne dahinschmelzen wie Schnee an der Sonne. 1974 zahlte die Gesellschaft ihren Aktionären noch einmal eine Dividende von fünf Prozent – von da an ging es bergab.

»Ich habe wegen Pittler viele schlaflose Nächte gehabt«, hat Hermann Josef Abs später freimütig eingeräumt. Selbst als er schon den Vorstand der Deutschen Bank verlassen hatte, suchte der Altbankier im Kreise von Mitarbeitern und Vertrauten aus der Industrie Rat und Hilfe. Ins Vertrauen zog er insbesondere den Vorstandschef der Maschinenfabrik Augsburg-Nürnberg (MAN), Hans Moll, den er seit dessen Tätigkeit bei Daimler-Benz besonders schätzte. 1970 lancierte er seinen Assistenten Jörg Schill in den Pittler-Vorstand, doch erwies sich der Abs-Adlatus allein mangels praktischer Branchen- und Managementerfahrung schon bald als Fehlbesetzung. Große Hoffnungen setzten Abs und die Deutsche Bank drei Jahre später auf den für das Amt des Aufsichtsratschefs gewonnenen Mannesmann-Manager Werner Kroll. Als technisches Vorstandsmitglied hatte er an der strategischen Neuorientierung des Düsseldorfer Röhrenherstellers in Richtung auf einen Verarbeitungskonzern großen Anteil gehabt. Aber auch er konnte Pittler ebensowenig auf Erfolgskurs zurückführen wie sein Nachfolger Johannes Semler, bis 1973 Finanzchef der AEG und seitdem Vertrauensmann der Deutschen Bank für Sondereinsätze in der Industrie. Um das Unternehmen zu sanieren, mußten die beiden beteiligten Großbanken Forderungsverzichte von zusammen 120 Millionen Mark akzeptieren. Für die Deutsche Bank wurde Pittler zum schwerwiegendsten Problemfall innerhalb ihres industriellen Beteiligungsbesitzes. Als die Firma für 1986 an ihre Aktionäre erstmals wieder eine Dividende verteilte, hatten Abs und die beiden Banken ihre Anteile längst abgegeben, und die mittelständische Rothenberger-Gruppe aus Kelkheim im Taunus hatte mit über 75 Prozent des Kapitals die Kontrolle über das leidgeprüfte Unternehmen gewonnen.

Der Fall Pittler zeigt exemplarisch die Ohnmacht, mit der Banken industriellen Fehlentwicklungen gegenüberstehen, wenn sie Unternehmen nur anhand von Zahlen überwachen. Dies gilt vor allem für Anbieter von Hochtechnologie mit den auf diesem Gebiet üblichen langen Vorlaufzeiten. Ob eine Firma möglicherweise in die falsche Richtung entwickelt hat, zeigt sich oft erst nach vielen Jahren – und ebensolange dauert es danach, die vom Markt unbarmherzig bestraften Fehler wieder zu korrigieren. Die starke Fluktuation in der Führungsspitze von Pittler offenbarte die ganze Hilflosigkeit der Großaktionäre. Ein ums andere Mal erarbeiteten neue Manager, die meist über die Beziehungsschiene der Deutschen Bank engagiert worden waren, verheißungsvolle Konzepte. Aber meist ebenso schnell waren sie wieder Makulatur.

Wie schwer sich Bankiers ohne tiefere Marktkenntnis vielfach damit tun, in einem Unternehmen rechtzeitig schwerwiegende Gefahren zu erkennen, zeigt auch das Beispiel des Kölner Schokoladenherstellers Gebr. Stollwerck. Die Firma gehört zu den ältesten Verbindungen der Deutschen Bank. Noch in den sechziger Jahren verwöhnte die Gesellschaft ihre Aktionäre mit der konstant üppigen Dividende von 16 Prozent. Wenn die Kapitaleigner, zu einem guten Teil Angehörige alter Kölner Familien, zur alljährlichen Hauptversammlung in die Industrie- und Handelskammer strömten, dann vor allem zu dem Zweck, das so erfolgreiche Management zu loben. In Wahrheit kündigte sich bereits im Jahre 1964, als die Preisbindung für Schokolade zusammenbrach, das spätere Unheil an.

Je tiefer die Preise in den Keller gingen, desto unerbittlicher offenbarten sich die Schwächen bei Stollwerck: ein viel zu stark aufgeblähtes Sortiment, eine übersetzte Belegschaft und ein teilweise veralteter Produktionsablauf. Aufsichtsratschef Hans Janberg aus dem Vorstand der Deutschen Bank stand der Situation hilflos gegenüber. Versuche, Stollwerck mit seinem Aachener Konkurrenten Monheim (»Trumpf«) zu fusionieren, scheiterten ebenso wie die Anlehnung an einen anderen Partner. An der Nobelmarke »Stollwerck« waren zwar die meisten durchaus interessiert, nicht jedoch an einer Übernahme der alten Fabrik im Kölner Severinsviertel. Nur einer war bereit, diese Bürde auf sich zu nehmen: der Schokoladenfabrikant Hans Imhoff aus dem Städtchen Bullay an der Mosel. Über ein Jahr lang versuchte der mit Handelsmarken für Supermarktketten und Süßwarenfilialisten groß gewordene gebürtige Kölner vergeblich, mit Janberg ins Gespräch zu kommen. Doch nicht einmal eine Antwort habe er auf seine Briefe erhalten, hat Imhoff Jahre danach über sein unerwidertes Interesse an einer Übernahme und Sanierung der in ihrer Existenz gefährdeten Traditionsfirma berichtet.

Eine völlig neue Situation trat für Stollwerck ein, als nach dem plötzlichen Tod Janbergs im September 1970 der erst zu Beginn des Jahres in den Vorstand der Deutschen Bank eingetretene Alfred Herrhausen den Aufsichtsratsvorsitz in Köln übernahm. Imhoff durfte nun erstmals die Fabrik betreten und sich ein persönliches Bild von der unwirtschaftlichen Produktionsweise bei Stollwerck machen. Anschließend fuhr er zu Herrhausen und überzeugte diesen davon, daß unter seiner Führung die Sanierung der angeschlagenen Firma größere Erfolgsaussichten habe. Der Janberg-Nachfolger setzte im Vorstand seiner Bank den Beschluß durch, Imhoff die unternehmerische Verantwortung und schrittweise auch das Eigentum an der Gesellschaft zu übertragen. Die Radikalkur des neuen Großaktionärs – Imhoff strich innerhalb nur eines Jahres rund 1300 Arbeitsplätze – schlug schneller als von vielen erwartet an: Bereits 1975 konnte die Gesellschaft wieder Dividende zahlen. Als der Sanierer 1987 im Künstlerbahnhof Rolandseck seinen 65. Geburtstag feierte, attestierte Alfred Herrhausen dem Jubilar: »Stollwerck ist Ihr Lebenswerk – eine große Lebensleistung.«

Wenn Bankiers in fremden Aufsichtsräten mitunter eine schlechte Figur abgeben, dann nicht allein deshalb, weil es ihnen an der zu einer sorgfältigen Kontrolle nötigen Zeit und Marktkenntnis fehlt. Noch eine weitere Schwäche läßt sich immer wieder beobachten: ein bisweilen geradezu ehrfürchtiger Respekt vor Eigentümerthronen. Sehen die Bankchefs in den Vorständen reiner Publikumsgesellschaften – grob gesprochen – immer noch auf Zeit eingesetzte, rechenschaftspflichtige leitende Angestellte, so wächst die Autorität der Geschäftsführung in dem Maße, wie sie in dem von ihr geleiteten Unternehmen Eigentümerrechte ausübt. Nach dem Motto, daß derjenige, dem die Firma gehört, auch zu bestimmen habe, neigen Bankiers dazu, in Gesellschaften mit Familieneinflüssen ihre Aufsichtspflichten deutlich zurückhaltender als woanders wahrzunehmen. Dahinter steht vielfach noch ein antiquiertes Unternehmensverständnis, in dem die übrigen Beteiligten, vor allem die Beschäftigten, aber auch ungesicherte Gläubiger, nicht den ihnen gebührenden Platz finden. Hinzu tritt bei vielen Bankern der älteren Schule eine ausgesprochene Konfliktscheu. Ins Kreuzfeuer der Kritik geriet die Deutsche Bank denn auch wiederholt da, wo sie aus übertriebenem Respekt vor starken, vielfach mit ihr über Generationen befreundeten Großaktionären personal- und geschäftspolitischen Fehlentwicklungen nicht rechtzeitig energisch entgegengewirkt hatte.

Ein typischer Fall unterbliebener rechtzeitiger Kurskorrektur durch gleich zwei im Aufsichtsrat prominent vertretene Groß-banken (außer der Deutschen Bank war auch die Commerz-bank dabei) war der Zusammenbruch der fast 200 Jahre alten Wuppertaler Seidenweberei Gebhard & Co. AG Ende 1973. In Schwierigkeiten gekommen war Deutschlands führender Futterstoffhersteller vor allem durch eine hemmungslose Pfründenwirtschaft seiner Familieneigentümer. Ihr mit dem Stellvertretenden Aufsichtsratsvorsitz verbundenes Mandat reichten die Herren der mit Gebhard schon vor dem Zweiten Weltkrieg eng verbundenen Deutschen Bank wie einen Wan-derpokal weiter: von Franz Heinrich Ulrich 1967 auf Hans Leibkutsch, 1970 auf Alfred Herrhausen und von diesem kurz vor dem bitteren Ende auf den Wuppertaler Filialdirektor Hans-Hinrich Asmus.

Ein noch größeres Debakel erlebte die Bank sieben Jahre spä-ter bei der Deutsche Dampfschifffahrts-Gesellschaft »Hansa« AG (DDG) in Bremen. An der Großreederei war sie neben der Versicherungsgruppe Allianz/Münchener Rück, der Asse-kuranzfirma Albingia und der Hamburger Zigarettendynastie Reemtsma mit 17 Prozent beteiligt. Das Sagen in der 1881 von Bremer Kaufleuten gegründeten Firma hatte jedoch über drei Generationen die Familie Helms, obwohl sie zu keiner Zeit mehr als zehn Prozent des Aktienkapitals besaß. Den Grund-stock zu diesem Paket hatte bereits vor der Jahrhundertwende der als Prokurist in die »Hansa« eingetretene Hermann Helms gelegt. Sein Sohn Hermann Helms jr., mit dem er die

Reederei bis 1940 gemeinsam geleitet hatte, stieg nach dem Zweiten Weltkrieg zum führenden Mann der deutschen Seeschiffahrt auf und repräsentierte die Branche auch im Aufsichtsrat der Deutschen Bank. Das auf die Nah-, Mittel- und Fernostrouten spezialisierte Unternehmen fuhr unter anderem Anlagen für das von deutschen Firmen errichtete Stahlwerk im indischen Rourkela sowie Ölförderanlagen in den Iran und nach Saudi-Arabien und verdiente dank der Hochkonjunktur in diesem Fahrtgebiet lange Zeit glänzend.

Der Keim des Unheils wurde Mitte der siebziger Jahre gelegt, als die seit 1969 von Sohn Hermann Christian Helms geführte »Hansa« ein für ihre Eigenkapitalverhältnisse überdimensioniertes Investitionsprogramm auflegte. Den Löwenanteil, rund 220 Millionen Mark, verschlang allein die Bestellung von vier sogenannten Roll-on-roll-off-Containerschiffen, die vor allem die schlecht ausgebauten Häfen der vom Ölboom überraschten Nahostländer anlaufen sollten. Doch die Hoffnungen auf ein großes Geschäft erwiesen sich schon bald als trügerisch. Vor allem die Saudis modernisierten ihre Häfen schneller als erwartet; obendrein waren die von dem Ölboom ausgehenden Warenbewegungen bei weitem nicht so umfangreich wie ursprünglich angenommen. Der Dollarverfall, die aggressive Konkurrenz ausländischer Billigreeder und schließlich die Revolution der Mullahs im Iran, mit dem die Bremer rund ein Viertel ihres Ladegeschäfts abgewickelt hatten, trugen das Ihre zum Niedergang des Unternehmens bei.

In dieser Situation übernahm Franz Heinrich Ulrich 1978 den Aufsichtsratsvorsitz und damit das Krisenkommando bei der »Hansa« – ungewöhnlich genug für einen Mann, der schon im Mai 1976 in seiner Bank vom Vorstand in den Aufsichtsrat gewechselt war und in der Zwischenzeit fast all seine Mandate weitergegeben hatte. Als enger Freund der Familie Helms und wohl auch aus innerer Bindung an die Stadt, in der sein

Georg von Siemens (1839–1901), erster Direktor und drei Jahrzehnte hindurch die treibende Kraft der Deutschen Bank.

So fing es an: Die ersten Geschäftsräume der Deutschen Bank in der Französischen Straße 21 in Berlin.

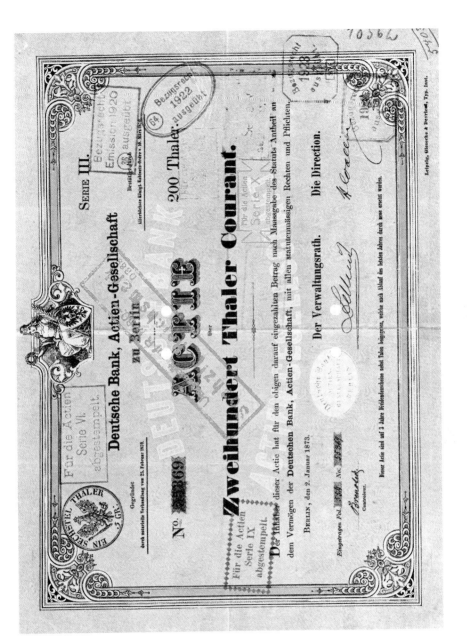

Aktie der Deutschen Bank von 1873.

Arthur von Gwinner, Vorstandsmitglied von 1894 bis 1919, widmete sich vor allem dem internationalen Eisenbahnbau und der Entwicklung des Auslandsgeschäfts der Elektrofirmen AEG und Siemens & Halske.

Emil Georg von Stauß, Vorstandsmitglied von 1915 bis 1932,
trat vor allem als Wegbereiter der Fusion von Daimler und Benz
hervor. Der »politische Bankier« (Er stieg mit Hilfe der NSDAP
zum Vizepräsidenten des Reichstages auf) beteiligte sich
daneben maßgeblich an der Gründung der Deutschen Lufthansa,
der Filmgesellschaft UFA und am Aufbau der kriegswichtigen
Flugmotorenproduktion.

Oben: Blick auf das Direktionsgebäude der Deutschen Bank
in der Mauerstraße in Berlin 1929.

Unten: Der Berliner Hauptsitz der Deutschen Bank Ecke
Mauerstraße/Französische Straße mit den charakteristischen
»Schwibbögen« Anfang der zwanziger Jahre.

Oben: Beschluß über die Fusion der Deutschen Bank und der Disconto-Gesellschaft im Oktober 1929. Vorn im Bild links Max Steinthal, Vorsitzender des Aufsichtsrates, daneben Oscar Wassermann, Sprecher des Vorstandes.

Unten: Die Filiale der Disconto-Gesellschaft am Roßmarkt in Frankfurt am Main.

Hermann Josef Abs, Vorstandsmitglied von 1938 bis 1967, prägte das
Bild der Deutschen Bank in den Wiederaufbaujahren.

Oben: Vertrauen gegen Vertrauen: Das enge persönliche Verhältnis zwischen Hermann Josef Abs und Ernst von Siemens drückte die Vorzugsstellung des Siemens-Konzerns unter den Industriefreunden der Deutschen Bank aus.

Unten: Hermann Josef Abs vor einem festlichen Abendessen mit dem Vorstand von Daimler-Benz auf Schloß Solitude in Stuttgart im August 1970. Links von Abs: Vorstandsvorsitzender Joachim Zahn und der heutige Konzernchef Edzard Reuter.

Der Vorstand der Deutschen Bank zum Jahreswechsel 1969/70.
Von links nach rechts: Wilfried Guth, Robert Ehret,
Wilhelm Vallenthin, Hans Feith, Heinz Osterwind, Andreas Kleffel,
Franz Heinrich Ulrich, Karl Klasen, Hans Leibkutsch,
Hans Janberg, Manfred O. von Hauenschild, F. Wilhelm Christians,
Alfred Herrhausen

Oben: Franz Heinrich Ulrich, Nachfolger von Hermann Josef Abs auch als Aufsichtsratschef von Daimler-Benz, wird bei einem Besuch in Stuttgart von Joachim Zahn und Edzard Reuter am Flugzeug abgeholt.

Unten: »Fest in deutscher Hand« – so sah der Karikaturist Romulus Candea 1975 die Übernahme eines 29prozentigen Pakets Daimler-Benz-Aktien, mit der die Deutsche Bank dem Schah des Iran das Nachsehen gab.

Hans L. Merkle, langjähriger Vorsitzender der Bosch-Geschäfts-
führung, Aufsichtsratschef der Deutschen Bank 1984/1985.

Oben: Hermann Josef Abs führt die britische Premierministerin Margaret Thatcher 1980 durch das Bonner Beethovenhaus.

Unten: Begegnung mit dem spanischen König. Von links nach rechts: Hermann J. Abs, Juan Carlos, F. Wilhelm Christians.

Oben: Wilfried Guth, Vorsitzender des Aufsichtsrates, im Gespräch mit Ex-Bundeskanzler Helmut Schmidt und dem früheren französischen Staatspräsidenten Valéry Giscard d'Estaing im Jahre 1987.

Unten: Alfred Herrhausen bei der Besiegelung eines unter Führung der Deutschen Bank gewährten Drei-Milliarden-Kredits an die Sowjetunion im Beisein von Michail Gorbatschow, Helmut Kohl und Hans-Dietrich Genscher im Oktober 1988 im Kreml.

Dr. Alfred Herrhausen,
seit 1988 alleiniger Vorstandssprecher der Deutschen Bank.

Vater einst Syndikus der Handelskammer gewesen und wo er selber zur Schule gegangen war, versuchte er, den in schwerer See treibenden Havaristen vor dem Kentern zu bewahren.

Ulrich hatte dem Aufsichtsrat schon zwischen 1954 und 1963 angehört und war dann, weil er zu viele Mandate hatte, bis 1977 in den Beirat gegangen. Die Deutsche Bank blieb jedoch auch in der Zwischenzeit im Aufsichtsrat vertreten, der alle großen Investitionen, den Kauf der vier Ro-Ro-Container-schiffe eingeschlossen, zu genehmigen hatte.

Mit Hilfe seiner vielfältigen Industriebeziehungen schaltete sich Ulrich, nachdem er in Bremen das Ruder in die Hand genommen hatte, sogar in die Kundenakquisition ein. Für Helms arrangierte er bei Mannesmann, wo er den Aufsichts-rat geleitet hatte, eine Zusammenkunft mit dem Vorstand und zusätzlich Gespräche mit anderen großen Verladern an der Ruhr. Aber auch diese Hilfsdienste konnten das Unheil nicht mehr aufhalten. Anfang 1980 entsandte der Vorstand der Deutschen Bank, um seinem Senior das bittere Ende bei der »Hansa« zu ersparen, Eckart van Hooven ins letzte Gefecht. Nur wenige Monate später, am 18. August desselben Jahres, meldete die Reederei Vergleich an – im 99. Jahr ihres Beste-hens. Letzter Akt des Trauerspiels war die Liquidation der Gesellschaft.

»Bankiers sind überfordert, wenn sie Unternehmenspolitik treiben sollen«, hat Karl Klasen einmal gesagt, »ihre Aufgabe ist die Einsetzung des Managements und die Aufrechterhal-tung der finanziellen Ordnung.« Zwar verbietet ihnen die vom Aktiengesetz gewollte Aufgabenteilung zwischen Vor-stand und Aufsichtsrat, Unternehmenspolitik zu »treiben«. Aber natürlich müssen sie wie jedes andere Mitglied eines Aufsichtsrates die Geschäftspolitik des Managements anhand genauerer Markteinschätzungen nachvollziehen können, um auch in der Personalpolitik notfalls rechtzeitig Konsequenzen zu ziehen und die Risiken von Investitionen vor allem in neuen Feldern zu ermessen. Gerade hieran fehlte es bei der DDG »Hansa«. Als Ulrich in der Schlußphase die »Wundermänner« von McKinsey zur Aufdeckung von Schwachstellen ins Haus holte und das Finanzmanagement von außen verstärkte, war es bereits zu spät. Jetzt rächte es sich, daß die Reederei im Grunde wie ein Familienbetrieb geleitet worden war. Für die Annahme, daß Ulrich die begangenen Fehler selbstkritisch erkannte, spricht die Tatsache, daß er gegen Ende seiner aktiven Zeit in der Deutschen Bank den in der Sekretariatsabteilung vorwiegend mit Sonderaufgaben beschäftigten Direktor Johann Wieland beauftragte, eine neue Abteilung für Beteiligungen (die heutige Abteilung für Konzernentwicklung) aufzubauen, um den eigenen Anteilsbesitz professionell zu überwachen. Wie sich die einen großen Teil des Bankvermögens repräsentierenden Beteiligungen entwickelten, dürfe man, wie er gegenüber Mitarbeitern in Anspielung auf Schieflagen wie Stollwerck und DDG »Hansa« anmerkte, nicht dem Geschick des einzelnen Vorstandsmitgliedes bei der Auswahl seiner Mandatsassistenten überlassen.

Die im eigenen Beteiligungskreis angestrebte Professionalität blieb die Bank demgegenüber Unternehmen weiterhin schuldig, bei denen sie allenfalls mit ihrem guten Ruf haftete. Ein solches Unternehmen war auch die Textilfirma Girmes in Grefrath-Oedt bei Krefeld. Wie die »Hansa« in der Linienschiffahrt, so galten die Weber vom Niederrhein in ihrer Branche lange Zeit als allererste Adresse. Und wie an der Küste die Familie Helms, so waren es bei Girmes die Selbachs, die – ebenfalls auf nur ein kleineres Aktienpaket gestützt – den Kurs bestimmten. Unter dem schon 1932 mit nur 33 Jahren in den Vorstand berufenen Erich Selbach stieg die ursprünglich allenfalls regional bedeutende Firma zum führenden Samthersteller der Welt auf. Fast 40 Jahre bestimmte Selbach die Geschicke der in ihrer Glanzzeit als »Perle« der Textilindustrie gerühmten Gesellschaft. Als Mitglied des Aufsichtsrates übte der mit Titeln und Ehren reich dekorierte Grand Old Man jedoch weiterhin einen starken Einfluß auf die Geschäftspolitik aus, für die unter anderem sein von ihm in den Vorstand lancierter Sohn verantwortlich zeichnete. Geblendet durch regelmäßige Spitzenrenditen und ohne die für eine Früherkennung der vorhandenen Schwachstellen notwendige Branchenerfahrung, erkannte der über zwei Jahrzehnte an der Spitze des Aufsichtsrates stehende Andreas Kleffel, Vorstandsmitglied der Deutschen Bank, den allmählichen Niedergang der Firma viel zu spät. Als der Bankier Ende 1981 endlich handelte und für Managementverstärkung von außen sorgte, kam es zwischen ihm und Selbach senior bald zum offenen Konflikt, in dessen Verlauf der Girmes-Patriarch wegen »tiefgreifender Meinungsverschiedenheiten« 1982 demonstrativ sein Aufsichtsratsmandat niederlegte.

Vielleicht wäre durch ein früheres und gegenüber der alten Führung entschiedenes Eingreifen eine Sanierung der unter Überkapazitäten und mangelnder Produktivität leidenden Firma möglich gewesen. So aber rutschte dem Management durch unerwartete Veränderungen im Konsumtrend mitten in der Umstrukturierung auch noch die Umsatzbasis weg – zuviel für das finanziell ausgeblutete Unternehmen. Nachdem eine durch Zugeständnisse aller Beteiligten einschließlich der Belegschaft in greifbare Nähe gerückte Kapitalsanierung im Februar 1989 am Veto einer Aktionärsminderheit gescheitert war, ging das einstige Vorzeigeunternehmen der deutschen Textilindustrie 110 Jahre nach seiner Gründung am 28. Februar in Konkurs. »Die traditionsreiche Girmes AG ist erloschen«, meldete die FAZ anderntags.

Erst recht tun sich Bankiers mit der für eine effiziente Kontrolle unerläßlichen kritischen Distanz schwer, wenn ihnen ein wirklicher Großaktionär als Vorstandschef gegenübersteht. Dies gilt um so mehr, wenn es sich dabei um einen Prominenten mit höchsten Verbandsämtern handelt, wie den Kölner Stahlhändler und Industriellen Otto Wolff von Amerongen, obendrein noch Vorsitzender des Gesamtberaterkreises der Deutschen Bank. Der Doyen der alten Montangarde mußte noch kurz vor Ende seiner Unternehmerkarriere erleben, wie durch akute Finanzprobleme in seinem Konzern Schatten auf sein Bild in der Öffentlichkeit fielen. Um größeren Schaden von seinem Imperium abzuwenden, ließ Wolff Ende 1987 seine Maschinen- und Anlagenbaufirma PHB Weserhütte AG (PWH) in Konkurs gehen.

Wie hatte es dazu kommen können? Was hatte insbesondere die Deutsche Bank, der Wolff so eng wie kaum ein zweiter unter den Granden der Industrie verbunden war, getan, ihrem Vertrauten die Schmach einer existenzbedrohenden Finanzkrise zu ersparen? Sicherlich war es unmöglich, den kraft seines Eigentums ziemlich unabhängig handelnden Rheinländer in das Joch eines auf fünf Jahre bestellten Vorstandsmanagers zu zwingen. Der Aufsichtsrat des 1904 von seinem zu diesem Zeitpunkt 23jährigen Vater gegründeten und 1966 in eine AG umgewandelten Familienunternehmens verstand sich denn auch mehr als Beirat, in dem nur selten über Unternehmensstrategien, dafür um so gründlicher über die allgemeine konjunkturelle Lage diskutiert wurde. Als andere Gesellschaften ihre Aufsichtsräte bereits mit Hilfe umfassender Zwischenberichte über die aktuelle geschäftliche Situation ins Bild setzten, waren bei der Otto Wolff AG detaillierte schriftliche Sitzungsunterlagen noch weitgehend unbekannt. Die mit namhaften Wirtschaftsgrößen, wie Bosch-Senior Hans Merkle, Bayer-Aufsichtsratchef Herbert Grünewald und dem Schweizer Industriellen Max Schmidheiny, besetzte Kontrollrunde gewann zu keinem Zeitpunkt das Gefühl, die Personalpolitik des Konzerns entscheidend mitzubestimmen. Wer im Hause Wolff Karriere machte, entschied in letzter Konsequenz der Hausherr selber – und dessen Wahl fiel bevorzugt auf junge, von ihm zielstrebig geförderte Assistenten.

Weil es ja schließlich sein eigenes Geld war, das er riskierte, konnte der umtriebige Patriarch 1981 ohne die in anderen Gesellschaften vom Aufsichtsrat verlangte strenge Wirtschaftlichkeitsprüfung in der Nähe von Houston in Texas ein Drahtwalzwerk übernehmen und zusätzlich ein Stahlhandelsgeschäft aufziehen. Schon genauere Informationen über den technischen Zustand der Anlage hätten Wolffs Ratgeber dazu veranlassen müssen, die Notbremse zu ziehen. Doch das Unheil nahm ungehindert seinen Lauf. Als der Konzern 1985 sein mißglücktes Texas-Engagement endlich abbrach, addierte sich in den Büchern ein Verlust von 250 Millionen Mark.

Durch die Einheit von Kapital und Führung war das milliardenschwere Stahl- und Maschinenbauimperium Otto Wolff von Amerongen im Kern stets ein Familienunternehmen. Daß der Herr im Hause 1985 als seinen Nachfolger im Vorstandsvorsitz – nach Absagen externer Kandidaten – Schwiegersohn Arend Oetker bestimmte, bestätigte dies ungewollt einmal mehr.

Die Deutsche Bank muß sich fragen lassen, was sie in all den Jahren unternommen hat, um den schleichenden Niedergang des Konzerns zu verhindern. Kein anderes Institut ist bis heute mit dem Hause Wolff auf verschiedenen Ebenen so innig verbunden wie die größte der Großbanken. Franz Heinrich Ulrich, ein Duzfreund Wolffs aus den Tagen gemeinsamer Internierung kurz nach dem Krieg, übernahm bereits 1966 im ersten Wolff-Aufsichtsrat den Vorsitz, den nach ihm 1978 sein Kollege Friedrich Wilhelm Christians erbte. Damit jedoch noch nicht genug. Alfred Herrhausen wurde nicht nur Wolffs Testamentsvollstrecker, sondern auch Vorsitzender eines dreiköpfigen Beirats der 1977 gegründeten Otto Wolff'schen Verwaltungs-GmbH & Co., die den Mehrheitsbesitz des Hauptaktionärs an der Otto Wolff AG hält. Bei der zusammengebrochenen PHB Weserhütte schließlich saß Herrhausens Vorstandskollege Hilmar Kopper zusammen mit Otto Wolff im

Aufsichtsrat. Aber keiner der einflußreichen Freunde hatte den Mut oder die Kraft, eine der Größe und Komplexität des Konzerns angemessene Führungsorganisation durchzusetzen und für ein einer gut geleiteten Publikumsfirma vergleichbares Management zu sorgen. Viele kostspielige Fehler und Pannen hätten dadurch vermieden werden können.

Die Frage ist erlaubt: Mit welchen Intentionen gehen Bankmanager in Aufsichtsräte? Wie weit geht ihr Ehrgeiz, industrielle oder mit Hilfe ihres Mandats gar firmenübergreifende Ziele zu verfolgen? Eine Antwort auf diese Fragen ist ohne einen Blick auf die Stellung und Arbeitsweise heutiger Aufsichtsräte nur schwer möglich. Zwei grundlegende Tendenzen stützen die These, daß sich die Balance zwischen Vorstand und Aufsichtsrat in den letzten Jahren deutlich zugunsten des Managements verschoben hat. Der Grund liegt zum einen in der rasanten Entwicklung unserer Großunternehmen. Konzerne wie Daimler-Benz, Siemens oder Thyssen sind allein durch ihre wachsende Größe, Programmvielfalt und Internationalität nur noch schwer zu überschauen, geschweige denn zu *durch*schauen. Aus heutiger Sicht dürfte Daimler-Benz, eine weiterhin günstige Konjunktur vorausgesetzt, 1992 oder 1993 die Schallmauer von hundert Milliarden Mark Umsatz durchbrechen. Wenngleich oft unter Mühen, haben sich die meisten Unternehmen in ihrer Organisation und Führungsqualität den höheren Anforderungen angepaßt. Im Vergleich dazu ist – trotz eines fast überall verfeinerten Berichtswesens – der Wirkungsgrad der Aufsichtsräte weit zurückgeblieben. Mit einem Arbeitsaufwand von jährlich vier dreistündigen Sitzungen sind die Konzernriesen unserer Zeit kaum noch zu überwachen.

Zweitens hat die Einführung der paritätischen Mitbestimmung im Jahre 1976 zu einem Bedeutungsverlust des Aufsichtsrates als kritisches Gesprächs- und Diskussionsforum geführt. Im Beisein der Arbeitnehmerfraktion scheuen sich viele Kapitalvertreter, heiße Eisen anzupacken oder durch unangenehme Fragen den Vorstand in Verlegenheit zu bringen. Durch das damit verbundene Ausklammern brisanter Themen drohen die Sitzungen vielfach zu reinen Regularienveranstaltungen zu degenerieren. Anstelle des gesamten Gremiums hat dessen Vorsitzender gegenüber dem Vorstand die Rolle des kritischen Gesprächspartners übernommen.

Sofern keine schwerwiegenden Bedenken dagegen sprechen, pflegen Aufsichtsratsvorsitzende im allgemeinen der geschäftspolitischen Linie ihres Vorstandes zu folgen. Bankiers bilden in dieser Beziehung keine Ausnahme. Ihnen ist stets bewußt, daß sie nicht an der Verwirklichung selbstgesteckter firmen- oder branchenpolitischer Ziele, sondern allein an ihrem Beitrag zum Erfolg ihrer Bank gemessen werden. Schon um die Finanzbeziehungen zu »ihrem« Unternehmen nicht unnötig zu belasten, solidarisieren sie sich auch in schwierigen Fällen in aller Regel mit dem Management.

Wie weit das führen kann, offenbarte 1984 ein Konflikt zwischen der Kölner Otto-Wolff-Gruppe und dem Dortmunder Hoesch-Konzern. Es ging um die von beiden Unternehmen beanspruchte Vorherrschaft bei der zu diesem Zeitpunkt noch begehrenswerten PHB Weserhütte AG. Wie Wolff, so gehörte auch Hoesch bekanntlich zum industriellen Interessenbereich der Deutschen Bank. Aufsichtsratschef in Köln war Friedrich Wilhelm Christians, in Dortmund sein Kollege Herbert Zapp. Vielleicht hätte einer von beiden seinen Vorstand zu einem Verzicht oder wenigstens zur Einstellung des ungeniert in aller Öffentlichkeit – einschließlich vor Gericht – ausgetragenen Machtkampfes bewegen können. Doch nichts dergleichen geschah. Das einzige, wozu sich die Bankiers am Ende durchringen konnten, war ein Schlichtungsgespräch, zu dem sie Otto Wolff und Hoesch-Vorstandschef Detlev Rohwedder nach Frankfurt einluden. Dabei erklärte sich der Stahlmanager von der Ruhr schließlich bereit, seine Beteiligung an der in Wahrheit in einer Krise steckenden Firma an Otto Wolff abzutreten – gegen einen hübschen Aufpreis, versteht sich.

Hoesch war bereits zwei Jahre zuvor Mittelpunkt eines für das Verhalten der Deutschen Bank Industriekunden gegenüber beispielhaften Tauziehens gewesen. Als sogenannte »Stahlmoderatoren« hatten 1983 Alfred Herrhausen, Günter Vogelsang und Marcus Bierich (damals Allianz-Finanzchef) ein Umstrukturierungskonzept für die Krisenbranche ausgearbeitet. Nach diesem Modell sollte Hoesch einen engen Produktionsverbund mit den Duisburger Klöckner-Werken eingehen und dabei ihren in Dortmund hergestellten Warmbreitbandstahl künftig aus der überdimensionierten Bremer Klöckner-Hütte beziehen. Rohwedder, der nach einer harten Roßkur für sein Unternehmen bereits wieder bessere Zeiten heranbrechen sah, lehnte den Plan entschieden ab.

Herrhausen, zu dieser Zeit noch Stellvertretender Aufsichtsratchef der Klöckner-Werke AG, setzte seine ganze Überzeugungskraft ein, um den ins Revier gewechselten früheren Bonner Staatssekretär umzustimmen. Bei einem Abendessen in der Vogelsang-Villa in Düsseldorf-Oberkassel stellten die drei Moderatoren Rohwedder für den Fall, daß er mitziehen werde, sogar die Führung der geplanten Stahlgruppe in Aussicht. Der jedoch blieb bei seinem Nein. Nun hätte, so ließe sich vorstellen, Herrhausen nur seinen bei Hoesch zu diesem Zeitpunkt als Aufsichtsratchef amtierenden Kollegen Andreas Kleffel zu bewegen brauchen, die unwilligen Vorstandsmanager nachgiebig zu stimmen. Aus der auch für ihn kniffligen Angelegenheit hielt sich Kleffel aber wohlweislich heraus. Die Ausübung auch nur des geringsten Drucks auf das Unternehmen mit dem Ziel, das von Herrhausen mitverfaßte Moderatorenkonzept durchsetzen zu helfen, hätte – das wußte er nur allzugut – das enge Verhältnis der Deutschen Bank zu Hoesch zwangsläufig schwer belastet. Wer garantierte vor allem, daß der Versuch einer Pression nicht publik werden würde – mit der Folge, daß sich der ständig beargwöhnte Geldkonzern einmal mehr dem Vorwurf ungezügelter Machtausübung ausgesetzt gesehen hätte?

Die Vorgänge bei Hoesch stehen zu der vielfach geäußerten Vermutung im Widerspruch, die Deutsche Bank könnte durch eine Art abgestimmten Verhaltens über die von ihr in verschiedenen Unternehmen ein und derselben Branche ausgeübten Aufsichtsratsfunktionen industriepolitische Vorstellungen verwirklichen. Selbst wenn sie versucht wären, in dieser Weise auf Strukturprozesse einzuwirken, fehlte den Geldmanagern allein schon die erforderliche Fachkompetenz, um schlüssige Konzepte zu entwickeln. Vor allem jedoch lassen sich die Vorstände der Großindustrie, deren Selbstbewußtsein kaum weniger ausgeprägt als das der Großbankiers ist, von diesen kaum wie Marionetten dirigieren – am wenigsten in Existenzfragen ihres Unternehmens.

All dies wissen die Lenker der Deutschen Bank nur allzugut. Vor allem jedoch ist ihnen stets bewußt, daß eine – wie der »Fall« Daimler-Benz/MBB wieder gezeigt hat – hochsensibel reagierende Öffentlichkeit auf industriepolitische Ambitionen sofort mit der Forderung nach einer Einschränkung des Bankeneinflusses antworten würde. Schließlich liegt es im wohlverstandenen Interesse der Bank, mit möglichst allen Unternehmen ungestörte Geschäftsverbindungen zu unterhalten. Dieses Ziel ließe sich jedoch kaum erreichen, wenn sie sich als strukturpolitische Ordnungsmacht zwischen alle Stühle setzte. Aufsichtsratsmandate sind deshalb auch für die Deutsche Bank in erster Linie Positionen zur Absicherung ihrer Geschäftsbeziehungen. Die eigentliche Magie der Mandate, der sich selbst mit Arbeit reichlich eingedeckte Geldmanager nur schwer entziehen können, liegt vielmehr in dem mit solchen Berufungen verbundenen Zuwachs an internem und öffentlichem Ansehen sowie – nicht ganz zu vergessen – an Einkommen. Wer kassiert nicht gern ein zweites Gehalt?

7. Kapitel

Die Faust bleibt in der Tasche

Das sanfte Ritual der Macht

»Wie stehen Sie zur Macht?« wurde Alfred Herrhausen auf einem Informationsforum für Unternehmer Anfang November 1988 in Frankfurt gefragt. Die Antwort kam wie aus der Pistole geschossen: »Ausgesprochen positiv!« Nachdem sich das Gelächter gelegt hatte, holte der Vorstandssprecher der Deutschen Bank zu einigen Erläuterungen aus. »Ich habe nie zu denjenigen gehört«, so Herrhausen, »die abgestritten haben, daß wir Macht haben. Das habe ich zum Leidwesen meiner damaligen Kollegen bereits als junger Mann im Vorstand freimütig bekundet. Natürlich haben wir Macht. Es ist nicht die Frage, *ob* wir Macht haben oder nicht, sondern die Frage ist, *wie* wir damit umgehen, ob wir sie verantwortungsbewußt einsetzen oder nicht. Wir haben Macht, weil wir sie haben müssen, und das hat nichts mit unserem Ehrgeiz zu tun, mächtig zu sein, sondern das hat zu tun mit der Grundentscheidung, die wir hier nach dem Zweiten Weltkrieg in der Bundesrepublik getroffen haben. Wir haben uns nämlich für ein Gesellschaftssystem entschieden, in dem es plurale Machtpotentiale gibt, die sich jedoch in einer labilen Balance halten müssen. Und wir meinen, daß in diesem pluralen Machtgeflecht auch die Deutsche Bank ein Machtpotential darstellt, das wir wollen.«

Deutlicher kann man es kaum sagen. Keiner seiner Amtsvorgänger hat sich zu der Rolle der größten deutschen Geschäftsbank offen bekannt, niemand ihre Funktion als gestaltende Kraft so uneingeschränkt bejaht wie der derzeitige Vorstandssprecher. Kein Guth, kein Christians, kein Ulrich, kein Klasen, geschweige denn der vorsichtige Finanzdiplomat Abs hätten es über sich gebracht, ihr Haus unter die gesellschaftlichen Machtgruppierungen der Bundesrepublik, wenn man so will, zwischen Gewerkschaften und Industrielobby einzureihen.

Warum diese Machtverleugnung der alten Garde? Wollte man sich nur ducken, um nach außen zu verbergen, wie mächtig man in Wirklichkeit war und bis auf den heutigen Tag ist? Wer die Sorge der Bankiers konservativer Schule kennt, ins öffentliche Gerede zu kommen oder gar politische Gegenreaktionen zu provozieren, wird darin sicherlich ein Motiv für diese Taktik finden. Gemessen an der klassischen Definition Max Webers, nach der Macht die Möglichkeit bedeutet, »innerhalb einer sozialen Beziehung den eigenen Willen auch gegen Widerstreben durchzusetzen«, mochte manch einer der Altbankiers subjektiv durchaus davon überzeugt gewesen sein, außerhalb seiner eigenen Herrschaftssphäre nicht allzuviel zu bewegen.

In der Tat ist der Webersche Machtbegriff viel zu grob, um die teilweise subtilen Erscheinungsweisen von Bankenmacht bloßzulegen, gerade auch im Falle des Riesen Deutsche Bank mit seiner ausgeprägten Vorsicht. Die Beziehungen zwischen Bankiers und Industriellen spielen sich nun einmal nicht in einer Kampfarena ab, sondern hinter schalldichten Türen in stilvoll eingerichteten Vorstandsbüros und getäfelten Konferenzräumen. Alfred Herrhausen traf durchaus die Realität, als er bereits 1976 in einem Vortrag vor Mitarbeitern feststellte: »Macht beginnt nicht erst bei der Einflußnahme selbst, sondern schon bei der Möglichkeit dazu.«

Die meisten Beobachter leiten die Macht der Banken auf die Unternehmenswirtschaft aus den verschiedenen Beziehungen her, die die Geldkonzerne vor allem mit den großen

172

Aktiengesellschaften verbinden. Im Mittelpunkt der Betrachtung stehen dabei in ihrer separaten oder kumulativen Wirkung insbesondere Kreditabhängigkeiten, Kapitalbeteiligungen, Vollmachtstimmrecht sowie die Ausübung von Aufsichtsratsmandaten. Natürlich üben Banken, wie noch zu zeigen sein wird, auf all diesen Beziehungsebenen mehr oder weniger große Einflüsse aus. Der Versuch jedoch, Macht gleichsam »instrumentalisieren« zu wollen, greift erheblich zu kurz. Wer Bankeneinfluß rechenbar machen will, läuft geradezu Gefahr, an Fetischen hängenzubleiben, die längst an magischer Kraft verloren haben. Demgegenüber werden weniger oder gar nicht-quantifizierbare, unter Umständen jedoch weitaus wichtigere Einwirkungsmöglichkeiten ignoriert.

Am stärksten hat wohl der Faktor *Kreditabhängigkeit* als Machtmittel an Bedeutung verloren: Seit den ersten Jahren des Wiederaufbaus hat sich das Verhältnis zwischen Banken und Unternehmen dramatisch verändert. Damals war Geld *der* alles entscheidende Minimumfaktor. Mochten wagemutige Männer noch so sehr davon überzeugt sein, den Schlüssel für eine erfolgreiche unternehmerische Karriere in der Hand zu halten – wenn sie keine Bank fanden, die ihnen die nötigen Mittel lieh, blieben ihre Projekte Papier. Einen noch viel größeren Geldbedarf hatten die Finanzchefs etablierter Firmen, die für den Bau neuer Fabriken und die Rückgewinnung ihrer größtenteils während des Krieges verlorengegangenen Auslandsmärkte hohe Beträge investieren mußten, ohne selber bereits die hierfür notwendigen Gewinne und Abschreibungen verdient zu haben.

Als der aus dem entflochtenen I.G.-Farben-Imperium entstandene Bayer-Konzern 1952 wieder in den USA Fuß fassen wollte, wo seine Organisation einschließlich aller Namensrechte als Feindvermögen beschlagnahmt worden war, konnte nicht einmal die Deutsche Bank die erforderlichen Devisen bereitstellen. An ihrer Stelle half die Schweizerische Kreditanstalt, die seit jenen Tagen mit dem Präsidenten ihrer Generaldirektion im Leverkusener Aufsichtsrat vertreten ist. Im Mai 1988 konnte Bayer-Chef Hermann Josef Strenger mitteilen, daß der Konzern in seiner 125jährigen Geschichte erstmals nahezu frei von Finanzschulden sei und Ende des Jahres sogar eine Nettogläubigerposition erreicht haben werde.

Bayers Konkurrent BASF gab 1987 für den Erwerb des amerikanischen Druckfarbenherstellers Inmont stolze 1,5 Milliarden Dollar aus und konnte seine Liquidität im selben Jahr trotzdem noch auf fünf Milliarden Mark steigern. Die Ludwigshafener, von vielen lange Zeit etwas geringschätzig als müder »Rohstoffladen« unter den Farben-Nachfolgern angesehen, hatten sich in den sechziger Jahren finanziell kräftig strecken müssen, um durch eine Serie spektakulärer Firmenübernahmen Anschluß an Bayer und Hoechst zu gewinnen. Hatte die Zinsbilanz des Konzerns 1977 noch mit einem Minus von 226 Millionen Mark abgeschlossen, so war sie schon ein Jahrzehnt später nahezu ausgeglichen. Der Düsseldorfer VEBA-Konzern verabschiedete Ende 1988 ein fünfjähriges Investitionsprogramm im Volumen von 20,3 Milliarden Mark. Das ehrgeizige Vorhaben sei, wie das Unternehmen lapidar mitteilte, »voll aus den weiter ansteigenden Mitteln der Innenfinanzierung im Planungszeitraum gesichert«. Als die VEBA-Manager nur wenige Monate später die Chance ergriffen, 46 Prozent der Aktien des Mischkonzerns Feldmühle Nobel unter ihre Kontrolle zu bringen, fragte denn auch kaum jemand nach der Finanzierung der 1,3 Milliarden Mark teuren Akquisition.

In einer in der deutschen Geschichte beispiellos langen Phase des äußeren Friedens und der stetigen ökonomischen Aufwärtsentwicklung haben gutgeführte Unternehmen ein Produktivvermögen aufbauen können, das es ihnen erlaubt, aus Gewinnen und verdienten Abschreibungen auch große Investitionen allein zu finanzieren. Hinzu kommt, daß sich mit zunehmender Liberalisierung der internationalen Kapitalmärkte die Industrie aus einem wachsenden Angebot neuartiger Finanzinstrumente bedienen und sich dabei einen in dieser Härte früher nicht gekannten weltweiten Bankenwettbewerb zunutze machen kann.

Daß davon nicht allein die führenden Aktiengesellschaften, sondern ebenso auch tüchtige Mittelständler profitieren, demonstrierte beispielsweise die schwäbische Familienfirma Trumpf GmbH & Co., Anbieter elektronisch gesteuerter Werkzeugmaschinen. Erstmalig in dieser Form beschaffte sich Trumpf-Chef Berthold Leibinger die für die zügige Expansion seines Unternehmens (Jahresumsatz 1988: rund 500 Millionen Mark) benötigten Mittel über eine 50-Millionen-Anleihe, für die er eigens eine Finanzierungs- und Beteiligungsgesellschaft mit Sitz in Amsterdam gründete. Konsortialführer war das Düsseldorfer Bankhaus Trinkaus & Burkhardt. Die Bad Oldesloer Familienfirma Hako-Werke GmbH & Co., ein auf betriebliche Reinigungsmaschinen spezialisiertes typisch mittelständisches Unternehmen (Jahresumsatz 1988: rund 250 Millionen Mark), finanzierte den Ausbau ihrer US-Produktion auf besonders elegante Weise: Um bei seinen Investitionen jenseits des Atlantiks die Kasse des Stammunternehmens zu entlasten, ließ Hako-Chef Tyll Necker die erforderlichen Mittel durch Aktienausgabe seiner amerikanischen Tochtergesellschaft aus dem Anlegerpublikum beschaffen.

Schon diese wenigen Beispiele zeigen, daß Firmen, sofern sie nicht durch eine hochgradige Verschuldung in Abhängigkeit zu ihren Kreditgläubigern geraten sind, eine früher nie gekannte Nachfragemacht ausspielen. Das amerikanische Beratungsunternehmen Greenwich Associates hat denn auch 1988 nach einer Befragung von Finanzdirektoren in 350 der 500 größten deutschen Unternehmen ermittelt, daß sich die traditionellen Bindungen zwischen Unternehmen und ihren

Hausbanken spürbar gelockert hätten. Als Folge der großen Bankdichte in der Bundesrepublik und des allgemeinen Margenverfalls zögen sich, so der Befund der renommierten Finanzbeobachter, vor allem die drei Großbanken aus dem für sie uninteressant gewordenen Kreditgeschäft mit Großunternehmen zurück.

Speziell jüngere Finanzchefs mit internationaler Erfahrung orientieren sich unbeeinflußt von überkommenen Bankbindungen bei ihren Entscheidungen allein daran, wo sie das Geld am billigsten bekommen. Als VW Ende 1988 eine Anleihe über 200 Millionen Mark auflegen wollte, erbat der mit der Sache betraute Finanzdirektor, ein jüngerer Mann mit einigen Jahren Amerika-Praxis, von den drei Großbanken innerhalb von zwei Tagen telefonische Angebote. Keiner erfuhr die Konditionen der Konkurrenz, jedes Nachbessern war ausgeschlossen. Das Rennen machte in Wolfsburg am Ende die Dresdner Bank. Selbst die Finanzmanager von Daimler-Benz lassen sich trotz der Beteiligung der Deutschen Bank an ihrem Konzern nicht das Recht nehmen, mit anderen Instituten ins Geschäft zu kommen, wenn diese günstigere Konditionen anbieten – manchmal sogar, wie die Direktoren in der Hauptfiliale Stuttgart der Deutschen Bank glauben, mit besonderem Vergnügen.

Natürlich berührt diese Freiheit im Tagesgeschäft nicht den bedeutenden Einfluß, den die Bank als führender Großaktionär ansonsten auf den umsatzstärksten deutschen Industriekonzern ausübt. Maßgebliches Miteigentum an einer Gesellschaft gewährleistet Mitwirkung in ihrer direktesten Form. Ist an den Kapitalbesitz auch noch die Funktion des Aufsichtsratsvorsitzenden gebunden, kann sich daraus eine Machtposition ergeben, wie sie stärker kaum vorstellbar ist. Sie dokumentiert sich, wie das Beispiel Daimler-Benz zeigt, vor allem in der Personalpolitik, mit deren Hilfe ein Großaktionär die strategische Gesamtausrichtung mitbestimmen kann.

Kein fähiger und erfolgreicher Vorstand wird es zulassen, daß ein Großaktionär im Detail in seine aktienrechtlich verbriefte Geschäftsführungskompetenz eingreift. Notfalls wird er seinen Hut nehmen und sich nach einer anderen Führungsaufgabe umsehen. Aber wenn er klug ist und nicht unbedingt mit dem Kopf durch die Wand will, respektiert er in grundsätzlichen Fragen der Geschäftspolitik die Interessen seines Anteilseigners. Er wird sich deshalb bei allem, was er unternimmt, rechtzeitig höheren Ortes absichern oder aber ein allzu heißes Eisen erst gar nicht in die Hand nehmen. Vermutlich würden es sich die Vorstände von Karstadt und Horten mit ihren Großaktionären Deutsche Bank und Commerzbank dreimal überlegen, bevor sie ihren Aufsichtsräten ausgerechnet den Einstieg ins Geschäft mit Finanzdienstleistungen vorschlügen – in den USA ein durchaus üblicher Geschäftszweig einiger führender Handelsunternehmen.

Inwieweit ist nun die Deutsche Bank bei der Wahrung ihres industriellen Einflusses auf den Faktor *Beteiligungen* angewiesen? Die Antwort lautet: Weniger, als es durch den im Mittelpunkt der öffentlichen Bankenmachtdiskussion stehenden Mammutfall Daimler-Benz, die Kapitalverflechtung zwischen dem größten Finanzkonzern und dem größten Industrieimperium der Bundesrepublik, den Anschein hat. Das Unternehmen unter dem guten Stern ist die einzige international bedeutende Gesellschaft, von der der Bank mehr als ein Viertel gehört. Schachtelbeteiligungen hält die Bank außerdem überhaupt nur noch am Frankfurter Baukonzern Philipp Holzmann und, wie schon erwähnt, an der Karstadt AG. Aber auch hier ist ihre Macht zum Teil begrenzt: Bei Karstadt hat die Commerzbank, mit der die Deutsche Bank sich alle zwei Jahre im Aufsichtsratsvorsitz abwechselt, gleichfalls eine Schachtel. Auch bei der Metallgesellschaft, wo die Deutsche Bank zusammen mit Siemens und der Allianz über eine Vorschaltgesellschaft nur indirekt beteiligt ist, steht ihr mit der

Dresdner Bank ein Konkurrent als Großaktionär gegenüber.

Die Deutsche Bank braucht in Wahrheit ihren industriellen Anteilsbesitz nicht, um Macht auszuüben. Sie würde vermutlich kaum nennenswert an Einfluß verlieren, wenn sie ihre Firmenanteile verkaufte. Tatsächlich hat sie in den letzten Jahren die Zahl ihrer Aktienpakete kontinuierlich vermindert (siehe Seite 75 ff.) und – außer zum Zwecke der Sanierung oder des Weiterverkaufs – keine neuen mehr erworben.

Es fehlt nicht an prominenten Beispielen, daß Bankiers als Aufsichtsratsvorsitzende die Geschäftspolitik der ihrer Kontrolle anvertrauten Unternehmen entscheidend beeinflußten, ohne daß es hierzu der besonderen Legitimation einer Kapitalbeteiligung bedurft hätte. Franz Heinrich Ulrich war bei Mannesmann, einem Konzern ohne Großaktionär, ein ebenso aktiver Aufsichtsratschef wie bei Daimler-Benz. Beim Stromriesen RWE, dessen Vorstand bis Anfang 1988 nicht einmal einen Sprecher kannte, trat Hermann Josef Abs viele Jahre wie ein heimlicher Generaldirektor auf. Ebenso unumschränkt herrschte sein Kollege Hans Feith bei der Württembergischen Metallwarenfabrik (WMF). Weil er es unter seinem bisweilen recht grob auftretenden Aufsichtsratschef nicht länger aushielt, kündigte der einst von Feith persönlich in die sanierungsreife Firma gerufene Franz Josef Dazert 1973 seinen Dienst und wechselte in gleicher Funktion zum Schuhhersteller Salamander.

Bei der Frage nach der Bedeutung des Machtfaktors *Aufsichtsratsmandate* kommt es deshalb vor allem darauf an, in wie vielen Fällen das Mandat mit dem Vorsitz im obersten Kontrollgremium oder wenigstens mit der Mitgliedschaft im Präsidium oder einem anderen Ausschuß verbunden ist. Die Einführung der paritätischen Mitbestimmung im Jahre 1976 hat die Position des Aufsichtsratsvorsitzenden außerordentlich gestärkt. Zum einen besitzt er die bei Konflikten zwischen Anteilseigner- und Arbeitnehmervertretern pattauflösende Zweitstimme. Zum anderen übt er durch den von der Parität ausgehenden Zwang zur Fraktionsbildung in der Praxis eine Art Meinungsführerschaft innerhalb seiner Gruppe aus. Da er auch zwischen den Aufsichtsratssitzungen ständig mit dem Vorstandschef in Kontakt steht, ist er in aller Regel über die wichtigsten Unternehmensangelegenheiten schon frühzeitig informiert. Ein aktiver »Chefkontrolleur« ist somit in der Lage, geschäftspolitische Vorhaben bereits im Vorfeld formeller Entscheidungen in seinem Sinne zu beeinflussen.

Kein Vorstand wird etwaige Bedenken oder gar Einwände seines Aufsichtsratsvorsitzenden gegen ein geplantes Vorhaben mit leichter Hand in den Wind schlagen. Selbst wenn er die gegen das Projekt ins Feld geführten Argumente nicht akzeptiert, wird er sich ernsthaft überlegen, ob er die Sache weiterverfolgen soll. Vor allem wenn im Aufsichtsrat kontroverse Diskussionen über die zur Entscheidung anstehende Angelegenheit zu erwarten sind, kann es für einen Vorstand nur von Vorteil sein, seinen Aufsichtsratsvorsitzenden hinter sich zu wissen. In einer solchen Situation befand sich die Führungsspitze der Continental AG, als sie 1985 im Aufsichtsrat die Übernahme des österreichischen Reifenherstellers Semperit zur Entscheidung stellte. Während der Aussprache machte plötzlich ein Vertreter der Anteilseigner schwerwiegende Bedenken gegen die beabsichtigte Akquisition geltend. Die Folge war, daß die von den Arbeitnehmern gewählten Mitglieder, die Auslandsinvestitionen prinzipiell wenig Positives abgewinnen können, immer unruhiger wurden. Erst als Aufsichtsratschef Alfred Herrhausen aufstand und ein etwa zehnminütiges Plädoyer zugunsten der Vorstandsvorlage hielt, ging die Sache einstimmig über die Bühne.

Im Verhältnis zu ihrem Aufsichtsratschef haben Vorstandsmitglieder stets auch ihre ganz persönlichen Interessen im Auge zu behalten. Insbesondere wollen sie sichergestellt sehen, daß rechtzeitig vor Ablauf der fünfjährigen Amtsdauer ihre Wiederbestellung gesichert ist. Zusätzlich sind vielleicht Regelungen über Gehaltserhöhungen oder Pensionszusagen zu treffen. Das vorentscheidende Wort in diesen sensiblen Fragen hat im allgemeinen der Aufsichtsratsvorsitzende, auch wenn dabei ein unter seiner Leitung stehender Präsidial- oder Personalausschuß mitspricht. Die Zuständigkeit für alle Vorstandsangelegenheiten gibt dem Oberaufseher ein Disziplinierungsinstrument in die Hand, das zwar nur selten eingesetzt wird, aber deshalb nicht minder wirksam ist.

Vorstandsmitglieder der Deutschen Bank stellen in sieben der 20 (nach Umsatz) größten als Publikumsgesellschaften anzusehenden Industrieunternehmen der Bundesrepublik den Aufsichtsratsvorsitzenden. Die höchste Kontrollfunktion üben Männer der Deutschen Bank bei so renommierten Firmen wie Daimler-Benz, RWE, Mannesmann, Philipp Holzmann, Klöckner-Humboldt-Deutz (KHD) und Continental aus. Zum Vergleich: Die Dresdner Bank stellt nur in einem einzigen Unternehmen der »Top 20«, der Metallgesellschaft, den Aufsichtsratschef. Die Commerzbank ist auf dem einflußreichsten Kontrollposten der deutschen Industrie überhaupt nicht vertreten.

Eine weitverbreitete Meinung ist, daß die Banken ihre Mitgliedschaft in Aufsichtsräten in erster Linie dem von ihnen in den Hauptversammlungen ausgeübten Vollmachtstimmrecht zu verdanken haben. Wer als Vertreter seiner Depotkunden bei der Wahl des Aufsichtsrates die schwersten Stimmpakete in die Waagschale werfen kann, sei auch imstande, seine eigenen Vertretungsinteressen angemessen zu berücksichtigen. Wenngleich ein solcher Zusammenhang sicherlich besteht, wäre es falsch, im Machtfaktor *Vollmachtstimmrecht* das ausschlaggebende Instrument zur Besetzung von Aufsichtsratsstühlen zu sehen. Selbst wenn es dieses Stellvertretersystem nicht gäbe, würden vor allem international tätige Publikumsgesellschaften weiterhin daran interessiert sein, einen oder zwei Großbankenvertreter in ihrem Aufsichtsrat zu haben. Schließlich gibt es gerade bei Unternehmen dieses Kalibers kaum noch eine geschäftspolitische Entscheidung, bei der nicht in die Kompetenz von Bankiers fallende Gesichtspunkte eine wesentliche Rolle spielen – angefangen von einer Kapitalerhöhung bis hin zu Auslandsinvestitionen mit ihren oftmals erheblichen Währungsrisiken. Die nach ihrem Vorsitzenden Professor Ernst Geßler benannte, 1974 von der damaligen sozialliberalen Bundesregierung eingesetzte Studienkommission stellte denn auch in ihrem Bericht (»Grundsatzfragen der Kreditwirtschaft«) fest, daß sich die Mandate der Banken zu mehr als der Hälfte auf Unternehmen verteilten, bei denen sie gar keine oder weniger als zehn Prozent der Stimmen aus Kunden- oder Drittbesitz wahrnahmen.

Auch die Deutsche Bank kann sich über einen Mangel an Präsenz in nicht-börsennotierten Gesellschaften kaum beklagen. Sowohl bei Unternehmen in Familien- oder Staatsbesitz als auch in deutschen Tochterfirmen ausländischer Konzerne ist sie nicht weniger stark vertreten als bei den führenden Publikumsgesellschaften. Beispiele: Otto Wolff, Bertelsmann, Reemtsma, Salzgitter, SEL, Mobil Oil, Iveco Magirus, Deutsche Solvay Werke, Asea Brown Boveri AG. In den meisten Fällen stützt sich die Mandatsvertretung auf eine lange Hausbankbeziehung.

Wenn das in den Hauptversammlungen eingesetzte Stimmpotential überhaupt als »Waffe« einsetzbar ist, dann weniger zur Eroberung von Aufsichtsratsmandaten; die von den Banken gehaltenen Aufsichtsratsposten gehören ohnehin zum festen Besitzstand einzelner Institute und werden wie das sprichwörtliche Familiensilber weitervererbt. Es muß schon einiges passieren, bevor eine Bank eine andere in einem namhaften Industrieunternehmen aus dem Aufsichtsrat verdrängt. Wo die in der Hauptversammlung vertretenen Vollmachtstimmen allerdings eine gewisse Rolle spielen, ist bei der Aufteilung der Quoten bei der Formierung des Emissionskonsortiums. Ihm kommt die Aufgabe zu, nach Kapitalerhöhungen die neu ausgegebenen Aktien im Anlegerpublikum zu placieren – ein vor allem bei erfolgreichen Gesellschaften höchst lukratives Bankgeschäft. Zwischen der Quote an »Leihstimmen« und der Konsortialquote eines Geldinstituts besteht denn auch durchaus ein logischer Zusammenhang. Eine Bank, die aus ihren Kundendepots in der Hauptversammlung hohe Bestände an Bayer- oder Thyssen-Aktien vertritt, dokumentiert damit ihre Fähigkeit, in ähnlich großem Umfang auch neu ausgegebene Aktien dieser Gesellschaften in ihrer Kundschaft unterzubringen.

So vertrat die Deutsche Bank bei Mannesmann, wo sie mit 38,5 Prozent Quote Konsortialführer ist, in der Hauptversammlung 1988 mit 22,5 Prozent (vom vertretenen Kapital) auch mit Abstand die meisten Vollmachtstimmen. Die Dresdner Bank mit einer Konsortialquote von zuletzt 10 Prozent repräsentierte 13,8 Prozent der Stimmen. Noch näher lagen beide Werte bei Bayer zusammen: Einer Konsortialquote von 24,8 Prozent stand bei der Deutschen Bank ein Stimmenblock von 26,2 Prozent gegenüber; für die Dresdner Bank lauteten die entsprechenden Werte 16,9 und 10,5 Prozent.

Das Quotengefüge der Emissionskonsortien ist allerdings mindestens ebenso zementiert wie die Sitzverteilung der Bankiers in den führenden Aktiengesellschaften. Beim RWE beispielsweise hat sich an dem Verteilungsschlüssel schon seit 20 Jahren nichts mehr geändert. Damals mußten die Konsorten für die von den Arbeitnehmervertretern im Aufsichtsrat massiv unterstützte Bank für Gemeinwirtschaft (BfG) etwas weiter zusammenrücken. Ganze zwei Tage dauerte das Gefeilsche, bis die der Gewerkschaftsbank eingeräumten drei Prozent Quote vor allem kleineren Instituten Stückchen für Stückchen abgetrotzt waren. Noch älter als die letzte Quotenkorrektur ist die eiserne Regel, daß sich Deutsche Bank und Dresdner Bank in der Konsortialführung abwechseln. Wie beim RWE fällt auch bei der VEBA den beiden größten Geldkonzernen im Turnus die mit einer besonderen Führungsprovision ausgestattete Prestigerolle zu. Auch mit ihren Quoten von jeweils 13 Prozent liegen Deutsche und Dresdner gleichauf – hier sogar mit der über denselben Anteil verfügenden Commerzbank als Drittem im Bunde. Zwar hatte die Dresdner Bank das Glück, gerade bei einigen der spektakulären Transaktionen, wie der ersten Privatisierungsaktion 1965 und der Übernahme von Gelsenberg 1974 »dran« zu sein; auch gehört als einziger Bankmanager ihr Aufsichtsratschef Rolf Diel dem vierköpfigen Aufsichtsratspräsidium an. Doch war das VEBA-Management stets darum bemüht, sich nicht einseitig zu einer der beiden Großbanken hin zu orientieren. Bei der VEBA-Handelstochter Stinnes steht der Vorzugsplatz im Aufsichtsratspräsidium traditionell der Deutschen Bank zu. Aber nicht nur bei der Vergabe, sondern auch bei der Annahme von Mandaten ist Bennigsen um Ausgewogenheit bemüht: Gehört er selber dem zentralen Beraterkreis der Deutschen Bank an, so sitzt sein Finanzchef Klaus Piltz in gleicher Funktion bei der Dresdner mit am Tisch.

Bei Thyssen geht die Pattstellung von Deutscher und Dresdner Bank im Konsortialgeschäft bereits auf die Machtverhältnisse bei den Vereinigten Stahlwerken zurück. Als der Montangigant nach dem Zweiten Weltkrieg entflochten wurde, behielten die Nachfolgegesellschaften, allen voran der Thyssen-Konzern, das Prinzip zweier gleichberechtigter Führungsbanken bei. Obwohl Deutschlands führender Stahlhersteller, den persönlichen Bindungen nach, eher zur Dresdner Bank tendiert – der frühere Thyssen-Chef Hans Günther Sohl war sogar bis 1978 Stellvertretender Aufsichtsratsvorsitzender der Bank –, haben beide Institute mit 22 Prozent die gleiche Konsortialquote.

Daß die Banken, was Aufsichtsratsmandate und Konsortialquoten betrifft, in einem recht stabilen Verhältnis gesicherter Besitzstände zueinander stehen, könnte den Eindruck erwekken, als seien die vom Vollmachtstimmrecht ausgehenden Wirkungen ganz allgemein von geringfügiger Bedeutung. Dies um so mehr, als vor allem die Großbankmanager nicht müde werden zu beteuern, daß sie die Stimmvertretung ihrer Wertpapierkunden in den Hauptversammlungen liebend gern anderen überließen. Vermutlich würden die Bankiers kaum so unverhohlen ihre Verzichtsbereitschaft erklären, gäbe es eine akzeptable Alternative. Die jedoch ist weit und breit nicht zu erkennen.

In Wirklichkeit räumt die Wahrnehmung von Eigentümerrechten den Banken bei Publikumsgesellschaften eine Art Insiderstatus ein, der sie gegenüber den Vorständen mit einem besonderen Gewicht auftreten läßt. Diejenigen Institute, die in der Hauptversammlung die größten Stimmenpakete präsentieren, nehmen naturgemäß eine besondere Stellung ein. Ohne ihren organisatorischen Einsatz, ohne die – zumindest formal – unabhängige Interessenvertretung der schweigenden Mehrheit wäre auch der letzte Schein einer funktionierenden Aktionärsdemokratie dahin. Für die »Mehrheitsbeschaffer« und ihre Industriepartner erwächst daraus die Notwendigkeit einer permanenten, vor und während der jährlichen Hauptversammlung besonders intensiven Zusammenarbeit. Dabei entsteht im Laufe der Zeit ein Vertrauensverhältnis, das aller Erfahrung nach auch auf die übrigen Bereiche der gegenseitigen Finanzbeziehungen ausstrahlt. Der eigentliche Nutzen des Vollmachtstimmrechts besteht für die Banken denn auch weniger darin, Mandate und Quoten herauszuschlagen zu können, als in den Genuß einer Art Meistbegünstigung zu gelangen. Kein Finanzmanagement wird einer Bank einen angemessenen Anteil an ihren Geldgeschäften verweigern, die in der Hauptversammlung für 15 oder 20 Prozent des Kapitals stimmt. Eine erfolgreiche Kooperation beruht auch hier auf einem einigermaßen ausgewogenen Verhältnis von Geben und Nehmen.

In Gefahr gerät das schöne Miteinander allenfalls, wenn eine Gesellschaft durch fehlerhaftes Management in Mißkredit gerät. Vor allem wenn Aktionärsvereinigungen bereits verkündet haben, dem Vorstand oder sogar auch dem Aufsichtsrat die Entlastung zu verweigern, geraten Banken gegenüber ihren Depotkunden vielfach in Entscheidungszwang. Nach dem Aktiengesetz nämlich sind sie ungeachtet der ihnen auf 15 Monate erteilten Vollmacht verpflichtet, den Aktionären zu allen Tagesordnungspunkten eigene Vorschläge zu unterbreiten und um konkrete Weisungen für die Abstimmungen zu bitten. Zwischen der Verpflichtung, bei schlecht geführten Unternehmen deutlich »Flagge zu zeigen«, und geschäftlichen Eigeninteressen hin und her gerissen, wählen Geldmanager allzugern den eher faulen als goldenen Mittelweg einer nur verhaltenen Unmutsbekundung.

Wie wenig sich Kreditinstitute selbst bei Gesellschaften, die gravierende Fehlentwicklungen aufzuweisen haben, aus ihrem Interessenkonflikt befreien können, demonstrierte die Deutsche Bank bei der Kölner Industrieanlagenfirma PHB Weserhütte AG. Das Unternehmen wurde mehrheitlich von der Otto-Wolff-Gruppe kontrolliert, in seinem Aufsichtsrat saß das Vorstandsmitglied der seit Menschengedenken bei Wolff fungierenden Hausbank Hilmar Kopper. 1986 nun geriet die Firma plötzlich tief in die roten Zahlen. Wenn schon das Malheur mit den bestehenden Kontrollmechanismen nicht zu verhindern war, so dürften die von der Deutschen Bank betreuten Kleinaktionäre vor der Hauptversammlung am 9. Juli 1987 wenigstens aufklärende Informationen und eindeutige Vorschläge für die Abstimmung über die Entlastung des Managements erwartet haben. Beides jedoch blieb aus. Statt dessen enthielt sich die Bank eines eigenen Votums und bat um Einzelweisung, da sie andernfalls das Stimmrecht der bei ihr verwahrten Aktien nicht ausüben werde. Es sollte die letzte Hauptversammlung der Gesellschaft gewesen sein. Nur wenige Monate später ging die PHB Weserhütte in Konkurs.

Ein Einzelfall? Leider nein. Die Konfliktbereitschaft der Banken ist deutlich geringer als die der seriösen Aktionärsvereinigungen. So empfahl die Deutsche Bank in der Hauptversammlungssaison 1988 nur bei sieben der insgesamt 647 Gesellschaften, deren Aktien sich in ihren Kundendepots befanden, die Anträge der Verwaltung zu einzelnen Tagesordnungspunkten abzulehnen. Die Deutsche Schutzvereinigung für Wertpapierbesitz als führender Aktionärsclub gab dagegen immerhin in 18 der von ihren Sprechern besuchten 400 Hauptversammlungen ein Nein zu Protokoll.

Wie schwer sich die Lenker des deutschen Universalbankensystems bisweilen tun, im Spannungsfeld divergierender Interessen und Verantwortlichkeiten überzeugende Positionen zu beziehen, demonstrierten sie 1987 auch bei der Volkswagen AG. Infolge abenteuerlicher Devisenspekulationen hatte der Automobilkonzern einen Verlust von fast einer halben Milliarde Mark erlitten. Gleich dreimal mußte sich der Vorstand der Deutschen Bank mit der der Quadratur des Kreises vergleichbaren Aufgabe befassen, den Erwartungen der Kleinaktionäre entsprechend, ein deutliches Zeichen zu setzen, ohne in der Wolfsburger Vorstandsetage damit allzusehr anzuecken. Mit der Nichtentlastung des Vorstandes wären die Geldmanager jedoch sofort vor die Frage gestellt worden, warum sie denn den Aufsichtsrat geschont hätten. Eines seiner Mitglieder – sogar mit Sitz im Finanz- und Investitionsausschuß – war immerhin ihr damaliger Vorstandssprecher Friedrich Wilhelm Christians. Einige seiner Kollegen im Hause sprachen sich denn auch offen dafür aus, das VW-Management nicht noch zusätzlich durch ein Mißtrauensvotum in Schwierigkeiten zu bringen. Was der durch die betrügerischen Geschäfte ins Gerede geratene Vorstand in Wolfsburg jetzt brauche, sei vor allem Vertrauen. Geradezu wie ein Geschenk des Himmels mußte der nach einem Ausweg aus ihrem Dilemma suchenden Führungsrunde daher der von der Deutschen Treuhand-Gesellschaft AG rechtzeitig vor der Hauptversammlung vorgelegte Prüfungsbericht vom 22. Juni 1987 erscheinen, der die Schuldigen allein im Verantwortungsbereich des Finanzressorts lokalisierte.

Für die Bankmanager erübrigte sich damit die Frage, ob nicht vielleicht auch die (einem anderen Vorstandsmitglied unterstehende) Konzernrevision ihre Kontrollpflichten vernachlässigt hatte, ob nicht gar VW-Chef Carl Hahn selber die riskanten Devisentermingeschäfte hätte kennen und beizeiten unterbinden können. So aber traf der Bannstrahl der Bankiers allein Finanzchef Heinz Selowsky – den Mann, der unter dem Druck der gegen ihn erhobenen Vorwürfe längst das Handtuch geworfen hatte.

Im großen und ganzen – dieses Fazit ist erlaubt – wirkt das Vollmachtstimmrecht der Banken eindeutig zum Schutz des Managements. Nicht umsonst plädieren gerade die Repräsentanten der Großindustrie immer wieder für die Beibehaltung dieses Instruments. Daß ihr Interesse, am bestehenden System festzuhalten, im Laufe der letzten Jahre eher zu- als abgenommen hat, kommt nicht überraschend. Vor allem durch den steigenden Anteil ausländischer Aktionäre ist die Präsenz in deutschen Hauptversammlungen ständig zurückgegangen und beträgt inzwischen vielfach deutlich unter 50 Prozent. Ohne das Stimmenaufgebot der Banken könnten unerwünschte Eindringlinge schon mit einem begrenzten finanziellen Einsatz Entscheidungen gegen das Management herbeiführen oder zumindest gegen wichtige, mit qualifizierter Mehrheit zu fassende Beschlüsse ein Veto einlegen.

Natürlich hat der Schützende stets auch Macht – und sei es

auch nur durch die Möglichkeit, seine schützende Hand jederzeit zurückzuziehen. Daß diese Gefahr nicht nur in der Theorie besteht, mußte 1984 Thyssen-Vorstandschef Dieter Spethmann erfahren. Als Folge der weltweiten Stahlkrise und hausgemachter Probleme bei der 1978 erworbenen US-Tochter The Budd Company (Zulieferteile für die Automobilindustrie, Eisenbahnfertigung) hatte der Konzern empfindliche Verluste ausweisen und 1984 zum erstenmal in seiner Nachkriegsgeschichte die Dividende ausfallen lassen müssen.

Dies allein wäre vermutlich noch kein hinreichender Grund gewesen, dem nicht gerade von Selbstzweifeln geplagten Ruhrmanager das Vertrauen zu entziehen. Immerhin hatten Unternehmen wie Hoesch oder Klöckner-Werke, die der Deutschen Bank traditionell näherstanden, schon seit Jahren ihre Aktionäre leer ausgehen lassen, ohne daß die Bankiers deren Vorständen die Entlastung verweigert hätten. Vermutlich wäre auch Dieter Spethmann kein Haar gekrümmt worden, hätten sie ihr Ohr nicht dessen Vorgänger Hans-Günther Sohl geliehen. Der einst mächtigste Mann des Reviers hatte gegen seinen früheren Zögling im Laufe der Zeit einen tiefen Groll entwickelt, der es gemeinsamen Freunden geraten erscheinen ließ, die beiden nicht mehr zusammen einzuladen. Dabei verübelte Sohl dem Nachfolger vor allem die demonstrative Abkehr von seiner Arrondierungspolitik auf dem Stahlmarkt und ganz besonders die Vereitelung der Stahlfusion mit Krupp. Spethmann seinerseits rieb sich daran, daß der betagte, dabei jedoch unverändert agile Sohl auch nach seinem Abtritt von der Spitze des Thyssen-Aufsichtsrates im März 1981 im Düsseldorfer Dreischeibenhochhaus allgegenwärtig blieb und als Ehrenvorsitzender nach wie vor Präsenzrecht in diesem Kreis beanspruchte.

Nicht allein der dem Thyssen-Aufsichtsrat seit 1968 angehörende Vorstandssprecher der Deutschen Bank, Wilfried Guth, war unter dem deprimierenden Eindruck der Lage des Konzerns für das kritische Urteil Sohls, gerade auch soweit es die Person Spethmanns betraf, empfänglich. Auch Aufsichtsratschef Harald Kühnen, Mitinhaber des mit Thyssen seit frühen Zeiten eng verbundenen Kölner Privatbankhauses Sal. Oppenheim jr. & Cie., ging zu dem angeschlagenen Vorstandschef auf Distanz. Auf seine Einladung hin trafen sich am 23. November 1983 im Hause Oppenheim die Anteilseignervertreter des Aufsichtsrates zu einem vertraulichen Krisenrat. Am 25. Januar 1984 kam derselbe Kreis abermals zusammen, diesmal im Gebäude der Deutschen Bank in München. Getrennt wurden Sohl und Spethmann in die Sitzung gebeten. Nach dem Eindruck eines Teilnehmers der ungewöhnlichen Zusammenkunft hofften die Arrangeure, den in die Schußlinie der Kritik geratenen Konzernchef zum freiwilligen Rücktritt zu bewegen. Der jedoch dachte gar nicht daran, vor seinen Gegnern im Aufsichtsrat die Waffen zu strecken. Er werde, so erklärte Spethmann, seinen noch bis Herbst 1985 laufenden Vertrag erfüllen – wohlwissend, daß sich ohnehin keine Mehrheit für seine Abwahl finden lassen würde. Denn außer den zehn Arbeitnehmervertretern hatten auch einige Repräsentanten der Anteilseigner zu erkennen gegeben, daß sie sich an einer Amtsenthebung des Vorstandsvorsitzenden nicht beteiligen würden.

Seinen Höhepunkt erreichte das Tauziehen um den Thyssen-Chef am 30. März 1984 in der Duisburger Mercatorhalle. Vor der mit Spannung erwarteten Hauptversammlung erläuterte der Generalbevollmächtigte der Deutschen Bank, Friedrich Woeste, warum sich sein Vorstand diesmal nicht in der Lage gesehen habe, die Entlastung von Vorstand und Aufsichtsrat (wohlgemerkt, mit Wilfried Guth als Mitglied!) zu empfehlen. Beide Gremien, so die Begründung, hätten nicht den Eindruck vermittelt, auf die negative Entwicklung »vor allen Dingen bei Budd rechtzeitig und energisch genug reagiert« zu haben. Statt die ihr per Dauervollmacht übertragenen Stimmrechte im Interesse ihrer (durchweg weit weniger sachverständigen) Kunden auszuüben, votierten auch diesmal die zu einer überzeugenden Meinungsbildung unfähigen Bankiers lediglich auf Einzelweisung.

Zwar blieb das halbherzige Mißtrauensvotum gegen Dieter Spethmann zumindest vordergründig ohne große Wirkung – Vorstand und Aufsichtsrat wurden mit solider Mehrheit entlastet –, doch war den Topmanagern der deutschen Wirtschaft am Beispiel eines der führenden Industriekonzerne wieder einmal drastisch vor Augen geführt worden, was es für sie bedeuten kann, das Vertrauen oder nur die Sympathien einer der Großbanken zu verlieren. Gerade weil die Geldmanager, solange es irgend geht, den Anträgen der »Verwaltung« folgen, erregt schon ein leichtes Stirnrunzeln allgemeines Aufsehen. Der Fall Thyssen zeigte aber auch, daß Banken die ihnen über Aufsichtsratsmandate und Vollmachtstimmen zu Gebote stehenden Einflußmöglichkeiten nicht ohne eigenes Risiko nutzen können. Die Niederlage gegen den ungeliebten Renaissancefürsten von der Ruhr, mehr noch die unglückliche Figur, die sie dabei machten, hat ihrem Ansehen zweifellos geschadet. Nicht nur in der Deutschen Bank ist es nachträglich als schwerer Fehler gewertet worden, sich auf eine durch persönliche Animositäten aufgeladene Führungsdiskussion eingelassen zu haben. Schwerer als die Gefahr, gelegentlich auch einmal als Verlierer dazustehen, wiegt jedoch speziell für ein Institut von der seismographischen Wirkung der Deutschen Bank das Risiko, durch unbedachtes Handeln öffentliche Reaktionen gegen die Macht der Banken zu provozieren. Wie mächtig die Männer in den oberen Etagen des Frankfurter Bürozwillings auch sein mögen – sie haben gute Gründe, ihre Macht nicht unnötig zur Schau zu stellen. Die Faust bleibt in der Tasche.

Es ist das Geheimnis vor allem ideologisch motivierter Machtbeschwörer, warum in ihrem Bild von der Wirklichkeit gestan-

dene Industriegrößen prinzipiell als fügsame, von den Großbankiers nach Belieben beherrschbare Figuren erscheinen.
Hier wird um des Effekts willen ein Klischee gepflegt, das
kaum etwas mit der Realität zu tun hat. Die Vorstände gutge-
führter Großunternehmen verfügen heute in der Regel über
ein gesundes Selbstbewußtsein, in dem gegenüber den
Beherrschern der abstrakten Welt der Zahlen nicht selten
sogar ein gewisser Dünkel durchschimmert. Jeder Bankmanager wird es sich sehr genau überlegen, ob er mit einem Vorstandsvorsitzenden wegen unterschiedlicher Meinungen in
einer für das Unternehmen wichtigen Frage einen Konflikt riskieren soll – selbst wenn er formal die zur Durchsetzung seines Standpunktes erforderlichen rechtlichen Instrumente
besitzt.

In einer derartigen Position der Stärke befand sich die Deutsche Bank in den siebziger Jahren gegenüber dem Reifenhersteller Phoenix. Nicht allein, daß Hermann Josef Abs und
nach ihm Hans Leibkutsch an der Spitze des Aufsichtsrates
standen. Über die Vorschaltgesellschaft »Corona« war die
Bank gemeinsam mit dem Chemiekonzern Bayer und dem
Versicherungskonzern Münchener Rück obendrein mit 62
Prozent am Kapital der Gesellschaft beteiligt. Dies hätte, so
sollte man meinen, ausreichen müssen, um den Phoenix-Vorstand zur Fusion des Unternehmens mit dem Hannoveraner
Konkurrenten Continental zu bewegen. Dies nämlich war das
erklärte Ziel der »Corona«-Gesellschafter. Nur durch eine
Verschmelzung beider Firmen, so ihr Kalkül, werde ein Ausverkauf deutscher Interessen in diesem Industriezweig zu verhindern sein. Hinter der Aktion steckte vor allem Bayer. Die
Leverkusener fürchteten, durch den möglichen Einstieg eines
ausländischen Konzerns bei Continental – im Gespräch war
der US-Gigant Goodyear – einen ihrer größten Abnehmer
von Synthesekautschuk und anderen Reifenchemikalien zu
verlieren.

Doch der Phoenix-Vorstand sperrte sich gegen die geplante Fusion. Theoretisch hätte die »Corona« den Zusammenschluß erzwingen können, notfalls durch die Einsetzung eines willfährigen Vorstandes. Doch scheuten die Bankiers und ihre Mitgesellschafter das öffentliche Aufsehen, das eine derartige Machtdemonstration zweifellos erregt hätte. Als schließlich auch noch die Beschäftigten des Phoenix-Stammwerks in Hamburg-Harburg aus Angst um die Zukunft ihrer Arbeitsplätze gegen die Fusion demonstrierten und sich ihr prominenter Wahlkreisabgeordneter Herbert Wehner aus Solidarität vor dem Fabriktor einfand, war die Entscheidung praktisch gefallen. Im Vorstand der Deutschen Bank setzte sich Phoenix-Aufsichtsratschef Leibkutsch 1978 mit seiner Empfehlung durch, gegen die geschlossene Abwehrfront von Management und Belegschaft die Fusionspläne nicht weiterzuverfolgen.

Worin aber besteht die Macht des größten Finanzkonzerns der Bundesrepublik, wenn er selbst in einer so eindeutigen Situation vor einer Durchsetzung seines Mehrheitswillens zurückschreckt? Wie ist es zu erklären, daß kaum ein Industrieller einmal seine Stimme gegen die Bank zu erheben wagt, daß es statt dessen viele von ihnen danach drängt, ihr ihre Verbundenheit zu bezeugen? Warum sind die meisten von ihnen, denen als »Abhängigen« eigentlich unser aller Bedauern gelten sollte, im Grunde ihres Herzens froh, sich im Einflußbereich der Deutschen Bank zu bewegen? Die Antwort lautet schlicht und einfach: Weil sie sich per saldo mehr Vor- als Nachteile davon versprechen. Allein der Vorzug, frühzeitig Zugang zu verläßlichen Informationen aus bester Quelle zu erlangen, ist für jeden Unternehmenschef heute von allergrößter Bedeutung. Selbst Konzernführer mit qualifizierten Stäben kommen nicht daran vorbei, kompetente Gesprächspartner und Ratgeber in der Finanzwelt zu haben, Männer mit ähnlichen Grundauffassungen und der Fähigkeit, industrielle Gedankengänge nachzuvollziehen. Um dieser Rolle gerecht zu werden, müssen sich Bankiers ihrerseits auf eine breite Basis von Erfahrungen und Erkenntnissen möglichst vieler Unternehmen stützen können. Dank ihrer frühzeitigen Profilierung als Industriefinanzier wurde die Deutsche Bank über weite Strecken ihrer Geschichte von Männern geführt, die vor allem auch in technisch-naturwissenschaftlichen Branchen mit ihren latent vorhandenen Animositäten gegenüber Geldgeschäften Akzeptanz fanden. In einer Breite wie keiner ihrer unmittelbaren Konkurrenten hat sie die Möglichkeit, Informationen und Einschätzungen aus den Chefetagen der bestgeführten Unternehmen aller Wirtschaftszweige zu erhalten, zu komprimieren und wieder umzusetzen. Sowohl die Anteilseignervertreter ihres Aufsichtsrates als auch die in ihrem zentralen Beraterkreis versammelten Spitzen der deutschen Industrie müssen in den Sitzungen regelmäßig über die aktuelle Lage auf ihren jeweiligen Märkten berichten.

Vor allem sind es jedoch die starke Placierungskraft bei der Emission von Aktien und Schuldtiteln sowie die unterstützende Hand bei strategischen Schritten, wie Akquisitionen und Fusionen, die die Bank aus der Sicht ihrer industriellen Partner attraktiv erscheinen lassen. Wer ist auch sonst noch in der Lage, immer wieder über hochkarätige Beteiligungen oder gar ganze Unternehmen disponieren zu können? So hätte beispielsweise der in der Vergangenheit auf Aluminium, Elektrizität und Chemie spezialisierte Mischkonzern VIAG (Aufsichtsratschef: Friedrich Wilhelm Christians) ohne die Hilfe der Deutschen Bank kaum so zügig in neue Tätigkeitsfelder vorstoßen können: Aus dem Besitz der Bank erwarb das einstige Staatsunternehmen nicht nur seine 49,9prozentige Beteiligung an der Wiesbadener Didier-Werke AG, Herstellerin feuerfester Erzeugnisse, sondern auch 1989 die von den Geldmanagern im Jahr zuvor in einer spektakulären Rettungsaktion aufgefangene Duisburger Handelsgruppe Klöckner &

Co. AG. Die Württembergische Metallwarenfabrik (WMF), seit jeher mit der Deutschen Bank so eng verbunden wie Messer und Gabel, meldete, ebenfalls 1989, beim Bundeskartellamt, die Übernahme eines 25prozentigen Aktienpaketes der Hutschenreuther AG in Selb an – Basis einer von den Geislinger Besteckschmieden und Deutschlands führendem Porzellanproduzenten geplanten europäischen Vertriebskooperation.

Vielleicht mehr noch als die Spekulation auf tatkräftige Unterstützung bei der Erreichung unternehmenspolitischer Ziele bestimmt der Gedanke an schwierige Zeiten das Bedürfnis vieler Firmenchefs, das Verhältnis zur größten und reichsten Bank möglichst keinen ernsten Belastungen auszusetzen: Ergebenheit als eine Art Versicherungsprämie gegen Notfälle. Der Krösus unter den Kreditinstituten tat sich denn auch leichter als andere, den in sein finanzielles Durchstehvermögen gesetzten Erwartungen zu entsprechen. Wahrscheinlich hätte die Klöckner-Werke AG die Turbulenzen der über ein Jahrzehnt dauernden Stahlkrise nicht überstanden, wäre die Hausbank und das von ihr eisern zusammengehaltene Konsortium dem angeschlagenen Konzern nicht immer wieder zu Hilfe gekommen. »Ein Unternehmen, das man so lange begleitet hat, kann man einfach nicht in Konkurs gehen lassen«, hat Karl Klasen, ein enger Freund der Klöckner-Familie Henle, dieses ungeschriebene Gesetz seines Hauses umschrieben. Für das Stahlschlußlicht war es überdies ein Segen, daß Jungstar Alfred Herrhausen das Duisburger Problemmandat, zudem auch noch als Stellvertretender Aufsichtsratsvorsitzender, übernehmen mußte. Mit seinen starken Ambitionen auf das Sprecheramt konnte sich der Aufsteiger einen finanziellen Infarkt bei dem seinem Haus traditionell eng verbundenen Unternehmen am wenigsten leisten. Wie sie Klöckner nicht fallenlassen durfte, so konnte die Deutsche Bank auch Hoesch nicht im Stich lassen. Nur ein von ihr im Kreise der 60 Konsortialbanken mühsam durchgesetztes Zahlungsmoratorium verschaffte ihrem hochverschuldeten ältesten Verbündeten an der Ruhr Anfang der achtziger Jahre die nötige Luft zum Überleben.

Die Deutsche Bank, so hat ein ihr nahestehender Industrieller einmal festgestellt, brauche, um Einfluß auszuüben, keine Firmenbeteiligungen und andere formale Machtpositionen. Entscheidend sei vielmehr das »Geflecht von Geben und Nehmen im Rahmen gemeinsamer Arbeit«. In dieser Einschätzung offenbart sich wahrscheinlich am ehesten der Schlüssel zum Verständnis der Tatsache, daß in der deutschen Industrie kaum etwas an der Geldmacht am Main vorbeizulaufen scheint. Nicht die harte Durchsetzung eigener Standpunkte verrät ihre Handschrift, sondern eher die Kunst der leisen Beherrschung.

Das wichtigste Hilfsmittel, dessen sie sich dabei bedient, ist die Personalpolitik. Dank ihrer allumfassenden Präsenz ist »Germany's Goliath Bank« (so die *New York Times*) in der Lage, bei der Besetzung von Spitzenpositionen in weiten Teilen der deutschen Industrie ein entscheidendes Wort mitzureden. Sie hat sich damit ein informelles Beziehungsgeflecht geschaffen und dieses durch die Vergabe und Vermittlung von Posten und Mandaten im Laufe der Zeit immer enger gezogen. Nicht allein, daß ihre Spitzen Topleute inthronisieren und transferieren können, wie Edzard Reuter, den Alfred Herrhausen 1987 zum Daimler-Chef beförderte, oder Helmut Werner, den der Vorstandssprecher der Deutschen Bank vom Reifenhersteller Continental (wo er ebenfalls Aufsichtsratsvorsitzender ist) in einer Art Insichgeschäft in die Daimler-Führung vermittelte. Dank ihrer weitläufigen Beziehungen und ihres engmaschigen Informationssystems fällt es der Bank leicht, je nach Belieben um einen Mann der Industrie herum eine seiner Karriere förderliche oder abträgliche Stimmung zu erzeugen. Nur ein paar anerkennende Worte über die besondere Qualifikation des Betreffenden, im richtigen Kreis ausgesprochen, erst recht eine förmliche Empfehlung, wirken oft wie ein »Sesam, öffne dich«. Umgekehrt kann eine beiläufig fallengelassene negative Bemerkung (»Der wird bei uns nicht mehr gehandelt«), von geschwätzigen Kolporteuren in Windeseile weitererzählt, dem Ahnungslosen im schlimmsten Fall den Aufstieg in ein höheres Amt kosten.

Welch zivilisiertere und zugleich wirkungsvollere Form der Machtausübung gibt es als die, sich Menschen gewogen zu machen? Oder in den Worten des bereits zitierten Managers: »Es lohnt sich nicht, sich ohne triftigen Grund mit der größten deutschen Bank anzulegen.«

8. Kapitel

Die elitären Vettern

Ein Fall für sich:
Siemens und die Deutsche Bank

Den letzten Donnerstag im Januar pflegen die Spitzen der deutschen Kreditwirtschaft in ihrem Terminkalender schon ein Jahr im voraus für geschäftliche Verabredungen und Privatreisen zu sperren. An diesem Tag nämlich versammeln sie sich alljährlich zu einer Veranstaltung, die in der deutschen Wirtschaft einzigartig ist. Aus dem Munde des Siemens-Finanzchefs erfahren die führenden Männer der Geldbranche – einer Frau begegnet man in diesem Kreis nur selten einmal –, wieviel der mit Abstand größte Elektrokonzern der Bundesrepublik im gerade abgelaufenen Geschäftsjahr umgesetzt und, was die Teilnehmer meist noch mehr interessiert, verdient hat. Während sich die mit eingeladenen Damen den musischen Attraktionen der Bayernmetropole, zuletzt der Biedermeierausstellung im »Haus der Kunst«, zuwenden, präsentiert der Gastgeber den Herren traditionsgemäß nach einer kurzen Pause noch einen Fachvortrag über einen für Siemens wichtigen Geschäftszweig, wie die Autoelektronik oder Medizintechnik. Nach Abschluß des getrennten Programms finden sich dann alle zu einem festlichen Abendessen zusammen. Die Ehre geben sich nicht allein die Premiers der Großbanken, die Chefs der Landesbanken und die dem Haus verbundenen Gesellschafter der angesehensten Privatbankhäuser von Warburg, Brinckmann, Wirtz in Hamburg bis Merck, Finck in München. Auch die führenden Männer einiger Lan-

197

deszentralbanken und der Deutschen Bundesbank, mal durch ihren Präsidenten Karl Otto Pöhl, mal durch dessen Vize Helmut Schlesinger vertreten, sind zur Stelle, wenn der mit einer Liquidität von 24 Milliarden Mark (am 30. September 1988) reichste deutsche Industriekonzern hofhält. Was von den Siemens-Managern mit liebenswürdiger Bescheidenheit als routinemäßige Unterrichtung der Geschäftspartner im Anschluß an die Bilanzaufsichtsratssitzung ausgegeben wird, könnte als Geste finanzieller Stärke und Unabhängigkeit demonstrativer kaum wirken. »Die hätten mehr Grund, sich die Bilanzen einiger Banken, bei denen sie ihre Guthaben hinlegen, anzusehen, als umgekehrt die Banken Grund hätten, sich die Siemens-Bilanz anzusehen«, charakterisierte Hermann Josef Abs das Verhältnis zwischen Gastgeber und Gästen einmal in der ihm eigenen Art.

Der Nestor der deutschen Bankiersgilde, bis 1973 selber Stellvertretender Aufsichtsratschef bei Siemens, genießt das Privileg, auf dem »Kleinen Bankentag«, wie das Treffen in Anspielung auf die alljährliche Verbandsveranstaltung branchenintern genannt wird, vorn auf der Empore direkt neben Finanzvorstand Karl-Hermann Baumann Platz nehmen zu dürfen. Zusammen mit ihm vertraten in der Bankenkonferenz am 26. Januar 1989 noch vier aktive Vorstandsmitglieder sowie die jetzt dem Aufsichtsrat angehörenden ehemaligen Vorstandssprecher Guth und Christians im Kreise der rund hundert Teilnehmer die Deutsche Bank. Kein anderes Institut war mit einem so großen Aufgebot erschienen.

Augenfälliger könnte das besondere Verhältnis, das die erste Geschäftsbank des Landes mit dem führenden Elektrounternehmen verbindet, kaum sein. Sieht man vom Daimler-Benz-Konzern einmal ab, an dem die Deutsche Bank maßgeblich beteiligt ist, war Siemens über Jahre die einzige bedeutende Gesellschaft, in deren Aufsichtsrat die Bank gleich doppelt vertreten war. »Die Deutsche Bank«, so Siemens-Aufsichtsratschef Heribald Närger 1985 in einer Abschiedsrede auf den aus dem Vorstand scheidenden Wilfried Guth, »ist seit vielen Jahrzehnten die Hausbank des Hauses Siemens gewesen, durch dick und dünn, in guten wie in bösen Zeiten. So ging es und geht es noch heute.«

Die »in der deutschen Wirtschaftsgeschichte vergleichslose Bindung« (Närger), personifiziert durch die Erzväter beider Häuser, die Vettern Werner und Georg von Siemens, war jedoch alles andere als ein Garant ewiger Harmonie. Wie hätte es auch anders sein können in einer Zeit, in der ein Industriefinanzier wie die Deutsche Bank nicht nur einer einzigen der zahlreichen wie Pilze aus dem Boden schießenden Elektrofirmen mit Rat und Geld zur Seite stehen konnte. Mit unverhohlenem Mißvergnügen mußte Werner von Siemens sogar mit ansehen, daß sich sein Vetter viele Jahre hindurch sehr viel intensiver mit dem Aufbau der AEG beschäftigte als mit der Firma Siemens. Zu erheblichen Spannungen zwischen der Familie Siemens und der Deutschen Bank kam es 1897 bei der Umwandlung von Siemens & Halske in eine Aktiengesellschaft. Sie wurden durch das von den Nachfolgern des 1892 gestorbenen Gründers Werner von Siemens ausgearbeitete Statut, vor allem durch die darin vorgeschlagene Kompetenzverteilung zwischen Vorstand und Aufsichtsrat, ausgelöst. Aus Angst, von anonymen Kapitalinteressen an die Seite gedrängt zu werden, wollten die Inhaber einer von Familienmitgliedern beherrschten »Delegation des Aufsichtsrates« entscheidende Geschäftsführungsrechte einräumen. Die Reaktion Georg von Siemens' ließ an Deutlichkeit nicht zu wünschen übrig. Nach dem Gesetz solle der Aufsichtsrat überwachen, schrieb er zurück, hier aber rede er in alles hinein, ohne die Verantwortung zu übernehmen. Und noch deutlicher: »Als Deutsche Bank würde ich abraten, sich mit einem so geführten Institut auf lange Abmachungen einzulassen.« Da jedoch zu diesem Zeitpunkt an der Börse gute Elektrowerte gefragt waren, hätte im Notfall auch eine andere Bank weitere Aktienemissionen durchführen können. So blieb es im wesentlichen bei dem Entwurf. »Eine Gesellschaft, deren Aktien bald eines der wichtigsten und repräsentativsten Börsenpapiere wurden, sah man von einer Familie beherrscht mit einem Oberhaupt wie in einer erblichen Monarchie«, hat der Firmenbiograph Georg Siemens dazu in seinem 1953 erschienenen Buch *Die Geschichte des Hauses Siemens* geschrieben. Hier liegt zweifellos der Schlüssel zum »Verfassungsverständnis« dieses Konzerns auch in späteren Zeiten, ja sogar noch in der Gegenwart.

Sehr zum Ärger der Familie finanzierte die Deutsche Bank auch Sigmund Bergmann, einen weiteren Elektropionier dieser bewegten Gründerjahre. Der einstige enge Mitarbeiter und spätere Kompagnon Thomas Alva Edisons baute in den Fabriken seiner Bergmann-Elektricitäts-Werke AG nicht nur Motoren, Generatoren und Schiffsturbinen, sondern sogar Elektroautomobile. Die Herren von Siemens waren auf ihren Konkurrenten vor allem deshalb nicht gut zu sprechen, weil er in ihren Augen durch kräftige Preisschleudereien ins Geschäft zu kommen suchte. Als die Deutsche Bank 1911 ein Konsortium zur Placierung von Obligationen der Gesellschaft organisierte, erschien Wilhelm von Siemens, Chef des Hauses zwischen 1909 und 1919, persönlich bei dem dafür in der Bank zuständigen Vorstandsmitglied Carl Klönne, um seine Verärgerung zum Ausdruck zu bringen. Allerdings sollte sich der Fall Bergmann schneller als erwartet auf ganz andere Weise erledigen: Bereits ein Jahr später mußte der, gemessen an seinen finanziellen Ressourcen, viel zu schnell gewachsene Konzern die Siemens-Schuckertwerke (zunächst mit 16 Prozent) als Gesellschafter aufnehmen – und seinem neuen Partner einen eigenen Repräsentanten im Vorstand und weitgehende Mitbestimmungsrechte konzedieren.

Doch trotz solcher gelegentlichen Dissonanzen blieb für die

Siemens-Firmen die Deutsche Bank stets die erste Finanz-adresse. Als Siemens & Halske 1893 eine erste Anleihe (über zehn Millionen Mark) auflegte, war es selbstverständlich, daß Georg von Siemens den Gang an den Kapitalmarkt für seine Bank selbst vorbereitete. Gemeinsam mit seinen Verwandten hatte er 1890 auch den Aufbau der Mannesmannröhren-Werke betrieben, nachdem deren Gründer, die Erfinder Max und Reinhard Mannesmann, nach einem unternehmerischen Fehlstart praktisch am Ende waren. Sichtbarer Ausdruck des guten geschäftlichen Einvernehmens ist bis auf den heutigen Tag eine enge personelle Verflechtung über die Aufsichtsräte. Die Beziehungen reichten sogar bis ins rein Private hinein. Carl Friedrich von Siemens, jüngster Sohn des Gründers und »Chef des Hauses« von 1919 bis zu seinem Tod im Jahre 1941, hatte auf seinem repräsentativen Anwesen »Heinenhof« bei Potsdam wiederholt auch führende Männer der Deutschen Bank, darunter gelegentlich den jungen Abs zu Gast. Die beiden begegneten sich auch regelmäßig im Aufsichtsrat der Metallgesellschaft, in dem der in den Vorstand der größten Geschäftsbank berufene, gerade 35jährige Privatbankier das Mandat seines im August 1937 gestorbenen Amtsvorgängers Gustaf Schlieper übernommen hatte.

Ein schwerer Schatten fiel allerdings 1939 auf die Beziehungen zwischen dem Elektrokonzern und seiner Hausbank, als Carl Friedrich von Siemens demonstrativ aus dem Aufsichts-rat der Deutschen Bank austrat, in dem er seit 1935 sogar dem entscheidenden »Arbeitsausschuß« angehört hatte. Natürlich war allen Beteiligten klar, daß dieser Schritt eines befreunde-ten Unternehmers seine Wirkung nicht verfehlen konnte. Über seine Doppelfunktion als Aufsichtsratschef bei Siemens & Halske und Siemens-Schuckertwerke war der als langjähri-ger Präsident des Verwaltungsrates der Deutschen Reichs-bahn (bis 1934) und zeitweiliger Reichstagsabgeordneter (der liberalen Deutschen Demokratischen Partei Friedrich Naumanns) allgemein bekannte Industrielle »der weithin sichtbare Repräsentant des Gesamtunternehmens«, so der spätere Siemens-Vorstandsvorsitzende Gerd Tacke. Der Grund für seinen Austritt war eine tiefe Verärgerung über ein Darlehen, das die Deutsche Bank ohne Rücksprache mit ihm der finanziell hart bedrängten AEG gewährt hatte. Abs hat später das Verdienst für sich in Anspruch genommen, über seine privaten Kontakte zur Familie 1941 Carl Friedrichs Nachfolger Hermann von Siemens zur Annahme eines Aufsichtsratsmandats in der Bank überredet und damit auch formal das traditionell gute Verhältnis zwischen beiden Häusern wiederhergestellt zu haben.

Auf diese Zeit geht auch die enge persönliche Freundschaft zwischen Abs und Ernst von Siemens, dem Sohn Carl Friedrich von Siemens', zurück. Sie sollte sich vor allem in den Wiederaufbaujahren bewähren, als Abs zum einflußreichsten Großbankier der Bundesrepublik und Ernst von Siemens (1956) zum »Chef des Hauses« aufstieg. Schon im Februar 1948 trat der Familienfreund aus alten Berliner Tagen in den Aufsichtsrat der nunmehr von München aus geführten Siemens & Halske AG ein. Abs war zu diesem Zeitpunkt im Begriff, die Leitung der im November desselben Jahres nach seinen Vorstellungen gegründeten Kreditanstalt für Wiederaufbau zu übernehmen, die für die Verteilung der amerikanischen Marshallplangelder an die deutsche Industrie verantwortlich war. Nicht zuletzt aus diesem Grund war der Bankier im Wartestand in der damaligen Situation in der Wirtschaft ein vielgefragter Mann.

Auch im Hause Siemens mußte man sich erst wieder daran gewöhnen, daß Geld ein knappes Gut war. Vor 1945 hatten Finanzierungsfragen eine untergeordnete Rolle gespielt. Eine konservative Unternehmensführung, dauerhaft gute Gewinne sowie eine vorsichtige Rücklagen- und Dividendenpolitik hatten das Eigenkapital auf ein Mehrfaches des Nominalkapitals anwachsen lassen. »Es bedurfte aller Sorgfalt und allen Einfallsreichtums und der Anwendung einiger in der Geschichte des Hauses bisher unbekannter Finanzierungsformen – zum Beispiel des Ausstellens von Wechseln –, um das inzwischen mit voller Reisegeschwindigkeit dahineilende Firmenschiff ausreichend mit Treibstoff zu versehen«, berichtet Tacke in seinem *Beitrag zur Geschichte der Siemens AG.* Die Figur des Finanzchefs, der vor 1945 eher die Rolle eines Verwalters der stets reichlich gefüllten Kasse gespielt hatte, nahm in der im Westen neuformierten Gruppe die eigentliche Schlüsselstellung ein. Kaum ein Beschlußprotokoll oder Aktenvermerk über geplante Investitionen, in dem am Ende der Hinweis fehlte: »Das Projekt wird gutgeheißen, vorausgesetzt, daß die Finanzierung gesichert wird.«

Zusätzliches Gewicht erhielt die Funktion durch den Mann, der in den Jahren des Neubeginns den Geldfluß des Unternehmens dirigierte. Adolf Lohse, Leiter der Siemens-Finanzen von Ende 1948 bis 1967, wuchs in seinem Einfluß weit über die Grenzen seines Aufgabenbereichs hinaus. Schon die Fülle der auf seine Person konzentrierten Kompetenzen verlieh ihm ein Gewicht, das die meisten seiner Amtskollegen in anderen Großkonzernen nur vor Neid erblassen lassen konnte. Neben dem klassischen Gebiet der Finanzierungen betreute er das Bilanzwesen, das Ressort Recht und Steuern sowie das Beteiligungsportefeuille. Als Finanzchef der (erst 1966 zur Siemens AG fusionierten) Gruppenfirmen Siemens & Halske (Stammhaus des Schwachstromgeschäfts) und der Siemens-Schuckertwerke AG (Zentrum der Starkstromaktivitäten) bildete er in der Führung die Klammer zwischen den beiden Schwestergesellschaften. Da beide Unternehmen traditionell von Technikern geführt wurden, vertrat der für seine pointenreiche Rhetorik bekannte Wahl-Berliner das Haus auch auf der alljährlichen Bilanzpressekonferenz und Hauptversammlung.

Lohses Rolle mußte um so stärker erscheinen, als ihm mit Ernst von Siemens ein Repräsentant der Familie als Aufsichtsratschef gegenüberstand, der der Unternehmenspolitik weitaus weniger als einst Carl Friedrich von Siemens seinen persönlichen Stempel aufdrückte. Der hagere, äußerlich eher einem Universitätsprofessor ähnelnde Physiker, den seit seinem 24. Lebensjahr die Folgen einer spinalen Kinderlähmung behinderten, erkannte in dem nach der Fusion zum Vorstandssprecher der neuen Siemens AG ernannten Lohse den entscheidenden Impulsgeber. Daß dieser den räumlich nur durch ein gemeinsames Sekretariat von ihm getrennten »Chef des Hauses« über jeden wichtigen Schritt konsultierte, entsprach dem im Umgang zwischen Familienmitgliedern und Familienfremden im Laufe von Generationen entwickelten ungeschriebenen Kodex. Lohse war es, der im Herbst 1963 zum erstenmal mit Hans Merkle über ein Zusammengehen von Siemens und Bosch im Hausgerätegeschäft verhandelte. Die Gespräche führten drei Jahre später zur Gründung der Bosch-Siemens Hausgeräte GmbH, des bis heute führenden deutschen Herstellers von »weißer Ware«. Lohse hatte auch die Idee, die Bergmann-Elektricitäts-Werke, von denen nach dem Verlust ihrer nahezu ausschließlich im Ostteil Berlins gelegenen Fabriken nur noch ein leerer Firmenmantel existierte, zu einer Elektroholding auszubauen. Unter ihrem Dach sollten neuakquirierte Firmen einen Platz finden, an denen die Siemens-Manager aus strategischen Gründen Interesse hatten, die sie jedoch nur auf Distanz kontrollieren wollten. Um Bergmann nicht als eine Siemens-Filiale erscheinen zu lassen, begnügten sich die Münchener mit einem Anteil von 37 Prozent und beteiligten mit derselben Quote die Deutsche Bank und mit 25 Prozent die Bayerische Vereinsbank. Die unternehmerische Verantwortung blieb jedoch bei den Münchenern.

Mit ihrem Zusammengehen bei Bergmann auf der Basis

gleich hoher Beteiligungen unterstrichen Siemens und die Deutsche Bank einmal mehr das auch unter den neuen Männern bestehende Vertrauensverhältnis. Walter Tron, das für den Filialbezirk München zuständige Vorstandsmitglied der Bank, und Adolf Lohse waren Duzfreunde und verbrachten gelegentlich sogar ihren Familienurlaub zusammen. Gemeinsam mit seinem bei Siemens & Halske im Aufsichtsrat sitzenden Kollegen Abs gehörte Tron, in gleicher Funktion bei den Siemens-Schuckertwerken, nach der Fusion der beiden Gesellschaften dem höchsten Kontrollorgan der Siemens AG an. Daß Abs als einziger Familienfremder Mitglied des dreiköpfigen Aufsichtsratspräsidiums wurde, dokumentiert seine hohe Wertschätzung innerhalb der Familie, speziell bei Ernst von Siemens. Vor allem im Vorfeld wichtiger Personalentscheidungen in der Konzernführung pflegte der »Chef des Hauses« seinen Stellvertreter im Ratsvorsitz ins Vertrauen zu ziehen und dessen Aufmerksamkeit diskret auf vielversprechende Nachwuchsleute zu lenken. Die beiden fast gleichaltrigen Männer verband über das rein Geschäftliche hinaus eine enge Beziehung zur Musik. Im Unterschied zu Abs, dessen Kunstverstand sich vor allem auf die Barockmusik und hier insbesondere auf das Werk Johann Sebastian Bachs konzentriert, gilt die Vorliebe des auch als Sammler französischer Impressionisten aktiven Gründerenkels jedoch mehr dem großen Orchester und besonders der Welt der Oper.

Das Recht der hierarchischen »Meistbegünstigung«, das ihnen bei Siemens nach alter Sitte gewährt wurde, räumten die Herren der Deutschen Bank ihrerseits auch den industriellen »Blutsverwandten« von der Isar ein. Schon im Aufsichtsrat der Süddeutschen Bank, einem der drei Teilinstitute der nach 1945 von den Alliierten zerschlagenen Deutschen Bank, saß Adolf Lohse. In der 1957 wiedervereinigten Gesamtbank übernahm Siemens' starker Mann dann 1963 den stellvertretenden Ratsvorsitz. Da die erste Position in diesem Gremium stets einem Mann aus den eigenen Reihen, zu dieser Zeit dem pensionierten Vorstandsmitglied Erich Bechtolf, vorbehalten war, durfte sich Lohse als dessen Vize in diesem Kreis als eine Art Doyen der engsten industriellen Freunde des Hauses fühlen.

Die Allianz zwischen den beiden von einer gleichermaßen konservativen Geschäftsphilosophie geprägten Institutionen hätte gerade in den Wiederaufbaujahren kaum enger sein können. Wie die Deutsche Bank ihren Siemens-Freunden bei der Reaktivierung von Bergmann geholfen hatte, so waren die Münchener zur Stelle, als Abs den drohenden Machtverlust bei einem für seine Bank strategisch wichtigen und ihm auch persönlich nahestehenden Unternehmen abwehren wollte. Es ging um die Metallgesellschaft, jenen Traditionskonzern also, mit dem der erste Mann der Deutschen Bank schon über Delbrück Schickler eng liiert war und der ihn, wie wir gesehen haben, bereits als jungen Bankier in seinem Aufsichtsrat »begrüßt« hatte. Was war geschehen? An Deutschlands führendem Metallerzeuger hatte Anfang der fünfziger Jahre die Dresdner Bank (korrekt: die Rhein-Main-Bank als eines von drei Nachkriegsprovisorien dieser Bank) heimlich eine über 25prozentige Beteiligung zusammengekauft. Früher oder später, so stand zu erwarten, würde sie das Unternehmen ganz unter ihren Einfluß bringen – sofern ihr nicht noch jemand durch Aufbau einer eigenen Beteiligung entgegentrat.

Aus der Sicht von Abs schien Siemens für diese Aufgabe geradezu prädestiniert zu sein. Als der führende Elektrohersteller war das Unternehmen ein Großverbraucher von Nichteisenmetallen (vor allem von Kupfer) und mußte schon deshalb ein Interesse daran haben, daß die Metallgesellschaft nicht in eine einseitige Abhängigkeit geriet. Tatsächlich konnte Abs denn auch Lohse sehr schnell für den Plan gewinnen, mit Hilfe der Deutschen Bank für Siemens eine Gegenschachtel zu bilden. Da aus damaliger Sicht an die permanent hohen

Gewinne und exorbitant steigenden Kassenbestände späterer Jahre noch nicht zu denken war, spielte bei Lohse auch der Gedanke eine Rolle, sich in Form des – wie er es intern nannte – »goldgeränderten« Aktienpakets eine Art Notgroschen für weniger gute Zeiten auf die Seite zu legen. Doch der Aktienkurs der Metallgesellschaft ging seit Beginn der sechziger Jahre kontinuierlich nach unten und der Vorrat an liquiden Mitteln bei Siemens gleichzeitig immer weiter nach oben, so daß sich Adolf Lohse 1967 entschloß, den größten Teil des in seinem Portefeuille liegenden Pakets von zuletzt 25,4 Prozent an die Deutsche Bank und den solide Geldanlagen suchenden Versicherungskonzern Allianz zu verkaufen.

Schon zu diesem Zeitpunkt war absehbar, daß Siemens die Banken zumindest auf dem Inlandsmarkt als Kreditgeber kaum noch benötigte. Der Ausweis der Bilanzposition »Wertpapiere und flüssige Mittel« verdeutlicht mehr als alle Worte die zunehmende Finanzkraft des Konzerns und den zunehmenden Grad der Emanzipation gegenüber den Geldinstituten. Stand am Ende des Geschäftsjahres 1967/68 erst ein Betrag von 1,3 Milliarden Mark zu Buch, so waren es zehn Jahre später bereits 10,1 Milliarden und 1985 sogar mehr als doppelt soviel, nämlich 20,5 Milliarden. Die per 30. September 1988 ausgewiesene »Kriegskasse« von 24 Milliarden Mark überstieg sogar den auf der Basis des Aktienkurses dieses Tages von 471 Mark (pro 50-Mark-Aktie) errechneten Börsenwert des gesamten Unternehmens.

Die Siemens-Milliarden dirigiert die Finanzabteilung des Konzerns nahezu mit der Professionalität einer erfahrenen Bank. Durch einen regelmäßigen Renditevergleich fühlen sich die Wertpapierhändler des Hauses in der Selbsteinschätzung bestätigt, daß sie sich hinter den von Kreditinstituten verwalteten Investmentfonds keineswegs zu verstecken brauchen.

Kann es da noch jemanden wundern, wenn der sechstgrößte

Elektrokonzern der Welt gegenüber den Banken ein geradezu herausforderndes Selbstbewußtsein zur Schau stellt? So nahm sich der frühere Finanzchef Närger, kaum daß er aus dem Vorstand der Bayerischen Vereinsbank auf die Kundenseite gewechselt war, das Siemens-Emissionskonsortium vor. Der in seiner Zusammensetzung und Quotenaufteilung noch auf die Vorkriegszeit zurückgehende Bankenclub führte unter seinen zwölf Mitgliedern einige Finanzadressen, deren Namen mehr für vergangenen Ruhm als für eine hohe Placierungskraft standen. Da Siemens seine jungen Aktien in den ersten Nachkriegsjahren zu äußerst günstigen Konditionen dem Publikum angeboten hatte, machten die Altkonsorten bei jeder Kapitalerhöhung ein risikoloses und obendrein äußerst lukratives Geschäft. Zunächst nur widerwillig ging die Deutsche Bank als Konsortialführer auf Närgers Forderung ein, den Kreis der bei Emissionen zu berücksichtigenden Institute durch die Aufnahme vor allem der Landesbanken, der gewerkschaftseigenen Bank für Gemeinwirtschaft (BfG) und einer Reihe ausländischer Finanzhäuser erheblich zu erweitern und die Quoten in Relation zu den angemeldeten Eigen- oder Kundenbeständen an Siemens-Aktien neu festzusetzen.

Auch bei der Besetzung ihres Aufsichtsrates nahmen die in dem repräsentativen, 1825 von dem Münchener Hofbaumeister Franz Karl Leo von Klenze erbauten Prinz-Ludwig-Ferdinand-Palais amtierenden Siemens-Herren nicht gerade übertriebene Rücksichten auf ihre Finanzpartner einschließlich der Deutschen Bank. Sehr zum Ärger ihrer Hausbankiers holten sie beispielsweise 1973 Professor Karl Friedrich Hagenmüller, Vorstandsmitglied der Dresdner Bank und anerkannter Organisationsfachmann, in ihr Kontrollgremium. Für ihren Platz im prestigeträchtigen Aufsichtsrat hatte die Dresdner einen hohen Eintrittspreis bezahlt: einen Großauftrag zur Ausstattung ihres gesamten EDV-Systems mit Siemens-Computern. Zu einem so weitgehenden Entgegenkommen hatte sich noch nicht einmal die Deutsche Bank durchringen können – schon aus Rücksicht auf ihren Großkunden IBM. Als Hagenmüller 1980 überraschend die Dresdner Bank verließ und daraufhin Vorstandssprecher Hans Friderichs in München Interesse an der Übernahme des Mandats bekundete, stellten sich die Siemens-Manager taub. Getreu dem überlieferten Motto Adolf Lohses, daß sich ein guter Vorstand seinen Aufsichtsrat selber aussuche, teilten sie der Bank höflich, aber unmißverständlich mit, die Berufung Hagenmüllers habe allein der Person gegolten; folglich sehe man auch keinen Grund, den in seinem Haus ausgeschiedenen Bankmanager vor dem regulären Ende der Wahlperiode zum Verzicht auf sein Mandat zu drängen. Bei der Neuwahl des Aufsichtsrates mußte die Deutsche Bank allerdings erleben, daß sich die Dresdner als ihr größter Konkurrent schließlich doch einen Stammplatz im Rat des vielleicht angesehensten deutschen Industrieunternehmens erkämpft zu haben scheint. Nach ihrem Aufsichtsratchef Helmut Haeusgen rückte 1988 dessen Amtsnachfolger Rolf Diel nach.

Selbst die Deutsche Bank mußte einsehen, daß die Siemens-Herren trotz aller freundschaftlichen Beziehungen ihre Interessen nicht einen Moment aus den Augen verloren. Als Franz Heinrich Ulrich nach dem ersten Ölpreisschock 1973/74, wie anderen großen Aktiengesellschaften, auch Siemens eine Stimmrechtsbegrenzung zur Abwehr unerwünschter Aufkäufer aus dem Nahen Osten empfahl, stieß er auf kühle Ablehnung. Gewiß war Siemens mit der Gründerfamilie im Rücken weniger gefährdet als reine Publikumsgesellschaften wie Mannesmann oder Bayer. Doch vom gesamten Aktienkapital von rund 2,45 Milliarden Mark kontrollieren die Gründererben nur noch etwas weniger als zehn Prozent. Selbst unter Berücksichtigung des sechsfachen Stimmrechts, mit dem die von ihnen gehaltenen nominal rund 46 Millionen Mark Vorzugsaktien ausgestattet sind, brächten sie in der Hauptversammlung gerade 19 Prozent der Stimmen zusammen. Trotzdem wollte die Familie von einer Stimmrechtsbegrenzung, die rechnerisch auch ihren eigenen Einfluß limitiert hätte, nicht viel wissen. Offiziell hieß es, daß sich ein derart schwerwiegender Eingriff in die Aktionärsrechte wie Mehltau auf die Siemens-Aktie lege. Als Franz Heinrich Ulrich 1975 bei der Placierung der von Flick übernommenen Daimler-Benz-Aktien Siemens eine steuerbegünstigte Unterschachtel der Mercedes-Automobil-Holding verkaufen wollte, winkten die Münchener desinteressiert ab. Statt sich – wie es hieß – in einen goldenen Käfig sperren zu lassen, erwarben sie lieber für rund 140 Millionen Mark 2,5 Prozent reinrassige Daimler-Papiere, die sie jederzeit schnell und unauffällig wieder über die Börse abstoßen konnten.

Auf ein entschiedenes Nein stieß auch Ulrichs Amtsnachfolger Christians, als er 1985 Siemens neben einer Reihe anderer seiner Bank nahestehender Firmen ein kleineres Aktienpaket des Hamburger Verlagshauses Axel Springer vermitteln wollte. Wie die als Mitglieder des Aktionärspools ebenfalls vorgesehenen Unternehmen Bosch und Allianz lehnten auch die liberal-konservativen Siemens-Herren eine engere Verbindung zu dem mit seinen führenden Blättern im innenpolitischen Meinungsstreit stark engagierten Zeitungsverlag ab.

Ebenso ungern, wie sie sich von Bankiers sagen lassen, was im Interesse ihres Unternehmens liegt, lassen sich die Siemens-Manager durch ihren Aufsichtsrat von ihrer einmal als richtig erkannten Linie abbringen. Es gibt nur wenige Aufsichtsräte in der deutschen Großindustrie, die gleichzeitig soviel Prestige und so wenige Einflußmöglichkeiten bieten, wie der des Elektrogiganten im bayerischen »Silicon Valley«. In seinen Statuten findet sich kein einziges zustimmungspflichtiges Geschäft. Ob sie irgendwo ein neues Werk bauen, sich von einer Firma trennen oder den Eigentümern eines Konkurrenten ein milliardenschweres Übernahmeangebot machen, wie 1988 den Aktionären des britischen Elektronikkonzerns The Plessey Company – stets haben die Siemens-Manager ihren Aufsichtsrat nur zu informieren. Die Befugnisse ihrer höchsten Kontrollinstanz sind auf das im Aktiengesetz verankerte Minimum, in erster Linie Vorstandsbestellung, Feststellung des Jahresabschlusses und die in Paragraph 90 spezifizierte regelmäßige Unterrichtung über die Geschäftspolitik und die wirtschaftliche Lage des Unternehmens, eingefroren. Anders bei Daimler-Benz, wo der Aufsichtsrat der Übernahme der Mehrheit am Luft- und Raumfahrtkonzern Messerschmitt-Bölkow-Blohm (MBB) ausdrücklich zustimmen mußte.

Den Siemens-Aufsichtsrat als rein repräsentatives Gremium ohne wirklichen Einfluß auf die Geschäftspolitik zu qualifizieren beschreibt allerdings die Machtverteilung an der Spitze des nach Daimler-Benz und VW drittgrößten deutschen Industriekonzerns nur höchst unvollständig. Denn zumindest als Person kommt dem Vorsitzenden des Aufsichtsrates ein – weniger formales als vielmehr faktisches – Gewicht zu, das sich kein anderer unter den »Chefkontrolleuren« führender Publikumsgesellschaften zumessen kann. Auch wenn die Rolle der Gründernachkommen in dem in die Dimensionen eines Multi hineingewachsenen Konzerns über die Generationen hinweg kontinuierlich abgenommen hat und ihre Präsenz allenfalls noch bei der traditionellen Familienfeier am Vortage der alljährlichen Hauptversammlung nach außen hin sichtbar wird, sind mehr als nur Rudimente der einstigen Führungsstruktur bis auf den heutigen Tag erhalten geblieben. Daran hat auch die Tatsache nichts ändern können, daß, nachdem sich 1981 der Gründerenkel Peter von Siemens aus Altersgründen ins Privatleben zurückzog, die Familie nicht mehr den Aufsichtsratsvorsitzenden stellt. Die mangels eines geeigneten Erben nacheinander in die Bresche gesprungenen pensionierten Topmanager Bernhard Plettner und Heribald Närger übernahmen mit ihrem Amt im Entscheidungszentrum des Konzerns eine ähnliche Schlüsselstellung wie vor ihnen die Stammesoberhäupter des Erbenclans. Wie bei den drei I.G.-Farben-Nachfolgern übt auch bei Siemens der Aufsichtsratschef seine Funktion praktisch hauptberuflich aus. Der frühere Finanzchef Närger hat sein Büro auf demselben Flur wie sein Vorstandsvorsitzender Karlheinz Kaske und nimmt sogar hin und wieder an Sitzungen des engeren Siemens-Vorstandes teil. Als permanenter Gesprächspartner und Ratgeber des Vorstandes ist er damit bereits in einem frühen Stadium an geschäftspolitischen Überlegungen und Planungen beteiligt. Das eigentliche Entscheidungszentrum ist daher ein für Externe unzugänglicher »Closed Shop«.

Das Beispiel Siemens macht besonders deutlich, wie sehr der Versuch in die Irre führen kann, Bankeneinfluß »flächendeckend« durch Zurechnung quantitativer Faktoren nachweisen zu wollen. Auch wenn die Deutsche Bank die traditionelle Hausbank des Konzerns ist, nahezu immer im Aufsichtsrat vertreten war, mit 28 Prozent die mit Abstand höchste Quote am Emissionskonsortium behauptet und in der Hauptversammlung weitaus die meisten Depotstimmen in die Waagschale wirft, kann sie gegen den Willen des Siemens-Vorstandes dennoch nichts durchsetzen. Zum nicht geringen Ärger der Bank verkündete Siemens kurz nach dem Börsen-Crash vom Oktober 1987 eine vielfach als konjunkturelles Signal verstandene Dividendensenkung von zwölf auf elf Mark pro Aktie. Obwohl Wilfried Guth, Mitglied des dreiköpfigen Aufsichtsratspräsidiums, die Siemens-Führung vor den negativen psychologischen Folgen ihres Schrittes warnte, blieben die Elektromanager unnachgiebig. Was bedeutet es für die Deutsche Bank unter diesen Umständen, im Siemens-Aufsichtsrat vertreten zu sein? Sicherlich verleiht ein Mandat in einem Unternehmen, das zu den angesehensten Industrieadressen des Landes gehört, ein gewisses, dem öffentlichen Ansehen

212

des Hauses insgesamt förderliches Prestige. Mitbestimmender Einfluß und eine signifikante Anregung des auf ganz anderen Ebenen gepflegten Geschäfts lassen sich auf diese Weise jedoch kaum erreichen. Es dürfte der Wirklichkeit sehr nahekommen, was das Vorstandsmitglied Hilmar Kopper auf die Frage nach der eigentlichen Bedeutung seiner Zugehörigkeit zum Aufsichtsrat des introvertierten Riesen für seine Bank antwortete: Sie dokumentiere die engere Verbindung mit dem Unternehmen, nicht mehr.

Diese »engere Verbindung« spielt sich weit abgehoben von den Niederungen des Tagesgeschäfts auf einer höheren Ebene des gemeinsamen Grundverständnisses einzelner Personen ab. Wenn Hermann Josef Abs und Ernst von Siemens das Gespräch suchten, dann nicht, um über Kredite und Konsortialquoten zu verhandeln. Das besorgten, sofern es notwendig war, andere. Was sie zusammenführte, war außer anstehenden Personalentscheidungen im Hause vor allem die Pflege jenes Systems geordneter Industriebeziehungen, in dem sie als die jeweilige Nummer eins ihrer Branche selbst eine zentrale Rolle spielten. Über das durch gemeinsame kulturelle Wurzeln und ein elitäres Selbstwertgefühl geprägte Duo Deutsche Bank/Siemens liefen und laufen teilweise noch heute viele der personellen Verbindungen eines Teils der deutschen Großindustrie. Daß beide die Interessen des jeweils anderen, wo immer sich dazu Gelegenheit bot, nach besten Kräften förderten, versteht sich von selbst. Auch für Franz Heinrich Ulrich, der bei Siemens das Abs-Erbe antrat, war das fast zu einem Synonym für deutschen Erfindergeist gewordene Unternehmen im Beziehungsgeflecht seiner Bank der alles überragende Fixpunkt. Mochte seinem Haus bei Daimler-Benz auch ein Teil des Kapitals und damit automatisch auch der Macht gehören, so sah er das eigentliche Pendant doch eher in dem ebenbürtigen »Verwandten«. Nicht minder gilt dies für Ulrichs Nachfolger Wilfried Guth, den mit seinem

Duzfreund »Heo« Närger auch gemeinsame kulturelle, insbesondere literarische Interessen verbinden. Im Vorstand für den Münchener Filialbezirk zuständig, war er vielleicht der vorerst letzte Sprecher der Deutschen Bank, für den im industriepolitischen Kalkül seines Hauses das ungetrübte Verhältnis zu Siemens absolute Priorität genoß.

Schon die enge Liaison der Bank mit dem Paderborner Computerpionier und Siemens-Konkurrenten Nixdorf hatte am Wittelsbacherplatz alles andere als Begeisterung ausgelöst. Nachhaltiger jedoch veränderte der Einstieg bei AEG durch Daimler-Benz (unter Mitwirkung des Guth-Nachfolgers Alfred Herrhausen) 1985 das industrielle Glacis der Deutschen Bank. Wegen des Konkurrenzverhältnisses zwischen seinem Unternehmen und der AEG legte Siemens-Finanzchef Närger 1986 sein Aufsichtsratsmandat bei Daimler-Benz nieder. Umgekehrt mußte Alfred Herrhausen auf den bereits fest vereinbarten Einzug in den Siemens-Aufsichtsrat verzichten, in dem Guth nunmehr die Bank noch drei Jahre nach seinem Ausscheiden aus dem Vorstand vertrat. Als er mit Ablauf der Hauptversammlung 1988 schließlich seinen Platz frei machte, rückte ins Präsidium nicht der neu in den Rat eingezogene Herrhausen-Kollege Kopper, sondern der diesem Gremium schon viele Jahre angehörende Allianz-Vorstandschef Wolfgang Schieren ein. Nie zuvor seit dem Nachkriegsstart der Siemens-Firmen im Westen ist die Deutsche Bank bei ihrem Uraltpartner so bescheiden repräsentiert gewesen wie seither.

Dabei liegen die Gründe für die Lockerung der Beziehungen auf beiden Seiten. Weltunternehmen wie Siemens kommen nicht umhin, mit einer ständig wachsenden Zahl von Geldinstituten zusammenzuarbeiten. Exklusive Bankverbindungen verlieren dabei tendenziell an Bedeutung. Umgekehrt jedoch werden aber auch die Banken durch das Zusammenwachsen nationaler Märkte und gleichzeitig traditioneller Branchen (wie etwa der Büro- und Informationstechnik) gezwungen, parallel zu immer mehr miteinander im Wettbewerb stehenden Firmen enge Geschäftskontakte zu unterhalten.

Und was das spezielle Verhältnis zwischen der Deutschen Bank und Siemens betrifft: Daß sich im unmittelbaren Einflußbereich des Geldkonzerns ein neuer Technologiegigant, erheblich umsatzstärker als Siemens und von vergleichbarer Programmbreite, formiert, hat die Beziehungen zwischen den beiden elitären Vettern nicht unbeeinflußt gelassen. Für sentimentale Erinnerungen bleibt da, selbst unter Blutsverwandten, nur wenig Raum.

9. Kapitel

»Feinmechaniker« und Fürsten

Wohl dem, der die beste »zweite Ebene« hat

»In der Deutschen Bank redet nach außen nur der Vorstand.« Mit dieser freundlich-belehrenden Auskunft halten sich beileibe nicht nur in Ehren ergraute »Oldtimer« allzu aufdringliche Frager, vor allem Journalisten, vom Halse. Ein Irrtum, zu vermuten, dahinter verberge sich nur die Angst, durch unziemliche Gesprächigkeit unangenehm aufzufallen. Nicht wenige halten es vielmehr bis heute mit der schlichten Regel, daß Diskretion die höchste Tugend eines Bankers ist. So kommt es, daß die Vorstandsmitglieder, wenn sie sich, etwa mit einem spektakulären Milliardengeschäft, vor der Öffentlichkeit präsentieren, leicht den Eindruck erwecken, als sei das gerade vorgestellte Meisterwerk allein ihrem Weitblick und ihrer Tüchtigkeit zuzuschreiben.

Es mußte demnach schon besondere Gründe geben, wenn die beiden Vorstandssprecher Friedrich Wilhelm Christians und Alfred Herrhausen, als sie am 6. Dezember 1985 vor der Presse den Kauf des gesamten Flick-Konzerns verkündeten, einen in ihrer Begleitung erschienenen, den meisten Anwesenden unbekannten Mann vorstellten: Johann Wieland, Direktor und Leiter der »Abteilung für Konzernentwicklung« in der Frankfurter Zentrale, hausintern unter dem Kürzel »AfK« geläufig. Er war es gewesen, der den Erwerb des größten deutschen Industrievermögens in Familienbesitz und gleichzeitig die größte je von einer Bank der Republik abgewickelte

Firmentransaktion (Kaufpreis: 5,3 Milliarden Mark) geplant und der zusammen mit seinen engsten Mitarbeitern das Konzept für die lukrative Verwertung des Flick-Imperiums erarbeitet hatte.

Was da am Nikolaustag 1985 der staunenden Öffentlichkeit präsentiert wurde, war selbst für ein Haus von der Dimension der Deutschen Bank ein Akt größter Kraftanstrengung gewesen. Immerhin galt es ja nicht allein, die als Bestandteile des Flick-Imperiums übernommenen Beteiligungen an Daimler-Benz, dem Kölner Industrieversicherer Gerling und dem US-Chemiekonzern Grace profitabel weiterzuveräußern. Schon dies war in der kurzen Zeit, die sich die Regisseure des Milliarden-Deals für diese Aufgabe gesetzt hatten, ein hartes Stück Arbeit gewesen. Ebenso spektakulär war der Verkauf des industriellen Kerns der Flick-Gruppe über die Börse ans breite Publikum – mit einem Volumen von fast zwei Milliarden Mark die bis dahin größte »Going-public«-Aktion. So war es nur allzu verständlich, daß die beiden Vorstandssprecher den Mann, in dessen Händen während des Countdown alle Fäden zusammengelaufen waren, der Presse persönlich als »Meister unserer Feinmechanikerei« (Christians) präsentierten.

Der Kauf und Wiederverkauf des Flick-Konzerns, bei dem die Deutsche Bank einen höchst ansehnlichen Sondergewinn von rund einer Milliarde Mark erzielen konnte, war zweifellos ein Meisterstück des »Apparats«. Kein anderes vergleichbares Projekt beanspruchte in solcher Breite die Managementressourcen der Fachebene unterhalb des Vorstandes. Fast ein Jahr lang arbeitete das mit der Federführung betraute Wieland-Team zusammen mit der (für die Börseneinführung zuständigen) sogenannten »Sekretariatsabteilung«, der Steuerabteilung sowie den Hausjuristen und externen Wirtschaftsprüfern nahtlos zusammen, um den Handel – angefangen bei der Unternehmensbewertung bis zur Börseneinführung – perfekt zu machen. Obwohl nicht nur in der Bank selber fieberhaft an dem Projekt gearbeitet wurde, sondern parallel hierzu auch im Hause Flick und in mehreren Wirtschaftsprüferbüros, drang bis zuletzt nichts nach draußen. Um die für den erfolgreichen Abschluß der Transaktion erforderliche Diskretion zu wahren, hatten sich Flicks Unterhändler mit ihren Projektmanagern aus der Deutschen Bank gleich am Anfang auf ein Codewort für Telefonate und schriftliche Unterlagen verständigt. Es lautete »Rath« und war aus dem um ein »h« ergänzten zweiten Teil des Wortes »Aufsichtsrat« entstanden, dem Friedrich Karl Flick bei der Deutschen Bank seit 1971 angehört.

Von Flicks Absicht, das väterliche Erbe zu Geld zu machen, hatten die Bankiers im Frühjahr 1985 durch den Düsseldorfer Notar Wolfgang van Randenborgh erfahren, der die Vermögensverhältnisse der Familie aus langer Zusammenarbeit bestens kennt. Unter seiner Moderation kamen im März Heribert Blaschke, damals Leiter der Steuerabteilung im Hause Flick, und Professor Werner Klein von der bei Flick als Abschlußprüfer fungierenden Wirtschaftsprüfungsgesellschaft Warth & Klein sowie für die Deutsche Bank deren Abteilungsleiter Wieland und der für Sonderaufträge gelegentlich hinzugezogene Wirtschaftsprüfer Lutz Stössel zu einem ersten Orientierungsgespräch zusammen.

Blaschke hatte an den bei Friedrich Karl Flick bereits auf das Jahr 1983 zurückgehenden Überlegungen, sich von seinem Konzern zu trennen, als Ratgeber insbesondere in steuerlichen Fragen intensiv teilgenommen. Letztlich waren es ja gerade auch Steuerprobleme gewesen, die bei Flick den Entschluß, von der unternehmerischen Tribüne abzutreten, hatten reifen lassen. Nach der von der sozialliberalen Koalition 1974 eingeführten Erbersatzsteuer für Familienstiftungen wären bei Flick in den Jahren 1989 bis 1992 über zwei Milliarden Mark fällig geworden – ein Betrag, den der Erbe von drei

Stiftungen ohne Rückgriff auf die Substanz kaum hätte aufbringen können.

Blaschke war es auch gewesen, der Flick zu einem Treffen mit Helmut Horten nach München begleitet hatte. Der einstige Kaufhausunternehmer, der sich schon der besonderen Wertschätzung von Vater Friedrich Flick hatte erfreuen können, war zwischen 1969 und 1971 mit Hilfe der Deutschen Bank ausgestiegen und riet Flick jetzt dringend, sich bei seinen eigenen Verkaufsplänen ebenfalls der Unterstützung der Bank zu versichern. Allerdings empfahl ihm der in die Schweiz übergesiedelte »väterliche Freund« (Flick), nur 49 Prozent seiner Geschäftsanteile zu veräußern und über den Aufsichtsratsvorsitz auch weiterhin die letzte Entscheidungsgewalt zu behalten. Friedrich Karl Flick wollte jedoch nicht länger in der Verantwortung stehen und beschloß, seinem Dasein als Industrieller ganz zu entsagen.

Um den Kaufpreis zu ermitteln, mußte der gesamte Flick-Konzern erst einmal völlig neu bewertet werden. Dabei kam es insbesondere darauf an, sicheren Boden für die künftige Ertragsentwicklung zu gewinnen. Diese Aufgabe lag in der Bank in den Händen von Wielands Mitarbeiter Jürgen Bilstein. Der promovierte Betriebswirt, ehemals Assistent des Saarbrücker Professors Günter Wöhe, stützte sich dabei auf hausintern angestellte Computerberechnungen. Seinem Kollegen Hans-Peter Ferslev fiel die Aufgabe zu, das von Flick in zwei Schritten erworbene 26prozentige Grace-Paket günstig zu placieren. Zusammen mit dem persönlichen Flick-Berater und ehemaligen Daimler-Chef Joachim Zahn verhandelte er am 4. Dezember mit Grace-President Peter Grace über einen Rückkauf der Beteiligung. Mit Erfolg. Schon am nächsten Tag beschloß der Board des Unternehmens, die Aktien selber zu übernehmen, bevor sie möglicherweise in die Hände eines unwillkommenen Übernahmespezialisten vom Schlage Boesky oder Icahn gelangen konnten.

Als der Vorstand der Deutschen Bank im November formell über den Abschluß des Flick-Geschäfts zu entscheiden hatte, lag vor allen Mitgliedern ein von ihren »Feinmechanikern« erarbeitetes voluminöses »Drehbuch« mit 20 Anlagen auf dem Tisch. Die wichtigste von ihnen war ein detaillierter Netzplan mit der zeitlichen Abfolge jedes einzelnen Schrittes der Milliarden-Transaktion.

Die 1977 zunächst als »Beteiligungsabteilung« eingerichtete heutige Abteilung für Konzernentwicklung hatte ursprünglich primär die Aufgabe, den Vorstand bei der Überwachung des industriellen Anteilsbesitzes zu unterstützen. Wo immer es in der Folgezeit »brannte« – ob bei Continental Gummi, den Reedereien DDG »Hansa« und Hapag-Lloyd oder der Maschinenfabrik Pittler –, stets war der zum Chef dieser mobilen Einsatztruppe ernannte Wieland nicht weit. Als Beauftragter seines Vorstandes hatte er ungehinderten Zugang zu den Spitzen der mit der Deutschen Bank über größeren Aktienbesitz verbundenen Gesellschaften. Aber nicht nur dort. Immer häufiger wurden die Spezialisten dieser Abteilung auch zu Einsatzorten außerhalb des eigenen Beteiligungskreises beordert.

Am 28. Oktober 1983 beauftragte das Vorstandsmitglied Robert Ehret Wieland und dessen Kollegen Rudolf Habicht, Leiter der Zentralen Kreditabteilung (»Filialbüro«), kurzfristig, die Möglichkeit einer Hilfsaktion für die in akute finanzielle Schwierigkeiten geratene Frankfurter Privatbank Schröder, Münchmeyer, Hengst & Co. zu prüfen. Nachdem sie ein Wochenende lang alle erforderlichen Zahlen aus den Büchern herausgefiltert hatten, mußten sie feststellen, daß der Sanierungsbedarf mit über einer Milliarde Mark sehr viel höher als angenommen zu veranschlagen war. Gleich am Montagmorgen konnte Ehret den Geschäftsinhabern des durch notleidende Kredite an den Baumaschinenhersteller Horst-Dieter Esch illiquide gewordenen Geldinstituts den dringenden Rat geben, unverzüglich die Deutsche Bundesbank und die Berliner Bankenaufsicht zu verständigen.

Die Alfred Herrhausen persönlich unterstehende AfK ist heute der nahezu an allen Strategieüberlegungen beteiligte »Brain Trust« der Bank. Die insgesamt 35 Mitarbeiter zählende Spezialtruppe arbeitet an Konzepten über die Zukunft des industriellen Beteiligungsbesitzes der Deutschen Bank ebenso wie über die Internationalisierung des Geschäfts (»Europa 92«) und den Ausbau des Hauses zu einem Allfinanzkonzern. Ein Schritt auf diesem Wege, der Ende 1988 verkündete Einstieg ins Versicherungsgeschäft, wurde von Herrhausens Vordenkern gemeinsam mit der Privatkundenabteilung in allen Details vorbereitet.

Vom ersten Tag an bekommen Nachwuchskräfte zu hören, daß bei allem, was sie tun, allein das Geschäft und nicht die eigene Person oder der eigene Status im Vordergrund zu stehen hat. Dies erzieht zur Arbeit in der Gruppe. Kein noch so guter Firmenkundenberater kann heute mehr auf allen Gebieten gleich kompetent sein. Daraus entsteht automatisch der Zwang, in kleineren, je nach den Bedürfnissen der betreffenden Firma zusammengesetzten Teams aufzutreten. Hat eine Firma beispielsweise Interessen in Australien, wird möglicherweise ein Länderexperte aus der »Zentralen Internationalen Abteilung« (ZIA) oder gar ein eigens aus der Tochtergesellschaft in Sydney angereister Mann mit am Tisch sitzen. Daß solche Gruppen ihre eigene Hierarchie, ihre feste Hackordnung haben, wird meistens schnell erkennbar. Voneinander abweichende Meinungen, auch das gehört zum Stil, werden nie im Beisein Dritter, sondern intern diskutiert.

Zur Lösung schwieriger Fälle, vor allem eiliger Notfälle, ist neben hoher Teamfähigkeit ein besonderes Maß an Einsatzerfahrung Voraussetzung. Eine Feuerwehr kann aus einer noch so homogen besetzten, gut ausgebildeten Truppe bestehen – die nötige Routine in der Bekämpfung großer Brände gewinnt sie erst durch lange Praxis. Die Deutsche Bank hat den großen Vorteil, in besonders vielen namhaften Unternehmen die Hausbank zu sein oder zumindest das Kredit- oder Emissionskonsortium anzuführen. In dieser günstigen Position bestimmt sie weitaus häufiger als ihre Konkurrenten das Gesetz des Handelns. Das auf diese Weise angesammelte Know-how im Krisenmanagement versetzt ihre Experten in die Lage, ihrem Vorstand die für eine schnelle Entscheidung nötigen Diagnosen zu liefern.

Am Freitag, dem 7. Oktober 1988, informierte der von einer Fernostreise vorzeitig nach Hause geeilte Familienunternehmer Jörg Alexander Henle das Vorstandsmitglied der Deutschen Bank Ulrich Cartellieri, daß sein Unternehmen, das Duisburger Handelshaus Klöckner & Co. KGaA, durch verlustreiche Rohöl-Termingeschäfte in eine böse Schieflage geraten sei. Schon für den nächsten Tag bat der für den Hauptfilialbezirk Essen zuständige Cartellieri den Persönlich Haftenden Gesellschafter des traditionsreichen Ruhrkonzerns zu sich nach Hause. Über die Ursachen und ungefähren Dimensionen des Desasters im Bilde, setzte der Bankier, kaum daß sein Gast wieder gegangen war, innerhalb seines Hauses eine hektische Telefonaktivität in Gang. Bereits am frühen Sonntagmorgen versammelte sich am Düsseldorfer Vorstandssitz der Deutschen Bank ein Krisenstab. Ihm gehörten für das Filialbüro der Generalbevollmächtigte Hans Rosentalski und Direktor Dr. Peter Rösler, der Leiter des Sekretariats in Düsseldorf, Dr. Jürgen Delbrück, Hausjustitiar Dr. Rudolf Stützle und eine Reihe weiterer Mitarbeiter an.

Die den Herren von Finanzexperten aus dem Hause Klöckner erläuterten Unterlagen ließen kaum einen Zweifel, daß die Verluste das gesamte Eigenkapital aufgezehrt hatten. Auch wenn an diesem Tag noch nicht zu ermitteln war, wieviel Klöckner an den verhängnisvollen Ölkontrakten verloren hatte, war allen Beteiligten klar, daß ohne finanzielle Hilfe von außen das Unternehmen akut gefährdet sei. Zu einer genaueren Fixierung der Verluste hätten die Bankdirektoren erfahrene Ölmarktexperten sein müssen. Die jedoch standen erst am Montag zur Verfügung. Über seine Kontakte zur Deutschen Texaco, deren Aufsichtsratschef er viele Jahre gewesen war, hatte Alfred Herrhausen zwei exzellente Branchenkenner der (wie Texaco) zum RWE-Konzern gehörenden Kölner Firma Rhein Oel GmbH für einen umgehenden »Kassensturz« gewinnen können. Nachdem Herrhausens Beauftragte fieberhaft die verhängnisvollen Terminkontrakte überprüft hatten, überbrachten sie am späten Montagabend der im Haus der Deutschen Bank auf sie wartenden Arbeitsgruppe das deprimierende Ergebnis: Auf der Basis der von ihnen für die kommenden Wochen angenommenen Ölpreisentwicklung, so ihr Befund, werde mit einem Verlust von etwa 680 Millionen Mark zu rechnen sein. Damit stand der am Dienstagvormittag in Frankfurt tagende Vorstand vor der Entscheidung, Klöckner durch Wiederherstellung seiner Kapitalbasis zu sanieren oder das Unternehmen in Konkurs gehen zu lassen.

Es kommt nur äußerst selten vor, daß der Vorstand der Deutschen Bank Externe zu seinen Sitzungen hinzuzieht. Doch weil ihr die für ihre folgenschwere Entscheidung nötigen Kenntnisse der Zusammenhänge des Weltrohölmarktes fehlten, hatte die Führungsrunde im Interesse einer schnellen Entscheidung einen der beiden Sachverständigen zu ihren Beratungen zeitweise hinzugezogen. Die Antwort auf die Frage nach den Folgen eines Klöckner-Konkurses fiel für die Bankiers ernüchternd aus. Der Umfang der offenen Termingeschäfte, so die dem Vorstand präsentierte Prognose, lasse einen Zusammenbruch des Brent-Rohölmarktes im Falle eines Klöckner-Konkurses nahezu sicher erscheinen. Der Kollaps eines so bedeutenden Handelshauses mit einem filigranen Netz von Hunderten und Tausenden Verträgen mit anderen Firmen rund um den Globus würde vermutlich viele andere Unternehmen ebenfalls in den Konkurs stürzen. Damit war die Entscheidung praktisch gefallen. Noch am selben Tag informierte die Bank die nichtsahnende Öffentlichkeit von der Schieflage und ihrem Entschluß, die Gesellschaft durch Übernahme vor der drohenden Illiquidität zu retten.

Mit dem »Filialbüro« – ein etwas bläßlicher Name für die Kreditzentrale der Deutschen Bank mit ihren insgesamt knapp hundert Mitarbeitern – hatte eine Abteilung an der Vorbereitung der Klöckner-Sanierung besonderen Anteil, die tiefer als jede andere in das finanzielle Innenleben der Unternehmen blickt. Die auf jeweils eine Gruppe in Frankfurt und Düsseldorf verteilten »Risk-Manager« beraten ihren Vorstand bei der Steuerung seiner Kreditpolitik und leisten Entscheidungshilfe bei nur von höchster Stelle zu bewilligenden Großkrediten von 30 Millionen Mark und mehr. Die führenden Männer dieser Abteilung sind immer dann im Zentrum der Ereignisse zu finden, wenn – wie im Falle Klöckner & Co. – in akute Not geratene Unternehmen rasche Hilfe erwarten. Natürlich ist ihr Einsatz vor allem da gefragt, wo die Deutsche Bank die Rolle der Hausbank spielt oder das Kreditkonsortium anführt – aber im Falle spektakulärer Firmenkrisen gelegentlich auch anderswo.

Ein solcher Fall ergab sich aus der Schieflage des Frankfurter Elektrokonzerns AEG-Telefunken Anfang der achtziger Jahre. Hausbank war die Dresdner Bank, deren Vorstandssprecher Jürgen Ponto und – nach dessen Ermordung im Juli 1977 – Hans Friderichs als Aufsichtsratsvorsitzende die Verantwortung für die Sanierung des durch eine unüberlegte Expansionspolitik in Schwierigkeiten geratenen Unternehmens übernommen hatten. Sowohl im Emissions- als auch im Kreditkonsortium hielt die Dresdner Bank die mit Abstand höchste Quote. So zeichnete sie bei der 1980 durchgeführten Kapitalerhöhung um 310 Millionen Mark 21,5 Prozent der jungen Aktien, die Deutsche Bank 15,0 und die Westdeutsche

Landesbank 9,5 Prozent. Auch an dem Kredit von 1,1 Milliarden Mark, den die Geldinstitute dem Vergleichsverwalter Wilhelm Schaaf zur Fortsetzung des Unternehmens zur Verfügung stellten, hatte die Dresdner mit 23,3 Prozent den größten Anteil, gefolgt von der Deutschen Bank mit 14,5 Prozent und der WestLB mit 9,5 Prozent. Trotzdem spielten in der hektischen Phase unmittelbar vor dem Vergleichsantrag am 9. August 1982 die von der Deutschen Bank in den Krisenstab entsandten Experten bei der Suche nach einem Überlebenskonzept für den angeschlagenen Konzern eine mitentscheidende Rolle. Die an den Beratungen mit dem AEG-Vorstand teilnehmenden Direktoren Wieland und Habicht hatten frühzeitig erkannt, daß nur durch ein von den Gläubigerbanken finanziell begleitetes Vergleichsverfahren der Konzern zu retten sei.

Eine Sonderstellung innerhalb des »Apparates« der Deutschen Bank nimmt seit jeher das für das in- und ausländische Emissionsgeschäft zuständige »Zentrale Sekretariat« ein. Sein internes Standing entspricht dem besonderen Rang, den die Placierung von Aktien und Anleihen in den Augen der führenden Männer nicht nur der Deutschen Bank von jeher hat. Der Name der Abteilung deutet denn auch auf die Art und Weise hin, in der dieses Bankgeschäft früher einmal betrieben wurde: Am Anfang war es tatsächlich das Sekretariat, nämlich das des Vorstandes, der hier die Emissionen der mit ihm über Aufsichtsratsmandate oder engere Kundenbeziehungen verbundenen Gesellschaften vorbereiten ließ. Mit der Zeit verselbständigte sich diese Abteilung. Einen noch feineren Anstrich hatte dieser Bereich bei der mit der Deutschen Bank im Jahre 1929 verschmolzenen Disconto-Gesellschaft. Sie hieß »Chefkabinett« und bot den Auserwählten, denen hier eine Aufgabe zugewiesen wurde, automatisch die besten Karrierechancen. »Wer in diesen Räumen und in unmittelbarem Verkehr mit den Geschäftsinhabern im Laufe der Zeit nichts aus sich zu machen wußte, dem hatte die Natur von vornherein eine enge Grenze seiner Leistungen vorgeschrieben«, hat Franz Urbig einmal gesagt. Er hatte als junger Mann mit Registraturarbeiten im Chefkabinett angefangen und war mit 38 Jahren 1902 selber Geschäftsinhaber der Disconto-Gesellschaft geworden.

Auch nach dem Zweiten Weltkrieg blieb das Sekretariat die Kaderschmiede der Bank, die bis 1988 stets den Vorstandssprechern direkt unterstand. Der Vorrat ungeduldiger Karristen reichte sogar, um Vakanzen auch in anderen Häusern zu schließen. Aus keiner anderen Abteilung wechselten im Laufe der Jahre so viele Bankmanager mangels weiterer Aufstiegsmöglichkeiten in höhere Etagen anderer Institute. Der sicherlich größte Sprung glückte dabei Walter Seipp. Als Leiter des Zentralen Sekretariats hatte er die Position der Deutschen Bank im internationalen Konsortialgeschäft erheblich gestärkt. Dank dieser Leistung genoß der Generalbevollmächtigte die besondere Gunst seines Vorstandssprechers Abs, der es auf diesem Gebiet selber zu höchster Meisterschaft gebracht hatte. Es verging kaum ein Tag, an dem Seipp seinem Mentor nicht Vortrag hielt. Abs bedauerte es außerordentlich, daß Seipp die Bank 1974 verließ und über den Vorstand der Westdeutschen Landesbank 1981 an die Spitze der Commerzbank berufen wurde.

Daß es im Sekretariat mitunter unruhiger zugeht als in anderen Abteilungen, ja daß bisweilen durch die dicken Mauern der Bank von kleineren Beben sogar etwas an die Öffentlichkeit dringt, hat ganz spezielle Gründe. Wie kein anderer Geschäftszweig fördert die Mitarbeit an internationalen Emissionsvorhaben die Entwicklung von Stars. Die in diesem Teil der Bank tätigen Spezialisten sind es gewohnt, auf seiten der Industrie mit der ersten Garnitur, vielfach sogar mit den Finanzvorständen namhafter Gesellschaften unmittelbar über große Kapitalmarktvorhaben zu verhandeln. Dabei geht es für alle Banken um riesige Geschäfte, um die meist erbittert gerungen wird und bei denen es mehr als anderswo auf schnelle Entscheidungen ankommt.

Die in diesem Business führenden Solisten – Teams treten in aller Regel erst in der Abwicklungsphase in Erscheinung – sind in ihren Kreisen weltweit bekannt, gesuchte Gesprächspartner der Finanzpresse und in ihren Aufstiegserwartungen im allgemeinen nicht gerade bescheiden. Bei der Deutschen Bank war Karl Miesel, zuletzt Managing Director der Londoner Tochter Deutsche Bank Capital Markets Ltd., zu einem unumstrittenen Star im internationalen Konsortialgeschäft geworden. Mit dem für das Auslandsgeschäft zuständigen Wilfried Guth im Rücken sicherte »Kaiser Karl«, wie der eigenwillige Euromarktbanker in der Finanzszene genannt wurde, der Deutschen Bank bei der Placierung internationaler Anleihen vielbeachtete Erfolge. Weil ihm Guth-Nachfolger Alfred Herrhausen im Kreise des dreiköpfigen Londoner Führungsteams nicht das entscheidende Wort und größere Befugnisse gegenüber der Frankfurter Zentrale zugestehen wollte, kündigte Miesel 1985 nach 28jähriger Zugehörigkeit zur Deutschen Bank und wechselte in die Führung der zur Schweizerischen Kreditanstalt gehörenden Crédit Suisse First Boston Ltd. (CSFB) in London.

In ihrer Sekretariatsabteilung gibt die Deutsche Bank besonders gern auch verheißungsvollen Sprößlingen namhafter Repräsentanten ihrer Industrieklientel eine Startchance – aber auch nicht mehr. Nach oben durchkämpfen müssen sich die Söhne aus gutem Hause selber. Walter Fabricius aus der Inhaberfamilie der mit der Deutschen Bank eng liierten Weinheimer Leder- und Kunststoffgruppe Freudenberg ist seit 1976 in leitender Position beim New Yorker Tochterinstitut Deutsche Bank Capital Corporation tätig. Über das Sekretariat machte auch Barthold von Ribbentrop aus der früheren Inhaberfamilie der Wiesbadener Sektkellerei Henkell seine

Karriere zum Chef der Zentralen Börsenabteilung. Leiter der Sekretariatsabteilung ist zur Zeit Frank Heintzeler, ein Sohn des früheren BASF-Vorstandsmitgliedes Wolfgang Heintzeler und Schwiegersohn des einstigen Daimler-Benz-Entwicklungschefs Hans Scherenberg.

Neben den großen »klassischen« Abteilungen, die in den himmelragenden Bürotürmen an Frankfurts Taunusanlage jeweils mehrere Stockwerke belegt halten, greifen in die Industriebeziehungen der Bank regelmäßig auch eine Reihe kleinerer hochspezialisierter Expertenteams ein. Da ist vor allem die Rechts- und Steuerabteilung mit 35 Juristen in der Frankfurter Zentrale und weiteren zehn am Vorstandssitz in Düsseldorf. Ihr Renommee hält dem der besten Anwaltssozietäten auf wirtschafts- und finanznahen Rechtsgebieten stand. Ohne sie läuft so gut wie nichts – ob es sich um das milliardenschwere Flick-Geschäft handelt oder um die Notoperation Klöckner. Kaum ein industrieller Vorgang, der nicht von gesellschafts- und kartellrechtlichen Überlegungen, vor allem jedoch von steuerlichen Gesichtspunkten bestimmt würde.

Auf das Fachwissen ihrer Hausjuristen greifen aber auch die Vorstandsmitglieder gern zurück, beispielsweise wenn sie als Aufsichtsratsvorsitzende zustimmungspflichtige Geschäfte von großer Bedeutung, etwa den Erwerb von Firmenbeteiligungen, Fusionen oder Ausgliederungen, zu überprüfen haben. Rechtlich absegnen lassen sie sich vielfach auch Gesellschafterverträge, über die sie als Mandatsinhaber bei Familienfirmen mit zu entscheiden haben. Das in der Abteilung auf diese Weise akkumulierte Know-how empfiehlt den Juristenpool sogar als hilfreiche Auskunftei für Spezialanfragen aus dem industriellen Freundeskreis der Bank. Besonders bei der Ausgestaltung von Vorstandsverträgen, angefangen bei der Vergütung über Pensionsregelungen bis hin zu den vielen kleinen und größeren Extras, wissen die Unternehmen die Erfahrungen der Juristen wohl zu schätzen.

Wie die Rechts- und Steuerabteilung, so sind auch die beiden Wirtschaftsprüferbüros, die die Deutsche Bank in Frankfurt und Düsseldorf unterhält, vielgefragte Zuarbeiter. Obwohl sie überwiegend für die Bank tätig sind, firmieren sie aus berufsständischen Gründen als selbständige Sozietät. Unter der Adresse Goetheplatz 1–3 ist das dreiköpfige Frankfurter WP-Team sogar in eigenen Räumen untergebracht. Auf seine Dienste greift unter anderem das Sekretariat zurück, wenn es bei der von der Bank geplanten Börseneinführung einer Gesellschaft auf eine genaue Unternehmensbewertung ankommt. Nicht immer hält dem kritischen Prüferblick dabei stand, was die Bankmanager ihren Wertpapierkunden gerne als sicheren Anlagetip schmackhaft machen möchten. So votierten die hauseigenen Wirtschaftsprüfer 1986 beispielsweise gegen eine Einführung der Aktien der Handelsgruppe »co op« durch die Deutsche Bank. Der unübersichtliche Konzernaufbau, so ihr Befund, lasse eine zuverlässige Risikoeinschätzung nicht zu. Folge: Der Vorstand überließ das Geschäft dem Schweizerischen Bankverein. Die Bedenken gegen die Börsenreife waren, wie sich bald zeigte, nur allzu berechtigt. Anfang 1989 mußte »co op« in einer dramatischen Rettungsaktion der Banken vor dem sicheren Konkurs bewahrt werden.

Neben der Erstellung von Bewertungsgutachten widmet sich das WP-Team auch Mandatsaufgaben eigener Vorstandsmitglieder. Auf ihrem Tisch landen vor allem Aufsichtsratsvorlagen zu weitreichenden Beschlüssen, etwa Großinvestitionen oder Fusionen. Ihre Mitwirkung an der Mandatsbetreuung schließt in einzelnen Fällen sogar regelmäßige Besuche bei den betreffenden Gesellschaften ein, um so ein zeitnahes Bild über die Geschäftsentwicklung zu gewinnen.

Den mit Zentralfunktionen betrauten Direktoren in Frankfurt und Düsseldorf stehen auf derselben hierarchischen Ebene die Direktoren der 14 Hauptfilialen der Deutschen Bank gegenüber. Sie sind es, die das eigentliche Geschäft managen, mit Privatkunden ebenso wie mit der Industrieklientel der Bank. Die ihrer Führung anvertrauten, einst als »Kopfstellen« bezeichneten Untergliederungen sind Banken innerhalb der Bank und erreichen mit Bilanzsummen von teilweise über zehn Milliarden Mark die Dimension selbständiger Regionalinstitute. Entsprechend unabhängig führen die Direktoren fern der Zentrale ihr Geschäft. Die mit Spitzengehältern von teilweise über 500 000 Mark ihren Kollegen aus den Vorständen kleinerer Konkurrenzinstitute auch finanziell gleichgestellten Filialchefs können innerhalb ihrer Direktion Kredite bis zu einer Höhe von zehn Millionen Mark zusagen, ohne zuvor die Zentrale um Erlaubnis gefragt zu haben. Zwar sind sie an die vom Vorstand beschlossene strategische Generallinie der Bank gebunden; im Rahmen dieser geschäftspolitischen Grundausrichtung brauchen sie jedoch keine Einzelweisungen entgegenzunehmen. Die Stabsabteilungen in der Zentrale haben für sie reinen Service-Charakter und sollen allein das operative Geschäft vor Ort unterstützen.

Wie im Vorstand jedes Mitglied einen bestimmten Hauptfilialbezirk als Dezernent betreut, so hat jedes Mitglied einer Hauptfilialdirektion die Führungsverantwortung für die Filialen und Geschäftsstellen eines Bezirks. Neben seinem regionalen Bereich betreut jeder Filialdirektor zusätzlich ebenso wie seine ranghöheren Kollegen im Vorstand innerhalb der Hauptfiliale eine bestimmte Sparte, etwa das Privatkunden- oder Kreditgeschäft. Monatlich erstellen die 14 »Filialbanken« ihre Bilanz sowie ihre Gewinn- und Verlustrechnung – und wie sie auch etwa hundert größere Bezirksfilialen.

Mit der ersten Finanzadresse der Bundesrepublik auf ihrer Visitenkarte profilierten sich vor allem in den Wiederaufbaujahren einige der nach dem dezentralen Führungssystem der Bank ziemlich selbständig agierenden »Gaufürsten« zu vielgefragten Amts- und Würdenträgern ihrer Region. Entsprechend gering war ihr Ehrgeiz, ihr vertrautes Terrain zurückzulassen und durch einen Wechsel in die Zentrale möglicherweise auf der Karriereleiter eine Stufe oder gar noch weiter nach oben zu gelangen. Der Mannheimer Filialdirektor Karlheinz Reiter erhielt sogar mehr als einmal das Angebot, nach Frankfurt zu wechseln und dort den Rentenhandel, den er mit bemerkenswertem Erfolg ausgebaut hatte, in größerem Rahmen fortzusetzen. Jedesmal winkte er desinteressiert ab.

Einer der Mächtigsten unter den Statthaltern in der Provinz war der Stuttgarter Filialdirektor Trudbert Riesterer, dem in der württembergischen Wirtschaft kaum etwas verborgen blieb. Sein Mandatekonto erreichte mit 19 Firmen (1962) fast Abs-Format und vereinigte so renommierte Namen wie Daimler-Benz, Deutsche Linoleum-Werke (DLW) und Maybach Motorenbau. Eine ähnlich beherrschende Stellung übte Riesterers Nachfolger Nikolaus Kunkel, ein Schwiegersohn des ersten Finanzministers der Bundesrepublik, Fritz Schäffer, aus. Er galt in der Bank allgemein als ministrabel, bat jedoch unter Hinweis auf eine Kriegsverletzung, nicht in die engere Wahl für eine Vorstandsberufung gezogen zu werden. Als er 1985 in den Ruhestand trat, erschien der zu diesem Zeitpunkt 84jährige Hermann Josef Abs persönlich zur Verabschiedung.

Einschließlich der Direktoren und stellvertretenden Direktoren in der Zentrale und den Hauptfilialen setzt sich die zweite Führungsebene unterhalb des zwölfköpfigen Vorstandes aus 400 Personen zusammen. Die dritte Ebene, bestehend aus den Direktoren der Bezirksfilialen sowie den Abteilungsdirektoren aus der Zentrale und den Hauptfilialen, umfaßt etwa 900 Führungskräfte. Um freiwerdende Positionen mit den besten Leuten zu besetzen, halten die Personalmanager in der Frankfurter Zentrale systematisch Ausschau nach Leuten mit dem Hang zu Höherem. Rund 2000 förderungswürdige Mitarbeiter beobachtet die Zentrale Personalabteilung permancnt auf ihre Fähigkeit, in den obersten Führungskreis aufzusteigen. Ihre Daten, einschließlich aller Angaben über ihren bisherigen Werdegang, sind im Zentralcomputer der Deutschen Bank in Eschborn gespeichert und können von den Personalmanagern in der Taunusanlage jederzeit durch Eingabe eines Codes auf dem Bildschirm abgerufen werden.

Um kein Talent in der Provinz versauern zu lassen, reisen Abgesandte der Unterabteilung »Führungsnachwuchs« alle drei Jahre zu den Hauptfilialen. Von hier schwärmen sie dann zu den angeschlossenen Bezirksfilialen aus, um sich vielversprechende Nachwuchsleute anzusehen. Den Abschluß ihrer Visite bildet jeweils ein ganztägiges Gespräch mit dem kompletten Direktorium der Hauptfiliale und deren Personalleiter. Dabei bewerten Personalplaner und Filialdirektoren noch einmal die vor Ort in den Gesprächen gesammelten Eindrücke unter dem Gesichtspunkt, wer für die Berufung auf einen Direktorenposten der Hauptfiliale einmal in Frage kommen könnte. Da die Frankfurter Personalmanager per Bildschirm auch die Stellenbesetzungsplanung der Hauptfilialen jederzeit abrufen können, haben sie die für höhere Weihen ausersehenen Mitarbeiter bis zu den »Kopfstellen« fest im Visier. Bei den inländischen Tochterinstituten, wie etwa den Hypothekenbanken, der GEFA Gesellschaft für Absatzfinanzierung und der Deutschen Gesellschaft für Fondsverwaltung, sowie bei den Auslandsfilialen der Bank schauen die Frankfurter Emissäre sogar alle zwei Jahre oder in noch kürzeren Abständen vorbei.

Einmal jährlich läßt sich der Vorstand eine von der Zentralen Personalabteilung permanent fortgeschriebene »Besetzungsplanung« präsentieren. In ihr ist festgelegt, wer aus aktueller Sicht auf die in den kommenden fünf Jahren durch Pensionierung, Versetzung oder Beförderung freiwerdenden Positionen nachrücken soll. Die Planung erstreckt sich nicht nur auf die Direktoren der Zentrale und Hauptfilialen, sondern darüber hinaus auf die Vorstände oder Geschäftsführungen der Tochterinstitute und die leitenden Mitarbeiter der gesamten Auslandsorganisation – zusammen etwa 200 Führungskräfte. Mit dieser einmal im Jahr vom Vorstand diskutierten und bei Bedarf korrigierten Nachfolgeplanung verfügt die Deutsche Bank in ihrer Personalpolitik über ein Instrument, mit dessen Hilfe sie freiwerdende Positionen so gut wie ausschließlich mit Nachwuchsleuten aus dem eigenen Hause besetzen kann – und zwar mit langfristig aufgebauten und über mehrere Stationen ihrer Laufbahn beobachteten Mitarbeitern.

Allein im Jahre 1988 investierte Deutschlands auch von der Personalstärke größter Geldkonzern (Zahl der Beschäftigten: rund 54 800) 157 Millionen Mark in die Qualifizierung seiner Mitarbeiter, davon 80 Millionen in die Weiterbildung. Von den insgesamt 40 000 inländischen Angestellten absolvierten nicht weniger als 25 000 von der Bank veranstaltete Weiterbildungsseminare. Für ein zwölfmonatiges Traineeprogramm werden jedes Jahr bis zu 150 Hochschulabsolventen eingestellt und innerhalb von zwölf Monaten auf den Einsatz in Geschäfts- und Stabsabteilungen der Zentrale oder in den Filialen vorbereitet. Den besten von ihnen winkt die Chance, sich als Assistent eines Vorstandsmitgliedes drei bis vier Jahre im Nervenzentrum der Bank aufhalten zu dürfen – meist nicht zum Nachteil für ihre spätere Karriere. Im Anschluß an ihre Wasserträgerrolle in einer der Vorstandsetagen finden sie sich in aller Regel erst einmal in einer Bezirksfiliale in der Provinz, weitab vom Zentrum der Macht, wieder.

Die Deutsche Bank hat als größte und erfolgreichste unter den Großbanken den unschätzbaren Vorteil, daß sie auf Schul- und Studienabgänger eine von keinem anderen Institut erreichte Attraktivität ausübt. Laut einer an der Universität Bochum durchgeführten Befragung von 290 Examenskandidaten der Wirtschaftswissenschaften mit Studienschwerpunkt »Bankbetriebslehre« würden sich bei gleichlautenden Angeboten 36 Prozent für eine Stellung bei der Deutschen Bank entscheiden. Dresdner Bank und Commerzbank rangierten mit sieben Prozent als Wunscharbeitgeber weit abgeschlagen noch hinter Auslandsbanken und genossenschaftlichen Instituten.

Mindestens ebenso stark beeinflußt das Image der Deutschen Bank jedoch auch die Einstellung ihrer Mitarbeiter. Das Bewußtsein, zur »Nummer eins« zu gehören, fördert zweifellos die Bereitschaft, die eigene Person zugunsten der Sache zurückzustellen, sich anzupassen und nahtlos einzuordnen. Die in diesem Verhalten zum Ausdruck kommende Einstellung hat sicherlich einen positiven Aspekt: Unternehmen mit entsprechender Erfahrung im Umgang mit Kreditinstituten empfinden Mitarbeiter der Deutschen Bank in der Kundenbetreuung fast übereinstimmend als ausgesprochen »teamfähig« – im Zeitalter zunehmenden Spezialistentums sicherlich kein Tadel.

Dem Übergewicht sehr solider, bisweilen etwas konturloser Musterschüler steht jedoch – und das ist die andere Seite der Medaille – ein Defizit an kreativen Anregern mit Ecken und Kanten gegenüber. Individualisten mit ausgeprägten Eigenschaften, die bereit sind, gelegentlich auch einmal gegen den Stachel zu löcken, fühlen sich in der auf stromlinienförmige Effizienz ausgerichteten Organisation oft unverstanden oder gar als störende Außenseiter. Das Interesse vieler Mitarbeiter, ihr eigenes Erscheinungsbild mit dem von Assoziationen wie Perfektion, Überlegenheit und Noblesse bestimmten Bankimage möglichst in Deckung zu bringen, fördert eher autoritäre Führungsstrukturen und den Hang, am Bewährten möglichst lange festzuhalten. Selbst die härtesten Konkurrenten attestieren dem Flaggschiff des deutschen Universalbankensystems uneingeschränkt Zuverlässigkeit und hohe Professionalität, jedoch nicht im selben Maße Innovationskraft. Vor allem in den angelsächsischen Geldkapitalen mit ihrem Treibhausklima für neue Finanzierungsinstrumente empfindet man die Kollegen aus dem Hause der Deutschen Bank mitunter als ein wenig arrogant und besserwisserisch – Spiegelbild eines in der Außendarstellung nur schwer zu unterdrückenden Elitebewußtseins.

Große, erfolgreiche Unternehmen haben es an sich, die Menschen, die für sie arbeiten, sehr viel stärker zu prägen, als diese umgekehrt ihr Haus prägen. Exzellent geführte Konzerne, wie IBM, Siemens und sicherlich auch die Deutsche Bank, bilden da keine Ausnahme. Nahezu 120 Jahre eines lediglich durch zwei Kriege und die Weltwirtschaftskrise unterbrochenen Aufstiegs haben eine Unternehmenskultur entstehen lassen, die sich in Stil und Verhalten der Bank und ihrer Mitarbeiter nach innen und außen deutlich artikuliert. Der ungetrübte Blick auf die Ursprünge ließ es einem Vorstandsmitglied alles andere als verschroben erscheinen, in einer feierlichen Rede vor Filialmitarbeitern den alten Georg von Siemens wegen seines sparsamen Umgangs mit dem Fahrgeld für die Straßenbahn – er pflegte eine Haltestelle zu Fuß zu gehen – als Vorbild an hausväterlicher Solidität zu rühmen. »Indem ich über Siemens und die Bank zu seiner Zeit spreche«, so schlug er einen kühnen Bogen in die Gegenwart, »rede ich gewissermaßen von dem Geist, der diese Bank und ihre Führungsmannschaft über ein Jahrhundert geprägt hat und auch heute noch prägt.«

In der jüngeren Geschichte dagegen hat wohl niemand das Bild der Bank stärker beeinflußt als Hermann Josef Abs. Als gestrenger Hüter der von ihm selber zur Norm erhobenen Verhaltensregeln war er über 50 Jahre lang so etwas wie die letzte moralische Instanz seines Hauses – und dies nicht nur in geschäftlicher Hinsicht. Unter den kritischen Augen des Ritters vom Heiligen Grabe hatten die leitenden Mitarbeiter auch in ihren privaten Lebensverhältnissen höchsten Maßstäben zu entsprechen. Man durfte durchaus auf gnädige Nachsicht hoffen, wenn man etwa mit einem Kreditengagement Pech gehabt hatte oder wenn ein Geschäft unter dem Strich einen Verlust auswies – nicht jedoch bei der Mißachtung moralischer Prinzipien. Ein Filialdirektor, der erkennbar in nicht ganz geordneten Familienverhältnissen lebte, wurde noch in den fünfziger Jahren regelmäßig an einen anderen Ort versetzt.

Abs setzte Maßstäbe weit über seine aktive Zeit hinaus. Da er so gut wie in allen Gesellschaften, in denen er Aufsichtsratsvorsitzender gewesen war, zum Ehrenvorsitzenden ernannt wurde, durfte er auch weiterhin an allen Sitzungen und an der jährlichen Hauptversammlung teilnehmen – und er macht von diesem Recht bis heute regen Gebrauch. »Wenn er da ist«, beobachtete ein Ratskollege des Altbankiers, »wagt niemand, Unsinn zu reden.« Selbst seine Nachfolger im Amt des Vorstandssprechers lebten ständig in der Furcht des Herrn. Als der Vorstand beispielsweise einmal davon erfuhr, daß sich Abs zur Beisetzung eines verstorbenen Geschäftsfreundes angesagt hatte, an der sonst niemand aus der Zentrale teilzunehmen beabsichtigte, disponierte einer der beiden Sprecher kurzfristig um und ließ sich von einem frühzeitig beendeten Aufsichtsratstermin noch schnell zu der Begräbnisfeier bringen.

Zum Stil des Hauses gehört es auch, selbst delikate Personalangelegenheiten elegant, vor allem jedoch geräuschlos zu regeln. Dabei erlaubt es den Geldmanagern die Größe und finanzielle Stärke der Bank, Mitarbeiter, die durch schwerwiegende Fehler oder persönliches Mißgeschick woanders vielleicht aus der Bahn geworfen würden, aufzufangen. So erkrankte einmal ein stellvertretender Direktor an Schizophrenie. Die Kollegen in der Abteilung, der er angehörte, erledigten die Arbeit für ihn mit; sein Ausfall wurde mit Hilfe einer wohlklingenden Bezeichnung seiner Tätigkeit geschickt kaschiert – bis zu seiner Pensionierung. Ein anderer Fall: Ein

Direktor aus der Hauptfiliale Mannheim wurde in die Zentrale berufen, um – wie jedermann dachte – früher oder später in den Vorstand aufzurücken. Doch davon war bald nicht mehr die Rede. Anstelle eines Vorstandsamtes übertrug ihm die Bank bestimmte Sonderaufgaben, wie die Pflege der Beziehungen des Hauses zu den Kirchen und anderen Organisationen sowie die Teilnahme an Vortrags- und Diskussionsveranstaltungen – natürlich bei voller Wahrung seiner Bezüge als Generalbevollmächtigter. Es war nicht das einzige Mal, daß ein in die Wartestellung eines »Generals« berufener Vorstandsaspirant den letzten Sprung verfehlte.

Auch individuelle Fehler und Pannen führen nicht automatisch zur Trennung, was nicht bedeutet, daß man sie ungestraft durchgehen ließe. Ganz im Gegenteil. Wer seine Kompetenzen überschritten hat, etwa durch die Vergabe eines außerhalb des eigenen Bewilligungsrahmens liegenden Kredits, kommt im allgemeinen nur dann ungeschoren davon, wenn er sich in einem Entscheidungsnotstand befunden hatte. Voraussetzung hierfür ist aber nicht allein, daß sein entscheidungsbefugter Vorgesetzter unerreichbar, sondern obendrein höchste Eile geboten war. Schließlich mußte er auch noch davon ausgehen können, daß sein Chef wie er entschieden hätte. Für die Disziplinierung schwarzer Schafe steht den Personalmanagern ein ganzer »Strafkatalog« zur Auswahl – von einer einfachen Rüge über die Senkung des Gehalts und die Streichung der Jahrestantieme bis zur unmißverständlichen Aufforderung, binnen einer angemessenen Frist zu kündigen. Aber auch in solchen Fällen dringt nur höchst selten einmal etwas nach draußen.

Kein Mitarbeiter, so die Führungsphilosophie der Bank, soll jedoch für eine nach sorgfältiger Abwägung getroffene Entscheidung belangt werden, wenn beispielsweise auf Kundenseite Managementversagen oder unvorhersehbare Marktentwicklungen zu einem »faulen« Kredit führen. Andernfalls würde jede Bereitschaft, überhaupt etwas zu entscheiden, unterdrückt werden. So manch eindrucksvollen Karrierepfad säumt denn auch das eine oder andere unvergeßliche Verlustloch. Sich einem Pechvogel gegenüber generös zu verhalten, steigert nicht nur dessen Arbeitsmotivation, sondern gleichzeitig die Identifikation mit dem Haus. Als 1985 die European Asian Bank (»Eurasbank«) in Hamburg (damaliger Anteil der Deutschen Bank: 60 Prozent) aufsehenerregende Verluste auswies, mußten die drei Vorstandsmitglieder selbstverständlich ihre Sessel räumen. In der Erkenntnis, daß sie in der gemeinsam mit mehreren europäischen Partnerinstituten gegründeten Bank nicht dieselben Durchgriffsmöglichkeiten wie in einer hundertprozentigen Tochter gehabt hatten, versetzte Frankfurt die drei »zur Bewährung« auf Positionen, die es ihnen erlaubten, einigermaßen das Gesicht zu wahren.

In den Chefetagen der Industrie ist vielfach die Meinung zu hören, die Deutsche Bank sei das bestgeführte Geldinstitut der Republik. Auch wenn für diese Einschätzung einiges spricht, vor allem natürlich die permanent exzellenten Geschäftsergebnisse, beruhen solche Urteile doch stets auf subjektiven Wahrnehmungen, zudem aus Teilbereichen. Selbst harte Konkurrenten räumen jedoch neidlos ein, daß der größte der großen deutschen Finanzkonzerne vor allem auf der zweiten Ebene kaum zu schlagen ist. »Die Deutsche Bank stellt nicht überall den besten Filialleiter oder Kreditsachbearbeiter«, meinte ein Vorstandsmitglied eines anderen Hauses, »aber in der Breite ist sie am besten besetzt.«

10. Kapitel

Das Netz

Verflochten und verfilzt – wo keiner mehr frei ist

Der von Aktionärstreffen zu Aktionärstreffen eilende Alt-Opponent Kurt Fiebich fühlte sich gelegentlich an das Märchen vom Hasen und dem Igel erinnert: »In jeder Hauptversammlung trifft man auf die gleichen Gesichter, von denen man weiß, daß sie sich gegenseitig zu Amt und Würden helfen.«

Durchaus zutreffend beobachtet: Die Industrie- und Finanzelite der Bundesrepublik ist – vorsichtig ausgedrückt – leicht überschaubar. Man schätzt es, unter sich zu sein. Von den insgesamt 170 Anteilseignervertretern in den Aufsichtsräten der zwölf umsatzstärksten deutschen Industrieunternehmen*, dazu der drei Großbanken, des größten Warenhauskonzerns (Karstadt) und der führenden Versicherungsgruppe (Allianz) entstammten 1988 exakt 86 einer dieser 17 Gesellschaften. 34 der 170 Mandate entfielen allein auf die drei Großbanken: sieben auf die Commerzbank, zwölf auf die Dresdner Bank und 15 auf die Deutsche Bank.

Die institutionalisierten Kontakte, die die Deutsche Bank zu den führenden Industriekonzernen der Bundesrepublik unterhält, offenbaren nur den kleinsten, wenngleich sichtbarsten Teil ihres feingeknüpften Netzwerkes an Verbindungen, das

---

* Daimler-Benz, Volkswagen, Siemens, VEBA, BASF, Bayer, Hoechst, RWE, Thyssen, BMW, Mannesmann, MAN.

sie in den fast 120 Jahren ihres Bestehens über alle Gebiete der Wirtschaft hinweg gespannt hat. Vor allem nach dem Zweiten Weltkrieg hatte sie den unschätzbaren Vorteil, in die industrielle Wiederaufbauphase mit einem Fundus gewachsener Beziehungen zu den angesehensten Unternehmen zu starten.

Sie verfügte nicht nur über die Uraltverbindung zu Siemens, einem Konzern, der zum Inbegriff deutscher Spitzentechnologie geworden war. Sie knüpfte mit ihrer Hausbankfunktion bei Bayer und BASF auch an ihre frühere Vorzugsstellung als wichtigste Verbindungsbank der I.G.-Farben-Gruppe an. Sie hatte obendrein das Glück, sich beizeiten bei Daimler-Benz einzukaufen, dem Hersteller der besten Autos der Welt. Sie sorgte schließlich dafür, daß die Firma Zeiss, unbestrittener Weltmarktführer auf dem Gebiet optischer Präzisionsinstrumente, nach ihrer Enteignung am Stammsitz Jena im Westen neu entstehen konnte. Und sie hatte in Hermann Josef Abs den Mann an ihrer Spitze, der zusätzlich zu seinen zahlreichen Aufsichtsratsmandaten in großen Aktiengesellschaften einen hohen Vertrauenskredit auch bei namhaften Familienunternehmen besaß und seiner Bank hier noch neue Verbindungen, wie etwa die zum Hause Bosch, erschloß.

Sowohl die Dresdner Bank als auch die Commerzbank verfügen nicht über ein Beziehungsgeflecht von der Qualität und Dichte, wie es die Deutsche Bank besitzt. Stellt man sich dieses Geflecht bildhaft als ein Spinnennetz vor, in dem die Bank das Zentrum bildet, so markieren die nächstliegenden Knotenpunkte die sogenannten »befreundeten Unternehmen«. Dabei handelt es sich um einen kleinen Kreis durchweg erster Industrieadressen, die innerhalb ihrer eigenen Branche jeweils eine ähnliche Stellung einnehmen wie die Deutsche Bank im Kreditgewerbe: Daimler-Benz, Siemens, die Chemiekonzerne Bayer und BASF, Bosch und Mannesmann. Jedes dieser Unternehmen ist mit der Bank über Mandate

242

wechselseitig eng verbunden, teilweise sogar – etwa über Tochterfirmen – gleich auf mehreren Ebenen. Aber auch untereinander sind sich die »Befreundeten« meist die nächsten – nicht allein im Verhältnis der Vorstände. Die gemeinsame enge Verbindung zur Deutschen Bank bildet auch die Basis für einen regen Informations- und Erfahrungsaustausch der dem Topmanagement unmittelbar zugeordneten Fachleute, insbesondere in Rechts- und Finanzfragen.

Bis Mitte der sechziger Jahre war es den Vorständen sogar erlaubt, ihr besonderes Verhältnis durch eine gegenseitige Vertretung in den Aufsichtsräten zu unterstreichen. Die Aktienrechtsnovelle von 1965 verbot von da an die eine wirkliche Kontrolle ausschließende Überkreuzverflechtung. In der Deutschen Bank löste das Ende des sogenannten »Interlocking« ein besonders reges Stühlerücken aus, war sie doch weitaus stärker als ihre unmittelbaren Konkurrenten in den führenden Unternehmen der Industrie vertreten. Die meisten Anteilseignervertreter mußten in einen eigens gegründeten »Beraterkreis der Gesamtbank« wechseln. Das heute 17köpfige, vom VEBA-Vorstandsvorsitzenden Rudolf von Bennigsen-Foerder geleitete Gremium, eine Art »Zentralkomitee« der mit dem führenden deutschen Finanzkonzern verbundenen Industrie, trifft zwar keine Entscheidungen; dafür trauen sich die Mitglieder der Runde, da im Unterschied zum Aufsichtsrat keine Arbeitnehmervertreter mit am Tisch sitzen, zumindest gelegentlich mit vorsichtiger Kritik aus der Reserve. Sogar mit deutlichen Worten kommentierte Allianz-Chef Wolfgang Schieren, seit 1976 Stellvertretender Vorsitzender des Beraterzirkels, 1987 die Pläne der Geldmanager, über das reine Finanzgeschäft hinaus in den wachstumsträchtigen Markt der Assekuranz vorzudringen. Als die Deutsche Bank Ende 1988 offiziell ihren Entschluß verkündete, sogar eine eigene Lebensversicherung zu gründen, legte der Allianz-Chef sofort sein Mandat nieder. Meist jedoch drehen sich die

Gespräche der dreimal jährlich zusammenkommenden Industriefreunde um weniger konfliktgeladene Themen, wie Schutzvorkehrungen gegen Versuche eines »Unfriendly Takeover«, die Qualität des Industriestandortes Bundesrepublik oder den Umgang von Großunternehmen mit der Öffentlichkeit. Mit Bedacht haben die Arrangeure ihren Ratgeberclub fast wie ein Abbild des BDI zusammengesetzt: Repräsentanten fast aller großen Branchen geben in jeder Sitzung ein kurzes Statement über die aktuelle Lage auf ihrem Markt – von BASF-Chef Hans Albers und Siemens-Finanzvorstand Karl-Hermann Baumann über den früheren Daimler-Vorstandsvorsitzenden Werner Breitschwerdt und Mannesmann-Chef Werner Dieter bis zu Hapag-Lloyd-Kapitän Hans Jakob Kruse und Nestlés Deutschland-Statthalter Gerhard Rüschen.

Gilt es schon als Auszeichnung, in die hochkarätige Herrenrunde aufgenommen zu werden, können besonders geschätzte Freunde des Hauses gelegentlich noch weiter gehende, in der Wirtschaft aufmerksam registrierte Gunstbeweise entgegennehmen. So darf sich zum allerengsten Kreis der Vertrauten rechnen, wer als Externer in den exklusiven Kreditausschuß des Aufsichtsrates berufen wird. Auch wenn das Gremium nicht viel zu entscheiden hat (siehe Seite 108), so erhält es doch immerhin intimste Einblicke in das finanzielle Innenleben einer großen Anzahl von Unternehmen. In jeder Sitzung (Dauer: etwa drei Stunden) werden von den in alphabetischer Reihenfolge aufgerufenen Vorstandsmitgliedern zusammen rund 180 bis 200 Kreditengagements vorgetragen. Um die nötige Diskretion zu wahren, werden den Ausschußmitgliedern die dickleibigen Vorbereitungsmappen erst zwei bis drei Tage vor der Sitzung per Bankboten überbracht. In der Sitzung selbst werden grundsätzlich keine Notizen gemacht, alle Unterlagen bleiben nach Schluß auf den Tischen liegen. Soviel Vorsicht gebietet schon der brisante Inhalt der

Papiere: Jeder Vorgang umfaßt auf einem Standardblatt die durch das Kreditengagement veränderte Bilanz der betreffenden Firma, dazu auf zwei weiteren Seiten eine Beschreibung der Situation des Kunden einschließlich der Beurteilung des Managements.

Unter dem Vorsitz von Aufsichtsratschef Wilfried Guth gehören dem Kreditausschuß der frühere Vorstandssprecher Friedrich Wilhelm Christians und der Düsseldorfer Industrieberater Günter Vogelsang sowie als deren stets anwesende Stellvertreter das pensionierte Vorstandsmitglied Robert Ehret und Marcus Bierich, Vorsitzender der Geschäftsführung der Robert Bosch GmbH, an. Ständiges Teilnahmerecht hat außerdem der Ehrenvorsitzende der Bank, Hermann Josef Abs. Als Mitglied dieses zweifellos exklusivsten Zirkels gehört der frühere Krupp-Chef Vogelsang zu den engsten Vertrauten der Deutschen Bank. Schon als Finanzchef von Mannesmann war er bei Aufsichtsratschef Franz Heinrich Ulrich Persona gratissima. Einen ebenso großen Förderer fand er in Abs. Beide hatten sich bei Krupp in schwerer Zeit – Abs als Aufsichtsratschef, Vogelsang als Sanierer an der Spitze des Vorstandes – schätzengelernt. Als der kantige Manager 1972 mit 52 Jahren Berthold Beitz die Kündigung überreichte, brauchte er sich um seine Zukunft keine Sorgen zu machen. Er konnte es sich sogar leisten, gleich mehrere ihm offerierte Top-Positionen, wie den Vorstandsvorsitz bei der Ruhrkohle AG (1973 als Nachfolger von Hans-Helmut Kuhnke), bei VW (1975 nach Rudolf Leiding) und bei der AEG (1979 nach Walter Cipa), auszuschlagen. Als Vertrauensmann der Deutschen Bank, die ihn 1972 in ihren Aufsichtsrat und in dessen Kreditausschuß berief, standen dem Solisten nahezu alle Türen offen. Franz Heinrich Ulrich lancierte ihn 1975 in den Daimler-Aufsichtsrat, SPD-Finanzminister Hans Apel berief ihn 1976 an die Spitze des Kontrollgremiums der zu diesem Zeitpunkt noch mit 40 Prozent von Bonn kontrollierten VEBA,

und Allianz-Chef Schieren bemühte ihn 1983 zu der in rauhe
See geratenen Hamburger Großreederei Hapag-Lloyd.

Als Günter Vogelsang in den Kreditausschuß der Deutschen
Bank eintrat, traf er dort auf einen Mann, der wie kein zweiter
die Geldmanager für sich einzunehmen verstanden hatte:
Hans Lutz Merkle, Vorsitzender der Geschäftsführung der
Robert Bosch GmbH, war so ganz nach der Art, wie sich die
Bankiers einen ihrem Hause verbundenen Industriellen vorstellten – gebildet, von bescheidenem Auftreten, bedächtig
abwägend und dabei noch äußerst erfolgreich. Als er 1988
nach über 30jähriger Zugehörigkeit aus dem Aufsichtsrat der
Bank ausschied, feierte ihn Hermann Josef Abs vor großem
Auditorium überschwenglich als sein persönliches »Vorbild«
– aus dem Munde des großen Mandarins gewiß keine alltägli-
che Huldigung. In der Person Merkles bauten Abs und seine
Nachfolger den kommenden Repräsentanten der württembergischen Industrie zu einem »Mann der Deutschen Bank«
auf. Als Chef eines unter dem Dach einer Stiftung geführten
Traditionskonzerns hatte sein Rat vor allem in den alteingesessenen Unternehmerfamilien Gewicht. Doch mit Hilfe seiner Förderer avancierte der hagere Bosch-Manager sehr
schnell zu überregionaler Größe. Hans Merkle zog in die erle-
sensten Aufsichtsräte ein – von Otto Wolff und Reemtsma
über Continental Gummi und Enka Glanzstoff bis VW und
BASF. Obwohl nur Zulieferant der Automobilindustrie, saß
er in deren Industrieverband als Präsidiumsmitglied zwischen
den Branchenkönigen. Noch heute ist der Altindustrielle als
Ehrenmitglied bei den Sitzungen zugegen. Im Gesellschafterausschuß von Bahlsen redete er ebenso mit wie in der Fritz-
Thyssen-Stiftung, deren Kuratorium er seit 1986 vorsteht.

Gefragt war Merkles Urteil jedoch vor allem in der Deutschen Bank. Kaum eine Entscheidung von Gewicht, zu der er
nicht frühzeitig um Meinung und Rat gefragt worden wäre.
Als Mitglied des dreiköpfigen Aufsichtsratspräsidiums war er

bis 1978 von Amts wegen mit allen Vorstandspersonalien der Bank vertraut. Und auch als er diesem Kreis nicht mehr angehörte, wurde niemand in die Führung berufen, ohne daß Abs und nach ihm vor allem Karl Klasen nicht sein Urteil über den Kandidaten erbeten hätten. Selbst als Klasen bereits Bundesbankpräsident war, fragte er vor wichtigen Beschlüssen des Zentralbankrats, etwa Diskonterhöhungen, den Vertrauten telefonisch nach seiner Ansicht. Ähnlich eng ist noch heute das Verhältnis zwischen dem Bosch-Patriarchen und Wilfried Guth, der insbesondere vor schwierigen Personalentscheidungen bei Mandatsgesellschaften regelmäßig Rat aus Stuttgart einzuholen pflegte. Guth gehört wie Merkle zu den acht Gesellschaftern der Robert Bosch Industrietreuhand KG, die für die Bosch-Stiftung die Stimmrechte ausübt und damit das eigentliche Machtzentrum des Konzerns ist. Umgekehrt beriefen die Geldmanager ihren Intimus 1984 anstelle des schwerkrank ausgeschiedenen Franz Heinrich Ulrich für eine zehnmonatige Übergangsfrist zu ihrem Aufsichtsratsvorsitzenden – eine seltene Ehre für einen Externen.

Nach dem planmäßigen Rückzug Merkles aus den Gremien der Deutschen Bank ist dessen Amtsnachfolger Marcus Bierich auf dem besten Wege, in die freigewordene Rolle zu schlüpfen. Als Mitglied des Kreditausschusses gehört er seit 1988 zum innersten Zirkel. Der nach dem Studium der Naturwissenschaften und Philosophie in der Privatbank Delbrück & Co. gestartete, spätere Mannesmann- und Allianz-Finanzchef hatte schon früh die Bekanntschaft eines der führenden Männer der Deutschen Bank gemacht: In seinem Hamburger Elternhaus fand sich nach dem Krieg des öfteren Hermann Josef Abs zu den bei den Bierichs am Sonntagvormittag im Freundeskreis obligaten Denk- und Geschicklichkeitsspielen ein.

Die Deutsche Bank war kraft ihres Einflusses stets in der glücklichen Lage, in der Industrie mehr Aufsichtsratsposten besetzen zu können, als sie hierfür an eigenen Kandidaten aufbieten konnte oder wollte. Wo sie selber beteiligt ist oder über den Aufsichtsratsvorsitz die Zusammensetzung der Anteilseignerbank mitbestimmt, lanciert sie deshalb vorzugsweise Vertrauensleute aus ihrem industriellen Freundeskreis. Sie verfügt damit über ein vorzügliches Instrument der Beziehungspflege. Wer Ämter und Ehren zu vergeben hat, macht sich in der Politik wie in der Wirtschaft Menschen gewogen. Auf diese Weise werden wichtige Entscheidungsträger, vor allem Vorstandsvorsitzende und Finanzchefs, noch ein Stückchen fester als ohnehin schon in das personelle Flechtwerk der Deutschen Bank eingebunden.

Wer will es den Mächtigen der Industrie verdenken, wenn sie auch an die Zeit nach ihrem Ausscheiden aus dem aktiven Dienst denken. Ein großer Teil unserer Spitzenmanager ist nach Kräften bemüht, auch jenseits der 65 über Beratungs- und Aufsichtsratsmandate im Geschäft zu bleiben. Als »Mann der Deutschen Bank« braucht in dieser Hinsicht kaum einer übertriebene Angst zu haben. Auch wenn die Bank nicht in jedem Fall selber die Vermittlung übernimmt, so ist es doch allemal förderlich, wenn diejenigen, in deren Dienste man gerne treten möchte, wissen, daß man bei ihr wohlgelitten ist. So fand Herbert Grünewald für den Vorstandsvorsitz bei Bayer, den er 1984 in allen Ehren schon mit 62 aufgegeben hatte, zumindest teilweise mit Unterstützung seiner einflußreichen Freunde, in einem höchst ansehnlichen Mandatekonto Ausgleich. Hans Günther Zempelin, bis 1985 Chef des Wuppertaler Chemiefaserherstellers Enka AG, zog durch Vermittlung der Deutschen Bank in die Aufsichtsräte der Gelsenkirchener Holdingfirma Dahlbusch-Verwaltungs-AG und des Kölner Bauunternehmens Strabag AG ein.

Die Deutsche Bank ist das einzige Kreditinstitut in der Bundesrepublik, das im industriellen Sinne so etwas wie eine Personalpolitik betreibt. Die anderen Banken haben dies erkennbar niemals versucht. Ihnen fehlte dazu sicherlich auch das breite Einflußpotential ihres großen Konkurrenten. Schon seit den dreißiger Jahren, als die Deutsche Bank den an ihr Haus gebundenen Industrieberater Max H. Schmid in die Aufsichtsräte einer Reihe mit ihr verbundener Gesellschaften delegierte, hat sie immer wieder managementerfahrene Einzelkämpfer für schwierige Sonderaufgaben gewinnen können: nach dem Krupp-Sanierer Günter Vogelsang den von Alfred Herrhausen zu Continental Gummi und Puma gerufenen früheren Reemtsma-Chef Manfred Emcke und den 1973 vorzeitig ausgeschiedenen AEG-Finanzchef Johannes Semler. Nach einem zweijährigen Noteinsatz bei der in arge Turbulenzen geratenen Oberkochener Zeiss-Gruppe 1975/76 wurde Semler 1981 in den Vorstand der Mercedes-Automobil-Holding und als deren Vertreter später in den Aufsichtsrat von Daimler-Benz berufen. 1985 zog er für die Deutsche Bank in das Kontrollorgan des Springer-Verlages ein.

Bei der Besetzung wichtiger Ämter auf bewährte Freunde zurückgreifen zu können schafft aber nicht nur unterschwellige Abhängigkeiten. Es erlaubt der Bank auch, ihren bereits vorhandenen Einfluß noch zu »verlängern« – und sei es auch nur in der Weise, daß gegen ihre Interessen nichts geschieht. Bisweilen kann es aus Gründen der Vorsicht sogar geboten erscheinen, sich selber nicht zu stark zu exponieren und lieber einem dem Hause nahestehenden Mann aus der Wirtschaft den Vortritt zu lassen. Diese Situation ergab sich für die Deutsche Bank, als bei der Volkswagen AG 1979 die Wahl eines Nachfolgers für den erkrankten Aufsichtsratschef Hans Birnbaum anstand. Unter normalen Umständen wäre der dem Gremium bereits seit 1971 angehörende Vorstandssprecher Friedrich Wilhelm Christians für eine Kandidatur durchaus in Frage gekommen. Doch da sein Sprecherkollege Wilfried Guth die gleiche Funktion schon bei Daimler-Benz ausübte, war daran nicht zu denken. Die Wahl fiel schließlich auf den

Vorstandsvorsitzenden der Frankfurter Metallgesellschaft AG, Karl Gustaf Ratjen, der vor allem zu Hermann Josef Abs und Wilfried Guth enge freundschaftliche Beziehungen unterhält. Als sich Ratjen 1987 bei VW aus Altersgründen zurückzog, präsentierte er nach Absprache mit Christians Finanzminister Gerhard Stoltenberg als Wunschnachfolger einen anderen Favoriten der Deutschen Bank: Klaus Liesen, Chef der Essener Ruhrgas AG, den seine Bankfreunde mehr als einmal erfolglos für andere Top-Positionen in der deutschen Industrie – so für die Führung der Otto-Wolff-Gruppe – abzuwerben versuchten.

Das zwischen der Deutschen Bank und einem Teil der deutschen Großindustrie durch Kreuz- und Querverbindungen eng geknüpfte Beziehungsgeflecht setzt sich nach unten hin fort. Wie der Vorstand auf höchster Ebene die Verbindungen zur Eliteklasse der Wirtschaft pflegt, so verfügt auch jede der 14 Hauptfilialen über ihren eigenen regionalen Freundeskreis. Die meisten der einem Regionalbeiräte angehörenden Inhaber oder Chefmanager überwiegend mittelständischer Firmen betrachten es als Ehre, in jedem Fall jedoch als geschäftlich hilfreich, alljährlich im Geschäftsbericht der angesehensten deutschen Bank namentlich aufgeführt zu werden. Für die Geldmanager sind die Regionalbeiräte mit ihren insgesamt 643 Mitgliedern (1988) ein hervorragendes Instrument, um die Verbindungen zu ihren wichtigsten Firmenkunden in den Filialbezirken zu pflegen. Die Spannweite der vertretenen Firmen ist erheblich und reicht, wie etwa im Beirat Hannover, von VW bis zur Domäne Marienburg bei Hildesheim. Über »die Schiene Eitelkeit« (so ein Beiratsmitglied) wecken die Bankiers vor allem bei Mittelständlern das Gefühl, wie in ihrem Rotary Club einem elitären Zirkel anzugehören. Den Filialdirektoren ihrerseits dient das mit erlesenen Namen bestückte Gremium als augenfälliger Beweis für die starke Stellung ihrer Bank in der betreffenden Region.

Bei den beiden jährlichen Beiratstreffen – das im Frühjahr gilt vor allem der Bilanz, das im Herbst der Konjunkturvorausschau – überläßt eine umsichtige Regie so gut wie nichts dem Zufall. Wer von den Herren der Bank an welchem Tisch sitzt, wer von den Gästen in der Nähe des Vorstandssprechers placiert wird, ist stets wohlüberlegt und wird von den übrigen Teilnehmern aufmerksam registriert. Dies gilt im besonderen für den gesellschaftlichen Höhepunkt der Beiratssaison, das nach einem Opern- oder Konzertbesuch für die Mitglieder samt Damen arrangierte Festmahl – für die Nord-Beiräte im Hamburger »Atlantic«, für die Kollegen aus dem Süden im »Hotel Vier Jahreszeiten« in München. Die westdeutschen Beiräte versammeln sich gar im Barockschloß Augustusburg in Brühl bei Bonn, wo normalerweise nur Staatsgäste tafeln. Nach dem Defilee der Gäste an den zur Begrüßung angetretenen Bankmanagern vorbei und nach dem Musikprogramm geht es über Balthasar Neumanns Freitreppe hinauf zum Essen bei Kerzenlicht. Geldadel verpflichtet!

Die Beziehungspflege zwischen der Bank und ihren engsten Industriekunden spielt sich aber auch auf regionaler Ebene nicht nur in einer Richtung ab. Daß viele mittlere und kleinere Firmen keine Aufsichts- und Beratungsgremien haben oder ausweisen, heißt nicht, daß Banken nicht auch zu ihnen institutionalisierte Bindungen unterhalten. Die Transparenz wird zusätzlich dadurch erschwert, daß viele Bankmanager bei weitem nicht alle Mandatsverpflichtungen offenlegen. Vor allem die Bankvorstände begnügen sich meist damit, lediglich ihre Aufsichtsratsmandate in Großgesellschaften anzugeben; von ihrer Zugehörigkeit zu Beiräten und Gesellschafterausschüssen von Familienunternehmen erfährt man, wenn überhaupt, allenfalls zufällig einmal. Immerhin ergab eine Befragung, daß von den insgesamt 53 im Regionalbeirat Stuttgart vertretenen Firmen 22 Vorstandsmitgliedern oder Filialdirektoren der Deutschen Bank ein Mandat übertragen hatten. Im Beirat

Dr. Hans Günther Zempelin
AR-Vors. Enka AG, Wuppertal

V Kopper, AR-Mitgl.
VS Herrhausen, Stv. AR-Vors.
AKZO N.V.

Dipl.-Wirtsch.-Ing.
Diether Klingelnberg
GG Klingelnberg Söhne,
Remscheid

VS Herrhausen, Beiratsvors.

Dipl.-Volkswirt Kurt Honsel
Ehrenvorsitzender
Honsel-Werke AG, Meschede

V Kopper, AR-Vors.

Dr.-Ing. Wilhelm Schweer
G Th. Kieserling & Albrecht
GmbH & Co., Solingen

FD a.D. Asmus, Beiratsvors.

Dr. Dieter Heutling
GV Steinmüller Verwaltungs-GmbH,
Gummersbach

FD a.D. Asmus, AR-Mitgl.

Vom Multi bis zum Mittelständler

Der stark mittelständisch
geprägte Wirtschaftsraum
des Bergischen Landes
und Sauerlandes gilt traditionell als eine der stärksten
Domänen der Deutschen Bank –
teilweise ein Erbe der 1914 übernommenen Bergisch-Märkischen
Bank. Von den im Beirat der Hauptfiliale Wuppertal vertretenen 41 Unternehmen haben 16 ihrerseits Repräsentanten der Bank in eines ihrer Gremien
berufen. Stand: Mai 1989.

Dr. Franz J. Rankl
VG Herberts GmbH, Wuppertal

V Schneider-Lenné,
AR-Mitgl.

Dr. Armin Albano-Müller
GG Schwelmer Eisenwerk
Müller & Co. GmbH, Schwelm

FD Rosenthal, Vors.
Gesellsch.beirat

Dipl.-Ing. Otto Rudolf Fuchs
GG Otto Fuchs Metallwerke
Meinerzhagen

V Kopper, Beiratsmitgl.

HAUPTFILIALE WUPPERTAL — BEIRAT

Peter Frowein, Vorsitzender
GG Frowein & Co. GmbH,
Wuppertal

V Kopper, AR-Vors.

Dipl.-Volkswirt Wilhelm Erfurt
PHG Fa. Friedrich Erfurt & Sohn,
Wuppertal

FD a.D. Asmus,
Beiratsvors.

Dr. Hans-Werner Löhr
G Wickeder Eisen- und Stahlwerk
GmbH, Wickede

FD Blum, Beiratsvors.

Diethelm Bomnüter-Vossloh
GG Vossloh-Werke GmbH,
Werdohl

FD Weber,
Stv. Beiratsvors.

Dr. Hans-Bernhard von Berg
G Gebr. Happich GmbH,
Wuppertal

V van Hooven,
AR-Mitgl.

Dieter A. H. Knipping
GG Arnold Knipping Holding
GmbH, Gummersbach

FD Rosenthal,
Beiratsmitglied

Dipl.-Kfm. Dieter Worring
GG Kortenbach & Rauh GmbH
& Co. KG, Solingen

FD Michaeli,
Beiratsmitglied

Konsul Ing. com. Cyril Van Lierde
GV Deutsche Solvay-Werke
GmbH, Solingen

V Kopper, Verw.rat Solvay & Cie.,
Brüssel

Abkürzungen

VS	Vorstandssprecher
V	Vorstandsmitglied
FD	Filialdirektor
AR	Aufsichtsrat
GG	Geschäftsführender Gesellschafter
G	Geschäftsführer
GV	Vorsitzender der Geschäftsführung
PHG	Persönlich haftender Gesellschafter

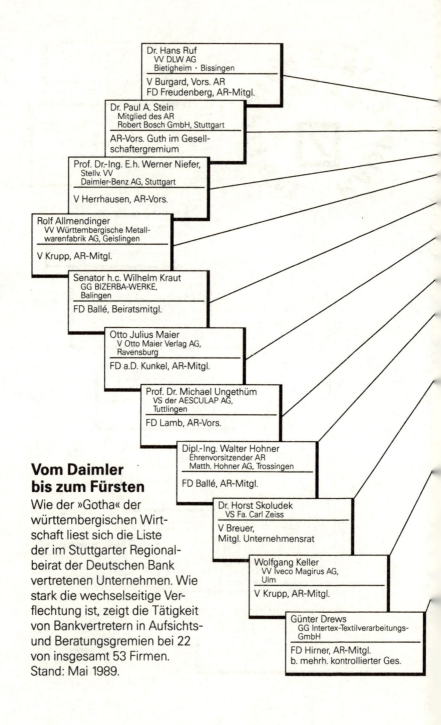

Dr. Hans Ruf
VV DLW AG
Bietigheim · Bissingen

V Burgard, Vors. AR
FD Freudenberg, AR-Mitgl.

Dr. Paul A. Stein
Mitglied des AR
Robert Bosch GmbH, Stuttgart

AR-Vors. Guth im Gesell-
schaftergremium

Prof. Dr.-Ing. E.h. Werner Niefer,
Stellv. VV
Daimler-Benz AG, Stuttgart

V Herrhausen, AR-Vors.

Rolf Allmendinger
VV Württembergische Metallwarenfabrik AG, Geislingen

V Krupp, AR-Mitgl.

Senator h.c. Wilhelm Kraut
GG BIZERBA-WERKE,
Balingen

FD Ballé, Beiratsmitgl.

Otto Julius Maier
V Otto Maier Verlag AG,
Ravensburg

FD a.D. Kunkel, AR-Mitgl.

Prof. Dr. Michael Ungethüm
VS der AESCULAP AG,
Tuttlingen

FD Lamb, AR-Vors.

Dipl.-Ing. Walter Hohner
Ehrenvorsitzender AR
Matth. Hohner AG, Trossingen

FD Ballé, AR-Mitgl.

Dr. Horst Skoludek
VS Fa. Carl Zeiss

V Breuer,
Mitgl. Unternehmensrat

Wolfgang Keller
VV Iveco Magirus AG,
Ulm

V Krupp, AR-Mitgl.

Günter Drews
GG Intertex-Textilverarbeitungs-
GmbH

FD Hirner, AR-Mitgl.
b. mehrh. kontrollierter Ges.

Vom Daimler
bis zum Fürsten

Wie der »Gotha« der
württembergischen Wirt-
schaft liest sich die Liste
der im Stuttgarter Regionalbeirat der Deutschen Bank
vertretenen Unternehmen. Wie
stark die wechselseitige Verflechtung ist, zeigt die Tätigkeit
von Bankvertretern in Aufsichts-
und Beratungsgremien bei 22
von insgesamt 53 Firmen.
Stand: Mai 1989.

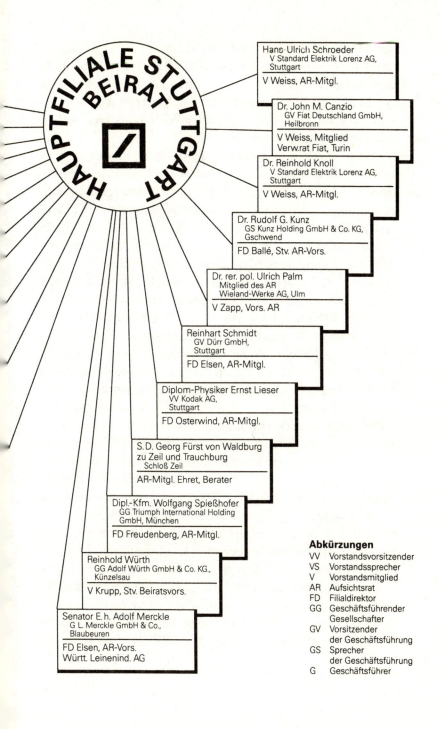

HAUPTFILIALE STUTTGART BEIRAT

Hans-Ulrich Schroeder
V Standard Elektrik Lorenz AG,
Stuttgart
V Weiss, AR-Mitgl.

Dr. John M. Canzio
GV Fiat Deutschland GmbH,
Heilbronn
V Weiss, Mitglied
Verw.rat Fiat, Turin

Dr. Reinhold Knoll
V Standard Elektrik Lorenz AG,
Stuttgart
V Weiss, AR-Mitgl.

Dr. Rudolf G. Kunz
GS Kunz Holding GmbH & Co. KG,
Gschwend
FD Ballé, Stv. AR-Vors.

Dr. rer. pol. Ulrich Palm
Mitglied des AR
Wieland-Werke AG, Ulm
V Zapp, Vors. AR

Reinhart Schmidt
GV Dürr GmbH,
Stuttgart
FD Elsen, AR-Mitgl.

Diplom-Physiker Ernst Lieser
VV Kodak AG,
Stuttgart
FD Osterwind, AR-Mitgl.

S. D. Georg Fürst von Waldburg
zu Zeil und Trauchburg
Schloß Zeil
AR-Mitgl. Ehret, Berater

Dipl.-Kfm. Wolfgang Spießhofer
GG Triumph International Holding
GmbH, München
FD Freudenberg, AR-Mitgl.

Reinhold Würth
GG Adolf Würth GmbH & Co. KG.,
Künzelsau
V Krupp, Stv. Beiratsvors.

Senator E. h. Adolf Merckle
G L. Merckle GmbH & Co.,
Blaubeuren
FD Elsen, AR-Vors.
Württ. Leineind. AG

Abkürzungen

VV	Vorstandsvorsitzender
VS	Vorstandssprecher
V	Vorstandsmitglied
AR	Aufsichtsrat
FD	Filialdirektor
GG	Geschäftsführender Gesellschafter
GV	Vorsitzender der Geschäftsführung
GS	Sprecher der Geschäftsführung
G	Geschäftsführer

der Hauptfiliale Wuppertal, die noch vor wenigen Jahren unter allen regionalen Stützpunkten das größte Kreditvolumen beisteuerte, sind 16 von 41 vertretenen Unternehmen mit der Bank kreuzweise verflochten. Acht der Mandate in diesem stark mittelständisch geprägten Wirtschaftsraum werden von Vorstandsmitgliedern ausgeübt.

Nicht nur Bankkunden benötigen Kredit, sondern auch Banken den Kredit ihrer Kunden. Nur wo sich gegenseitiges Vertrauen aufbaut, entstehen langfristig stabile geschäftliche Beziehungen. Vertrauen und Ansehen suchen Banken jedoch von jeher nicht allein durch die Art und Weise, wie sie ihr Metier ausüben, zu gewinnen. Vor allem die Privatbankiers früherer Zeiten, die vor dem Siegeszug der großen Finanzkonzerne das Bild ihrer Branche weitgehend bestimmten, engagierten sich immer wieder für soziale, wissenschaftliche und vor allem kulturelle Projekte. Ohne ihr Eintreten würde beispielsweise in der heutigen Finanzmetropole Frankfurt das berühmte »Städel«, eines der bedeutendsten deutschen Kunstmuseen, vielleicht kaum mehr bestehen. Vorsitzender der fünfköpfigen »Administration« des bis heute von einer privaten Stiftung getragenen »Städelschen Kunstinstituts«, wie die 1815 durch den Kaufmann Johann Friedrich Städel eingerichtete Sammlung offiziell heißt, ist seit 1970 Hermann Josef Abs. Durch seine künstlerischen Aktivitäten und spektakuläre Aktionen, wie die Ersteigerung bedeutender Kunstgegenstände in der Londoner Hirsch-Auktion für deutsche Museen im Jahre 1978, verhalf der gelernte Privatbankier seinem Haus zu einem über das Image eines exzellent gemanagten Geldkonzerns hinausgehenden Erscheinungsbild.

Als großer Musik- und Kunstliebhaber, der selber Orgel, Klavier und Cembalo spielt und gelegentlich Gäste sachkundig durch das »Städel« führte, steht der Ehrenvorsitzende der Deutschen Bank sicherlich außer Verdacht, mit seinem Kunst-Sponsoring in erster Linie geschäftliche Zwecke zu verfolgen. Gleichwohl wußten die Geldmanager beispielsweise die von Abs in seiner Kronberger Villa oder in der Bank arrangierten Konzertabende für ausgewählte Gäste, etwa mit dem von ihm besonders geförderten Stuttgarter Melos-Quartett oder der Pianistin Edith Picht-Axenfeld, stets als willkommene Gelegenheit zur Kontaktpflege zu schätzen. In der Tradition ihres Ehrenvorsitzenden, der heute noch neben der »Administration« des »Städel« dem Verwaltungsrat des »Freien Deutschen Hochstifts« (unter seiner Obhut befindet sich das Frankfurter Goethe-Haus) vorsteht, üben führende Männer der Deutschen Bank Funktionen in namhaften Kulturinstitutionen der Bundesrepublik aus. So ist Wilfried Guth, der unter anderem dem Kuratorium der »Deutschen Akademie für Sprache und Dichtung« in Darmstadt angehört, Kuratoriumsvorsitzender der »Freunde der Alten Oper« in Frankfurt und der »Gesellschaft der Freunde von Bayreuth«. Sein früherer Sprecherkollege Christians steht dem Kuratorium des Kölner »Walfraff-Richartz-Museums« vor – als Nachfolger von Abs, mit dem er im Vorstand des »Vereins Beethoven-Haus« in Bonn sitzt. Daneben sind Rat und gute Verbindungen des engagierten Sammlers (Schwerpunkt: russische Avantgarde) als Mitglied der dreiköpfigen Ankaufskommission der »Kunstsammlung Nordrhein-Westfalen« geschätzt. Wo Banker den schönen Künsten dienen, sind jedoch in aller Regel ihre nächsten Freunde nicht fern. Eher kann sich ein Industrieller einem Kreditgeschäft verweigern als der freundlichen Bitte eines Großbankiers, in ein von ihm geleitetes kulturelles Gremium einzutreten. So gehören beispielsweise dem Verwaltungsrat des »Freien Deutschen Hochstifts« mit Marcus Bierich (Bosch), Gert Becker (Degussa) und Hermann Becker (Philipp Holzmann) gleich drei Vorstandsvorsitzende bedeutender Industriekonzerne an, dazu noch ein Vorstandsmitglied der Metallgesellschaft.

Alfred Herrhausen, durch Ämter und Mandate ohnehin

schon bis an die Grenze seiner Kapazität ausgefüllt, hat sich in Spitzeneinrichtungen von Forschung und Wissenschaft ein zusätzliches Betätigungsfeld erschlossen. So ist er Mitglied des Senats und des Verwaltungsrates der »Max-Planck-Gesellschaft zur Förderung der Wissenschaften« – vor allem jedoch Schatzmeister dieser mit 62 Instituten und selbständigen Gruppen größten deutschen Spitzenorganisation auf dem Gebiet der Grundlagenforschung. Die Liste der dem 55köpfigen Senat (neben Wissenschaftlern, Politikern und Gewerkschaftern) angehörenden Topmanager liest sich wie der Gotha der deutschen Industrie: Von Siemens und Daimler-Benz über Bayer, Hoechst und Mannesmann bis Bosch und BMW ist nahezu alles dabei, was Rang und Namen hat. Gleichzeitig ist Herrhausen Vorstandsmitglied des »Stifterverbandes für die Deutsche Wissenschaft«, einer Gemeinschaftsaktion der Wirtschaft zur Förderung von Wissenschaft und Forschung, sowie der von Thyssen-Chef Dieter Spethmann geleiteten »List Gesellschaft« in Düsseldorf. Ihr Ziel ist vor allem die Umsetzung wirtschafts- und sozialwissenschaftlicher Forschungsergebnisse in die Praxis. Schließlich zählt der Vorstandssprecher der Deutschen Bank zusammen mit Reinhard Mohn (Bertelsmann), Berthold Beitz (Krupp), Jörn Kreke (Douglas Holding) und August Oetker zum Direktorium der Privatuniversität Witten-Herdecke.

Herrhausens Vorstandskollege Eckart van Hooven engagierte sich beim Aufbau des 1982 gegründeten »Frankfurter Instituts für wirtschaftspolitische Forschung«, das dem »Kronberger Kreis« liberal-konservativer Ökonomen als publizistische Plattform dient. Der Bankmanager, der im Falle eines CDU-Sieges bei der Hamburger Bürgerschaftswahl 1987 Wirtschaftssenator geworden wäre, baute das Institut mit Hilfe seiner Industriebeziehungen zu einem hochkarätig besetzten Förderclub aus. Dem Gremium gehören unter anderem Degussa-Chef Gert Becker, der Quandt-Manager Eberhard von Heusinger sowie der Merck-Gesellschafter und frühere BDI-Präsident Hans-Joachim Langmann an. Als Schatzmeister des Instituts hat van Hoovens Vorstandskollege Ulrich Weiss das wohl wichtigste Amt inne.

Natürlich stehen kulturelles und wissenschaftliches Engagement der versammelten Wirtschaftsprominenz nie in holder Unschuld da. Wo Bankiers und Industrielle aufeinandertreffen, ist immer irgendwie auch Geschäftliches mit im Spiel – und wenn es nur darum geht, Informationen aus erster Hand und Meinungen zu allgemein interessierenden Fragen auszutauschen. Was sich am Konferenztisch oder Telefon an Problemen und Problemchen nicht aus der Welt schaffen läßt, kann sich unter dem wohltuenden Einfluß der Musen manchmal erstaunlich schnell in Luft auflösen. Ein nicht ganz unbekannter Bankier war in einer für ihn wichtigen Angelegenheit mit der Deutschen Bank über Kreuz geraten. Nach einer Sitzung der »Städel-Administration« sprach er Hermann Josef Abs, der zu diesem Zeitpunkt schon gar nicht mehr im aktiven Geschäft stand, auf sein Anliegen an. Ergebnis: Innerhalb weniger Tage, so erzählte der betreffende Bankier später, sei die leidige Angelegenheit vom Tisch gewesen.

Natürlich darf man solche inoffiziellen, im Grenzbereich von Geschäfts- und Privatsphäre liegenden Beziehungen und Freundschaften nicht überbewerten. Auf der anderen Seite wäre es jedoch ein Irrtum zu glauben, daß in der nüchternen Welt der Wirtschaft allein die Zahlen, und seien sie noch so gut, das Maß aller Dinge sind. Jeder Vorstandsvorsitzende eines bedeutenden Unternehmens weiß, daß sein Erscheinungsbild auch davon beeinflußt wird, in welche Aufsichtsräte er berufen wird, welcher ranghohe Politiker möglicherweise seinen Rat schätzt und auf welchen Gebieten außerhalb seines Fachressorts er sonst noch zu glänzen versteht. Die Imagekurve weist steil nach oben, steht man erst einmal in dem Ruf, das besondere Vertrauen der Deutschen Bank zu genießen. In ihrem elitären Selbstverständnis sprechen gerade die über das reine Bankgeschäft hinaus politisch und kulturell engagierten Männer, allen voran Abs, auf Repräsentanten der Industrie an, die ähnlichen Interessen folgen wie sie selber. Um ihre Favoriten zu fördern, verfügt die Bank über bessere Voraussetzungen als jede andere Institution der deutschen Wirtschaft. Wer hat schon mehr Möglichkeiten, Leute zu bestimmten Anlässen und in bestimmten Gremien zusammenzuführen, als Deutschlands Universalbank Nummer eins? Selbst wo sie an ihrem Beziehungsgeflecht nicht eigenhändig knüpfen, reicht den Geldmanagern vielfach ein diskreter Rat, um mit Hilfe Dritter den gewünschten Erfolg eintreten zu lassen. Auf diese Weise entsteht über das rein geschäftliche Aktionsfeld hinaus ein kaum noch überschaubares Netz von Beziehungen und Verflechtungen. Die meisten derer, die in ihm einen Platz haben, sind in irgendeiner Weise Gebende und Nehmende zugleich, sind vielen verpflichtet, wie ihnen ihrerseits viele verpflichtet sind. In einem solchen auf Leistung und Gegenleistung aufgebauten System, das mit zunehmender Perfektion immer mehr Distanz abbaut und Abhängigkeiten schafft, ist schließlich niemand mehr frei. Sicherlich »beherrscht« die Deutsche Bank im strengen Sinne des Wortes dieses System nicht. Ihre Allgegenwart und ihr keinem anderen Finanzhaus zu Gebote stehender personeller Gestaltungsspielraum garantieren ihr jedoch eine kaum zu bestreitende Sonderstellung.

11. Kapitel

Von der Wiege bis zu Bahre

Die Familienbande der Deutschen Bank

Ich kann meinen Freunden nur raten,
nie ein Mandat in einer Familiengesellschaft anzunehmen.
(Hermann Josef Abs in einem Interview 1987)

Wie sollten sich denn die Freunde, die er meinte, an seinen Rat halten, wenn er selber mit so schlechtem Beispiel voranging? Niemand hat wohl mehr Unternehmerfamilien mit Rat und Tat zu Diensten gestanden als Hermann Josef Abs in seiner langen Laufbahn. Seine letzten Mandate, den Vorsitz im Aufsichtsrat und der Gesellschafterversammlung der Stolberger Halbzeug- und Kurzwarenfirma William Prym-Werke GmbH & Co. KG, gab er – bereits 87jährig – erst im Mai 1989 ab. Eigentlich wollte der Altvater schon ein Jahr früher Schluß machen; doch die noch nicht vollendete Neuordnung des Gesellschafterkreises entließ ihn nicht aus der Pflicht. Genau 48 Jahre lang überwachte er die Geschicke der mittelständischen Familienfirma aus dem deutsch-belgischen Grenzraum. Seine Vertrauensstellung hatte der Freund der Familie einst schon von seinem Vater übernommen. Als juristischer Berater der Eigentümer war Hermann Josef Abs in den damaligen Beirat berufen worden.

Der Einfluß der Banken erstreckt sich längst nicht mehr nur auf die allseits bekannten Aktiengesellschaften, deren Namen die Mandatslisten der Geldmanager zieren. Teilweise ebenso vielfältig sind ihre institutionalisierten Beziehungen zu großen und häufiger noch zu kleineren Familienfirmen, bei denen sie – meist sogar als Vorsitzende – Aufsichts- und Beiräten, Gesellschafterausschüssen und Verwaltungsräten angehören. Da die Spitzenbankiers mit den großen Namen der Industrie schon genügend Aufmerksamkeit auf ihre Person lenken, breiten sie über ihre Verpflichtungen bei kleineren Firmen nur allzugern den Schleier des Geheimnisses – gelegentlich auch auf ausdrücklichen Wunsch ihrer Vertrauten.

So leitete Franz Heinrich Ulrich, ohne daß die Öffentlichkeit davon erfahren hätte, den Beirat der Firma des einstigen BDI-Präsidenten Fritz Berg. Als es nach dem Tode des sauerländischen Federstahldraht-Herstellers mit dem Unternehmen bergab ging, kümmerte sich der Vorstandssprecher der Deutschen Bank mit Unterstützung eines seiner Assistenten intensiv um das Altenaer Werk. Ohne seine Hilfe und das auf sein Betreiben von anderen Unternehmen gewährte Entgegenkommen hätte die 1853 gegründete Firma die kritische Phase möglicherweise nicht überstanden.

Auch seinem Kollegen Friedrich Wilhelm Christians ließ die Arbeit in der Bank und in großen Publikumsfirmen von VW bis RWE und von Bayer bis Mannesmann noch genügend Zeit, um sich der Probleme einer ganzen Anzahl kleinerer Familienfirmen anzunehmen. Da diese Mandate in den meisten Fällen an eine bestimmte Person gebunden und damit nicht bankintern vererbbar sind, haben sie für die Amtsinhaber den unschätzbaren Vorteil, daß sie ihnen noch als Pensionäre Anerkennung und in aller Regel ein üppiges Zubrot garantieren. So blieb der 1988 aus dem Vorstand ausgeschiedene Christians selbstverständlich auch weiterhin Beiratsmitglied der Stolberger Dalli-Werke Mäurer + Wirtz und der der Familie Wirtz gehörenden Pharmafirma Grünenthal. Sogar als Vorsitzender des Beirats ist der Ex-Vorstandssprecher mit dem Bergisch-Gladbacher Papierhersteller Zanders Feinpapiere AG, der Kölner Textilkaufhauskette Dyckhoff und der Krefelder Maschinenfabrik G. Siempelkamp auf das engste verbunden. Zusätzlich trat er bei Prym das Abs-Erbe an. Trotz seiner Aufgabenfülle und Mandatsüberlastung hat selbst der in Gremien in- und ausländischer Weltfirmen verkehrende Alfred Herrhausen nicht vollends von der Basis abgehoben. So leitet er in Dortmund, wo er als junger Finanzvorstand des Stromerzeugers VEW seine Karriere begonnen hatte, den Beirat der Druckerei- und Verlagsgruppe Busche und die auf Bauisolierungen spezialisierte Firma F. Willich. Für die Familie des 1982 verstorbenen Dortmunder-Union-Chefs Felix Eckhardt kümmert er sich als Beiratsvorsitzender um deren Firma PHILIPPINE GmbH & Co. Technische Kunststoffe AG in Lahnstein. In gleicher Funktion ist er bei der Bauunternehmung E. Heitkamp in Herne, der Remscheider Fräsmaschinenfabrik Klingelnberg Söhne und bei der Bremer Brauerei Beck & Co. aktiv.

Es ist fast unmöglich, auch nur annähernd alle die mehr oder weniger diskret gepflegten institutionalisierten Verbindungen zwischen den führenden Männern der Deutschen Bank und kleineren Familienfirmen offenzulegen. Ganz zu schweigen von der Vielzahl informeller Beziehungen, von denen über qualifizierte Beratung der Gesellschafter und deren Unternehmen vor wichtigen Entscheidungen Wirkungen von weitreichender Bedeutung ausgehen können.

So stark die Stellung der Deutschen Bank auch bei den führenden Aktiengesellschaften der Bundesrepublik sein mag – einen noch sehr viel größeren Vorsprung hat sie im Bereich der als Personengesellschaften geführten Familienunternehmen. Die Präsenz einer von keiner anderen Bank erreichten Zahl namhafter Vertreter des gehobenen Mittelstandes in ihren Regionalbeiräten ist dafür ein zuverlässiger Gradmesser. Vielfach ist der Fundus alter, teilweise über Generationen hinweg gepflegter Partnerschaften noch eine Mitgift der um die Jahrhundertwende vor allem in West- und Süddeutschland übernommenen Privatbankhäuser und Regionalbanken und der 1929 mit der Deutschen Bank verschmolzenen Disconto-Gesellschaft. An ihrer Spitze standen ja ebenfalls Geschäftsinhaber, die durch ihren Status einen ungleich leichteren Zugang zu selbständigen Unternehmern hatten als angestellte Bankdirektoren.

Auch nach dem Zweiten Weltkrieg ist der Deutschen Bank unter dem gelernten Privatbankier Hermann Josef Abs der Ausbau ihres Vertrauenskredits innerhalb der tragenden Schicht der deutschen Wirtschaft sehr viel besser gelungen als all ihren Konkurrenten. Dabei half ihr allein schon ihre Stellung als führendes Institut, von dem als Kunde akzeptiert zu werden sich mancher als Ehre anrechnete. Ihre große finanzielle Stärke, verbunden mit dem sicheren Gespür für die Sensibilität speziell dieses Teils ihrer Kundschaft, bewogen sie überdies, Firmen auch in schwierigen Zeiten die Treue zu halten. Mochten im ungünstigsten Fall auch einige Millionen verloren sein (von denen ohnehin der Fiskus einen Großteil in Form entgangener Ertragsteuer übernahm), so stand diesem Verlust auf der anderen Seite des Kontos ein willkommener Vertrauensgewinn gegenüber. Der Dresdner Bank ging lange Zeit der Ruf voraus, bisweilen allzuschnell die schützende Hand über einem bedrängten Unternehmer hinwegzuziehen. Die wenig rühmliche Rolle, die ihr Vorstandsmitglied Hans Rinn 1962 beim vermeidbaren Zusammenbruch des Hamburger Werft-Newcomers Willy H. Schlieker spielte, trug zu diesem Image ebenso bei wie die Art, in der die Bank 1962 dem Bremer Holzkaufmann und Börsenspekulanten Hermann D. Krages dessen hochbeliehenes Paket Gelsenberg-Aktien entwand. Mit ihren Schwerpunkten im Börsen- und Emissionsgeschäft hatte die Bank eher eine Affinität zu großen Publikumsgesellschaften als zu Familienunternehmen.

Mehr als im Verhältnis zu Großkonzcrnen, bei denen es – beispielsweise im Fall von Aktienemissionen – in erster Linie auf einen gut eingespielten Bankapparat ankommt, lebt das Geschäft mit Familienfirmen von bewährten persönlichen Beziehungen. Für die Deutsche Bank erwies es sich dabei als vorteilhaft, daß sie ihren Filialdirektoren schon frühzeitig einen größeren persönlichen Entscheidungsrahmen zugestand. Gerade selbständige Unternehmer haben ein feines Gespür dafür, inwieweit ihre finanziellen Partner über eigene Kompetenzen verfügen oder ob sie bei jedem Schritt die Zustimmung der Zentrale einholen müssen. Nicht zu unterschätzen ist schließlich auch die Wirkung, die der Marktführer in seiner Rolle als selbsternannter Hüter nationaler Wirtschaftsinteressen gerade im konservativen Mittelstand erzielt.

Wenn Hermann Josef Abs Kollegen riet, nie ein Mandat in einer Familienfirma anzunehmen, dann war dies sicherlich die nicht ganz ernst gemeinte Schlußfolgerung eigener leidvoller Erfahrungen. Allzuoft war in ihm nicht allein der Bankier gefordert, sondern zugleich der Rechtsberater, Diplomat und Beichtvater. Seine vielleicht schwierigste Rolle war dabei die des Beiratsvorsitzenden der Wiesbadener Sektkellerei Henkell. Mehr als vier Jahrzehnte widmete er der mühevollen Aufgabe, die zeitweise heftig zerstrittenen Gesellschafter wieder auf gemeinsamen Kurs zurückzuführen. Mit Otto Henkell, dem 1929 verstorbenen Enkel des Gründers Adam Henkell, hatte er anläßlich einer gemeinsamen Schiffsreise nach Amerika nicht nur ausgiebig Bridge gespielt, sondern auch ausführliche Gespräche über die Firma geführt.

Aktiv wurde Abs, nachdem sich die Erben als unfähig erwiesen hatten, schwerwiegende Erbdifferenzen allein beizulegen. Sie waren durch die testamentarische Verfügung des 1940 in Frankreich gefallenen Stefan-Karl Henkell (des Sohnes von Otto Henkell) ausgelöst worden, der seine Tochter Veronica zur Gesellschafterin bestimmt hatte. Dies stand im Widerspruch zur Familientradition, nach der ausschließlich männliche Nachkommen für die unternehmerische Erbfolge in Frage kamen. Zurückgesetzt fühlten sich vor allem Otto Henkells Witwe und deren Töchter Fänn Schniewind und Annelies, die 1920 den Wollkaufmann und späteren NS-Außenminister Joachim von Ribbentrop geheiratet hatte. Auf Empfehlung von Abs wandelte die Familie ihre bis dahin als Offene Handelsgesellschaft (OHG) geführte Sektkellerei in eine Kommanditgesellschaft (KG) unter Beteiligung der beiden Damen als Kommanditistinnen um.

Für Abs wurde die Schlichterrolle, die er immer wieder übernehmen mußte, dadurch erschwert, daß nach dem Gesellschaftervertrag alle Entscheidungen einstimmig getroffen werden mußten – natürlich einschließlich der, das damit vorhandene Vetorecht eines Gesellschafters aufzuheben. Offenen Streit löste schließlich die Bestimmung aus, daß gleichzeitig vier Erben die Firma leiten durften, ohne daß jedoch ein bestimmter Auswahlmodus oder auch nur ein Eignungskatalog vorgegeben war. Schon Mitte der siebziger Jahre kündigten sich für Deutschlands größte Sektkellerei schwere Zeiten an, denen sich die von Hermann Josef Abs zusammengehaltenen Erben nicht mehr gewachsen fühlten. Nachdem schon 1980 Otto Henkell jr. und Adolf von Ribbentrop zugunsten eines familienfremden Managers auf die Geschäftsführung verzichtet hatten, verkauften die Sekterben ihr Unternehmen 1986 an die zur Oetker-Gruppe zählende Söhnlein-Rheingold KG in Wiesbaden.

Ihr enges Verhältnis zu Henkell hinderte die Deutsche Bank nicht daran, sich auch bei der Koblenzer Konkurrenzkellerei Deinhard zu engagieren, wo sie traditionell als Hausbank fungiert. Im Beirat der bis 1970 als OHG geführten, 1794 von Johann Friedrich Deinhard gegründeten Firma war sie ebenso vertreten wie im Aufsichtsrat der späteren Kommanditgesellschaft auf Aktien. In Handlungszwang gcricten die Geldmanager 1978, als die über zwei Drittel der Geschäftsanteile verfügenden Vettern Rolf und Hanns Christof Wegeler ihr Vorkaufsrecht auf das nach Differenzen mit einem ausgeschiedenen Partner von diesem angebotene Restdrittel ausüben wollten. Um die 40 Millionen für das Paket aufzubringen, mußten die Wegelers Geld aus dem Unternehmen ziehen und Privatvermögen abstoßen. Zur Wiederherstellung der finanziellen Ordnung beteiligte sich die Deutsche-Bank-Tochter Deutsche Beteiligungsgesellschaft mbH mit 34 Prozent an der 1983 gegründeten D & C Holding GmbH, die ihrerseits 32,2 Prozent des Deinhard-Kapitals in Form von stimmrechtslosen Vorzugsaktien hält.

Schon im Ansatz scheiterte 1988 der Versuch der Deinhard-Vettern, mit einem anderen Sorgenkind der Deutschen Bank, dem Rheinberger Magenbitterproduzenten Emil Underberg, zusammenzugehen. Ähnlich wie die Sekterben hatte auch der niederrheinische Spirituosenfabrikant nach jahrelangen, zum Teil vor den Gerichten ausgetragenen Streitigkeiten innerhalb des Eigentümerkreises weichende Mitgesellschafter auszahlen müssen. Nachdem 1981 bereits Emils Vetter Karl-Hubertus aus der Firma ausgeschieden war, zog sich zwei Jahre später auch Mutter Margarete Underberg als Persönlich Haftende Gesellschafterin zurück. Um dem mit ihr seit Generationen eng verbundenen Unternehmen über die kritische Phase hinwegzuhelfen, mußte die Deutsche Bank ihre Kreditlinie zeitweise auf über hundert Millionen Mark ausdehnen. Eine Fusion ihrer beiden Großkunden zu einer starken Getränkegruppe wäre den Geldmanagern daher höchst willkommen gewesen. Unüberbrückbare Meinungsverschiedenheiten über die Strategie einer gemeinsamen Gesellschaft zwangen die Unterhändler jedoch zum vorzeitigen Abbruch ihrer Fusionsgespräche.

Zurück zu Hermann Josef Abs und seinen Erfahrungen in

Familienfirmen. Hatten ihn schon bei Henkell die Ereignisse zu der deprimierenden Einsicht geführt, daß gegen unfähige Erben sogar ein Beiratsvorsitzender ziemlich machtlos ist, so bestätigte sich diese Erkenntnis erst recht bei dem von ihm beaufsichtigten traditionsreichen Bonner Fliesen- und Keramikhersteller Wessel-Werk. Schon Vater Josef Abs hatte die Firma beraten. Als er starb, vererbte er seiner zeitlebens kranken Tochter Maria eine beachtliche Geldforderung an Wessel, die Hermann Josef Abs später in eine rund zehnprozentige Beteiligung umwandelte.

Das kleine Unternehmen wäre einer breiteren Öffentlichkeit niemals bekannt geworden, wäre sein Chef Nikolaus Fasolt 1978 nicht als Nachfolger des von Terroristen ermordeten Hanns Martin Schleyer auf den Präsidentenstuhl der deutschen Industrie gehoben worden. Zwar hatte sich Abs nach Kräften bemüht, den als Königsmacher hinter den Kulissen agierenden ehemaligen Thyssen-Boß Hans-Günther Sohl von seinem Vorhaben abzubringen. Doch verhallten alle Warnungen (»Der kann nicht einmal ein kleines Familienunternehmen leiten«) wirkungslos. Der polyglotte Doktor der Slawistik, der durch seine Vermählung mit einer Wessel-Erbin zum Unternehmer geworden war, wurde gewählt. Wie richtig Abs mit seiner pessimistischen Einschätzung lag, in der ihn nicht zuletzt auch der zusätzlich in den Beirat gebetene Alfred Herrhausen bestärkt hatte, zeigte sich schneller als erwartet. Nur wenige Wochen nach seinem Amtsantritt mußte Fasolt Gerüchte über ernste Schwierigkeiten in seiner Firma bestätigen. Ein gegen ihn eingeleitetes Steuerverfahren im Zusammenhang mit einer Parteispende an die CDU zwang Deutschlands ranghöchsten Industrierepräsentanten schließlich im August 1978 zum Rücktritt. Seine sanierungsreife Firma wurde wenig später von ihrem Münchener Konkurrenten AGROB übernommen.

Auf fruchtbareren Boden fielen die Ratschläge des Doyen der

bundesdeutschen Großbankiers dagegen beim Branchenführer Villeroy & Boch. Die enge Beziehung, die Abs jahrzehntelang zu der 1748 gegründeten Firma im saarländischen Mettlach pflegte, geht auf seine Freundschaft mit Luitwin von Boch-Galhau zurück. 40 Jahre, von 1932 bis 1972, dirigierte der politisch engagierte Industrielle – er sprach mit Adenauer und Robert Schumann auf seinem Landsitz über die Rückkehr der Saar nach Deutschland – das Familienunternehmen. Wie Abs war auch Luitwin von Boch-Galhau Ritter vom Heiligen Grabe zu Jerusalem. Auf Empfehlung ihres prominenten Freundes wandelten die Gesellschafter ihre Firma 1987 in eine AG um – mit dem Ziel einer späteren Börseneinführung. Schon zwei Jahre zuvor hatte Abs seinen Vertrauten Karl Gustaf Ratjen, ehemals Vorstandschef der Frankfurter Metallgesellschaft, als Vorsitzenden des neugebildeten Verwaltungsrates präsentiert.

Die herausgehobene Stellung einer Reihe namhafter Familienunternehmer in ihren Industriebeziehungen dokumentierte die Deutsche Bank schon vor dem Krieg in der Zusammensetzung ihres Aufsichtsrates. So berief sie 1939 den Weinheimer Lederfabrikanten Richard Freudenberg. Seine Vorfahren hatten sich 1849 in eine kleine Gerberei eingekauft und den Betrieb zu Europas führendem Lederhersteller ausgebaut. Schon 1929 trat der Gründerenkel in den badisch-pfälzischen Beirat der Bank ein. Ihrem »wahrlich getreuen Freund und Ratgeber« (so der Deutsche-Bank-Vorstand in einem Glückwunschbrief zu Freudenbergs 75. Geburtstag im Jahre 1967) folgte 1968 dessen Verwandter Helmut Fabricius in den Aufsichtsrat. Sohn Walter Fabricius ist heute Executive Vice President bei der Deutschen Bank Capital Corporation in New York, Wolfram Freudenberg Direktor in der Hauptfiliale Stuttgart. Der Sprecher der Geschäftsführung der mittlerweile breit diversifizierten Unternehmensgruppe (Kunststoffe, Leder, Ventile und Dichtungen sowie Vliesstoffe), Reinhart

Freudenberg, schließlich leitet den Mannheimer Regionalbeirat.

Bereits 1929 war der Generaldirektor der Knorr-Bremse AG in Berlin, Johannes Ph. Vielmetter, in den Aufsichtsrat der Deutschen Bank eingezogen. Die 1905 auf Initiative des Ingenieurs Georg Knorr in Berlin gegründete Firma entwickelte sich unter der tatkräftigen Führung Vielmetters zu Europas größtem Hersteller von Eisenbahnbremsen. Bereits 1920 waren alle deutschen und eine Reihe europäischer Bahnen mit Druckluftbremsen von Knorr ausgerüstet. Gleichzeitig machte sich das junge Unternehmen auch mit Bremsen für Nutzfahrzeuge weltweit einen Namen. Vielmetter leitete seine Firma 30 Jahre lang mit eiserner Hand. 1920 kaufte er dem Wiener Finanzmagnaten Camillo Castiglioni die Bayerischen Motoren-Werke (BMW) ab, die den Lizenzbau von Knorr-Bremsen für Bayerns Eisenbahnen übernommen hatten. Doch schon zwei Jahre später erwarb der »österreichische Stinnes« die Marke für seine industriellen Vorhaben auf dem Gebiet des Motorenbaus zurück.

Wie eng Vielmetter mit der Deutschen Bank liiert war, zeigte sich auf dem Höhepunkt der Bankenkrise 1931. Mußte bei anderen führenden Finanzhäusern das Reich durch die Übernahme größerer Aktienpakete in die Bresche springen, zeichneten bei der Deutschen Bank Mitglieder des Aufsichtsrates, darunter auch der Generaldirektor der Knorr-Bremse AG, größere Kapitalanteile. Als nach dem Zweiten Weltkrieg das im Osten Berlins enteignete Unternehmen seinen Sitz nach München verlegte, revanchierte sich die Bank ihrerseits mit großzügigen Wiederaufbaukrediten. Gleichzeitig ließen die Geldmanager den Helfer in der Not ihre Verbundenheit durch eine hochkarätige Mandatsbetreuung spüren. Den Aufsichtsräten der Knorr-Gruppe gehörten, jeweils als Vorsitzende, zeitweise drei Vorstandsmanager der Bank an, darunter in der als Holding fungierenden Knorr-Bremse KG Vorstandssprecher Wilfried Guth. Für den Großbankier wurde das unter normalen Umständen von einem Filialdirektor wahrgenommene Mandat allerdings durch permanente Streitigkeiten zwischen den beiden mit gleichen Quoten beteiligten Komplementären eine Quelle nicht endender Unerquicklichkeiten. Als er ein auf einer strikten Trennung von Familie und Management basierendes Führungsmodell nicht durchsetzen konnte, trat er 1984 sein Amt entnervt an ein Mitglied der Filialdirektion der Bank ab. Nur wenig später machten die sich gegenseitig blockierenden Hauptgesellschafter Kasse und verhalfen durch einen mit Hilfe der Deutschen Bank realisierten »Management Buyout« Vorstand Heinz Hermann Thiele zum Aufstieg in die Rolle des Mehrheitseigentümers.

So wertvolle Dienste Johannes Ph. Vielmetter der Deutschen Bank in schwerer Zeit auch geleistet haben mochte – seine Bedeutung reichte doch bei weitem nicht an die eines anderen Pionierunternehmers der ersten Hälfte dieses Jahrhunderts heran: Philipp Fürchtegott Reemtsma, Deutschlands unumstrittener Zigarettenkönig. Zu keiner anderen Familienfirma vergleichbarer Stellung dürften die geschäftlichen Verbindungen enger und vielfältiger gewesen sein, nirgendwo anders die Einflußmöglichkeiten so direkt und rechtlich klar geregelt. Denn Philipp Reemtsma hatte eingedenk der langen vertrauensvollen Zusammenarbeit (siehe Seite 31f.) seine Testamentsvollstreckung der Deutschen Bank übertragen. Diese Verfügung gewann durch den Umstand besonderes Gewicht, daß 1959, als Reemtsma 65jährig starb, sein aus zweiter Ehe stammender Erbe Jan Philipp gerade sechs Jahre alt war. Da dieser über seinen 42prozentigen Anteil (durch Zukäufe wurde daraus 1976 sogar eine Mehrheit von knapp 52 Prozent) erst mit 26 Jahren frei verfügen durfte, fiel der Deutschen Bank so zwei Jahrzehnte lang eine unternehmerische Schlüsselstellung zu. Zwar konnten ihre Repräsentanten mit Rücksicht auf die übrigen Gesellschafter nicht nach Belieben schalten und walten; doch lief vor allem bei der Besetzung der Führungspositionen im Management ohne sie kaum etwas, zumal sie gerade auf diesem Gebiet die vielfältigen Verbindungen der Bank spielen lassen konnten. Nach dem Letzten Willen Philipp Reemtsmas durfte der Vorstand der Deutschen Bank einen der beiden dem Gesellschafterausschuß angehörenden Testamentsvollstrecker von sich aus bestimmen, den anderen, der kein Banker sein sollte, konnten sie nur im Einvernehmen mit der Witwe Gertrud Reemtsma benennen. Wie gering der persönliche Bewegungsspielraum der beiden war, läßt sich allein schon daran ablesen, daß sie bei der Bank eine notariell beglaubigte Blancorücktrittserklärung hinterlegen mußten. Sie konnte jederzeit ohne Angabe von Gründen aus der Schublade gezogen werden.

Für die Beziehungspflege auf höchstem Level fühlte sich in der Bank vor allem Karl Klasen verantwortlich. Freund des Hauses und finanzieller Berater zugleich, gehörte er viele Jahre dem Aufsichtsrat an. Selbst seine Berufung ins Präsidentenamt der Deutschen Bundesbank, nach der ihm die Ausübung von AR-Mandaten untersagt war, änderte an dem bisherigen Verhältnis wenig: Klasen nahm weiterhin an den Sitzungen des inzwischen in einen »Beirat« umgewandelten Gremiums teil. Und als dem Zigarettenkonzern durch die Einführung der erweiterten Mitbestimmung 1976 die Einsetzung eines Aufsichtsrates zwingend vorgeschrieben wurde, durfte er als Ehrenmitglied der Runde auch dann noch verbunden bleiben. Neben Klasen saß gleichzeitig noch Wilfried Guth mit am Aufsichtsratstisch und der von der Deutschen Bank protegierte Bosch-Geschäftsführer Hans Merkle.

Mit dem auch bei Gertrud Reemtsma wohlgelittenen Grandseigneur Klasen als Verbündetem amtierte der noch von Philipp Reemtsma eingestellte Majordomus Rudolf Schlenker mehr im Stile eines Verwalters denn eines dynamischen Chefmanagers. Als der ehemalige Ministerialbeamte 1973 aus

Gesundheitsgründen ausschied, hatten die Gesellschafter für die Nachfolge bereits einen Wunschkandidaten im Visier: Alfred Herrhausen. Der zu diesem Zeitpunkt gerade 43jährige Bankmanager schien den Erben in der im Hamburger Elbvorort Othmarschen idyllisch gelegenen Reemtsma-Zentrale genau der richtige Mann, um wieder etwas mehr Drive in das seit einigen Jahren nicht mehr recht florierende Geschäft zu bringen. In einem von Aufsichtsratschef Hinrich Reemtsma unterschriebenen Brief trugen die Anteilseigner ihrem Favoriten nicht nur den Vorstandsvorsitz, sondern obendrein Gesellschafterrang an. Doch Herrhausen lehnte unter Hinweis auf seinen laufenden Vertrag ab. Statt dessen vermittelte er ihnen als Schlenker-Nachfolger Manfred Emcke, starker Mann des Wuppertaler Elektrogeräte- und Teppichunternehmens Vorwerk. Gern hätten die Hamburger Herrhausen wenigstens für den Aufsichtsratsvorsitz gewonnen. Dies jedoch hätte als Affront gegen seinen diesem Gremium bereits angehörenden Kollegen Wilfried Guth empfunden werden können. Ohne einen von außen kommenden starken Kontrollchef, der das Management gegen die Einflüsse aus dem Gesellschafterkreis hätte abschirmen können, waren jedoch die Tage des neuen Vorstandsvorsitzenden schon bald gezählt. Bereits nach zwei Jahren schied Emcke im Streit mit den Gesellschaftern aus der Firma aus.

Als mit dem 26. Geburtstag Jan Philipp Reemtsmas 1979 die Mandatsherrschaft der Deutschen Bank endete, hatte Deutschlands führender Zigarettenkonzern viel von seiner früheren Stärke verloren. Nicht allein, daß der inländische Marktanteil, der Ende der fünfziger Jahre noch bei rund 50 Prozent gelegen hatte, bis 1988 auf 25,06 Prozent geschrumpft war. Immer deutlicher zeigte sich auch, daß die in preistreibender Konkurrenz vor allem zu Oetker und zur Bayerischen Hypotheken- und Wechselbank seit Anfang der siebziger Jahre vorangetriebene Diversifikation im Biermarkt ihr Ziel verfehlt hatte. Das für rund 400 Millionen Mark zusammengekaufte Brauerei-Imperium (Henninger, Tucher, Hannen, Bavaria-St. Pauli) erzielte zu keinem Zeitpunkt auch nur annähernd die erhoffte Rendite. Nachdem der junge Reemtsma die Majorität an seinem Konzern, kaum daß er frei über sie verfügen konnte, 1980 an die Hamburger Kaffeeröster Herz (»Tchibo«) abgestoßen hatte, traten die neuen Herren einige Jahre später den Rückzug aus dem enttäuschenden Biergeschäft an. Gleichzeitig mußten die Hanseaten mit ansehen, wie ihr erfolgreich in den Markt für Getränke, Lebensmittel und sogar Finanzdienstleistungen vorgedrungener US-Konkurrent Philip Morris (Spitzenmarke:»Marlboro«) bei Zigaretten sogar in der Bundesrepublik 1988 den bisherigen Branchenführer Reemtsma vom ersten Platz verdrängte.

Bankiers sind aus ihrer Kompetenz und Interessenlage heraus selten in der Lage, in anderen Branchen den Unternehmer zu ersetzen. Die Rolle der Deutschen Bank bei Reemtsma im Laufe von zwei Jahrzehnten Testamentsvollstreckung für den Hauptgesellschafter ist dafür ein besonders treffendes Beispiel. Wo lag das primäre Geschäftsinteresse der Geldmanager? Da Reemtsma die meiste Zeit über eine hohe Liquidität verfügte, gab es im Kreditgeschäft kaum etwas zu verdienen. Um so mehr stand für die Bank die Abwicklung des Importgeschäfts und die Verwaltung des beträchtlichen firmengebundenen und privaten Vermögens der Familie im Mittelpunkt. Da dieses Privatvermögen zu einem hohen Maße aus hochkarätigen Industriepapieren bestand, partizipierte die Bank an den Käufen und Verkäufen in Form ansehnlicher Provisionen. So gehörten die Reemtsmas auch nach dem Kriege noch zu den größten Einzelaktionären der Deutschen Bank, auch wenn ihr Anteil nur wenig mehr als zwei Prozent betragen haben dürfte. Daneben bemühten sich Klasen und sein Kollege Ulrich, das Interesse von Gertrud Reemtsma an der schon seit Beginn der vierziger Jahre über eine Beteiligung mit ihrer

Familie verbundenen Großreederei DDG »Hansa« in Bremen – besonders vor Kapitalerhöhungen – wachzuhalten. Das Schiffsunternehmen, an dem neben den Tabakerben auch die Versicherungsgruppe Allianz/Münchener Rück, die Albingia sowie die Deutsche Bank beteiligt waren, mußte im November 1980 nach schweren Einbußen in seinem wichtigsten Fahrtgebiet Vergleich anmelden.

Eine der stärksten Domänen der Deutschen Bank ist seit jeher die Textilindustrie mit ihren vielen traditionsreichen Familienfirmen. Durch die Strukturkrise der sechziger und siebziger Jahre war ihr Kreditengagement in dieser Branche besonders hoch – und damit gleichzeitig auch ihr Einfluß. Da zahlreiche der unverändert patriarchalisch geführten Firmen einen systematischen Managementaufbau versäumt hatten, fiel den Geldmanagern häufig genug die Aufgabe zu, sich mit Hilfe ihrer vielfältigen Beziehungen nach geeignetem Führungspersonal umzusehen.

Genau mit dieser Situation wurden sie Anfang der siebziger Jahre bei NINO, dem Aushängeschild der emsländischen Textilstadt Nordhorn nahe der holländischen Grenze, konfrontiert. Schon Bernhard Niehues, der das Unternehmen 1897 als Baumwollweberei gegründet hatte, galt als enger Freund der Deutschen Bank. Sein Sohn, Bernhard Niehues jr., genoß das Privileg, als einziger Textilindustrieller bis 1971 dem Aufsichtsrat der Bank anzugehören. Er war es auch, der den gerade am Beginn seiner Karriere stehenden Alfred Herrhausen als Ratgeber in die durch eine falsche Personalpolitik in Turbulenzen geratene Firma rief. Da Herrhausen kein Mandat mehr frei hatte, richteten die Familiengesellschafter eigens für ihn einen dreiköpfigen Beirat ein, der unter seinem Vorsitz eine Umstrukturierung der Textilgruppe mit einer neuen Führung in Gang brachte. Heute konzentriert sich der Einfluß der Deutschen Bank bei NINO vor allem auf die starke Position des von ihr gestellten Aufsichtsratsvorsitzenden.

Mit der Baumwollspinnerei und -weberei Ludw. Povel & Co. hatten sich die Bankiers Ende der sechziger Jahre in Nordhorn schon einmal eines Sorgenkindes annehmen müssen. Um ihre Kredite zu sichern, vermittelten sie die Firma 1969 an die ihr ebenfalls nahestehende Gronauer Delden-Gruppe. Mit der Übernahme akut gefährdeter Konkurrenten hatten sich die Vettern Hendrik und Gerrit van Delden in wenig mehr als einem Jahrzehnt zu Herren über Deutschlands größtes Textilimperium aufgeschwungen. Doch mit ihrem Konzept – Massenfertigung hauptsächlich synthetischer Gewebe – zielten sie an dem von der Renaissance der Baumwolle bestimmten Markttrend vorbei. Jetzt rächte es sich, daß die Westfalen den Aufbau ihres Firmenkonglomerats zu einem großen Teil mit Krediten finanziert hatten. Am 22. Dezember 1980 beantragten die Firmen Gerrit van Delden & Co. in Gronau und van Delden & Co. in Ochtrup das Vergleichsverfahren, das zwei Monate später zum Anschlußkonkurs führte.

Vorsitzender des Münchener Regionalbeirats der Deutschen Bank ist seit 1979 der Augsburger Textilunternehmer Christian Gottfried Dierig. Ursprünglich war das 1805 im schlesischen Weberstädtchen Oberlangenbielau gegründete Unternehmen mit der Berliner Handels-Gesellschaft liiert, deren Seniorchef Carl Fürstenberg auch dem Dierig-Aufsichtsrat angehörte. Ins Spiel kam die Deutsche Bank erst 1929, als einer ihrer Textilkunden, die Osnabrücker Spinnerei und Weberei F. H. Hammersen, von dem – wie es sich nannte – »größten Unternehmen der kontinentalen Baumwollindustrie« aufgekauft wurde. Bereits im Jahre 1931 und später zwischen 1938 und 1945 saß Wolfgang Dierig im Aufsichtsrat der Deutschen Bank, während umgekehrt Vorstand Oswald Rösler sein Haus bei Dierig vertrat. Als die schlesische Textildynastie nach ihrer Vertreibung die Firmenzentrale nach Augsburg verlegte, wo sie bereits Werke besaß, übernahm die Deutsche Bank die alleinige Rolle als bevorzugter Finanzpartner. Ihr

276

Vorstandsmitglied Klaus Mertin, seit 1977 Aufsichtsratsvorsitzender der Dierig Holding AG, mußte Ende der siebziger Jahre der an den Rand einer Existenzkrise geratenen Textilgruppe durch Neubesetzung wichtiger Positionen in der Führung mit externen Managern über eine schwere Phase hinweghelfen.

»Ohne Eroberung hat man keinen Erfolg«, hat Hermann Josef Abs das Buhlen der Bankiers um die Gunst interessanter Familienunternehmer gelegentlich kommentiert. Gerade er öffnete seiner Bank die Tür zu einer Reihe erfolgreicher Personengesellschaften. Eine der größten Eroberungen war dabei sicherlich Bosch. Der außer in der Autoausrüstung vor allem in der Kommunikationstechnik und im Hausgerätegeschäft engagierte Konzern zählt heute zu den ersten Adressen der mit der Deutschen Bank verbundenen Unternehmen (siehe Seite 246f.). Traditionelle Hausbank war jedoch lange Zeit die Dresdner Bank. In ihrem Aufsichtsrat saß denn auch nach dem Krieg das für die Bosch-Finanzen zuständige Geschäftsführungsmitglied Alfred Knoerzer, und er blieb dort auch, nachdem er aus dem aktiven Dienst ausgeschieden war. Als der aus der Reutlinger Textilfirma Gminder 1958 zu Bosch gewechselte Hans Lutz Merkle im Jahr darauf das Knoerzer-Ressort übernahm, war das eigentlich ihm zustehende Bosch-Mandat bei der Dresdner besetzt. Abs, der zu dieser Zeit im Vorstand seiner Bank für den Stuttgarter Filialbezirk zuständig war und von seinen dortigen Direktoren nachdrücklich auf den tüchtigen Manager aus der Provinz aufmerksam gemacht worden war, zögerte nicht lange und gewann Merkle für sein eigenes Haus. Als der gebürtige Pforzheimer im April 1963 für den 80jährigen Hans Walz an die Spitze der Geschäftsführung trat, hatte er in richtiger Erkenntnis der Vorteile für sein Haus und seine eigene Zukunft die Weichen zugunsten seiner Entdecker längst gestellt. Dem Bosch-Konzern, der bei Merkles Eintritt gerade einen Jahresumsatz von zwei Milliarden Mark erzielte und noch alle Eigenschaften eines Familienunternehmens besaß (die gemeinnützige Robert Bosch Stiftung als Eigentümerin des Unternehmens wurde erst 1964 aus der Taufe gehoben), ist die finanzpolitische Ausrichtung auf die Deutsche Bank mit Sicherheit gut bekommen. Der Einbeziehung der schwäbischen Firma in den industriellen Interessenverbund des führenden Finanzkonzerns mit seinem Netzwerk von Informationen und Verbindungen dürfte der vorsichtige Stratege Merkle beim Aufbau einer breit diversifizierten Gruppe mit 27,7 Milliarden Mark Umsatz (1988) manch diskreten Fingerzeig und – wo es not tat – vielleicht auch etwas mehr zu verdanken haben.

Sein akquisitorisches Talent half dem Finanzdiplomaten Abs auch, die Präsenz seines Hauses in den führenden Familienfirmen an Rhein und Ruhr zu verstärken. Die über gute und schlechte Zeiten sorgsam gepflegten Verbindungen zur Kölner Otto-Wolff-Gruppe und zu den Klöckners in Duisburg (Firmengründer Peter Klöckner gehörte schon in den dreißiger Jahren dem Aufsichtsrat der Deutschen Bank an) bildeten dabei eine solide Ausgangsbasis. Mit Hilfe seines Freundes Günter Henle, Chef des Hauses Klöckner in der Zeit des Wiederaufbaus, gelang es Abs überdies, 1963 als Stellvertretender Vorsitzender in den Aufsichtsrat von Klöckner-Humboldt-Deutz einzuziehen. Immerhin hatte sich die Kölner Maschinenbaufirma als einziger Bereich der Klöckner-Gruppe stärker zur Dresdner Bank hin orientiert, deren Aufsichtsrat auch der langjährige KHD-Generaldirektor Heinrich Jakopp angehörte. Als wahrer Glücksfall erwies sich für die Deutsche Bank, daß sie über ihre Beteiligung an Daimler-Benz in engere Verbindung zur Familie Flick geriet – eine Beziehung, die sich für die Geldmanager als noch bedeutsamer erweisen sollte. Denn auch nach dem über die Bank abgewickelten Kauf und Wiederverkauf des Flick-Konzerns verdienen sie bis heute an der zu einem großen Teil auf sie übergegangenen Verwaltung des riesigen Geldvermögens, mit dem sich Friedrich Karl Flick ins Privatleben zurückzog. Kompliziert, ja zeitweise sogar spannungsreich war lange Jahre das Verhältnis zu Krupp. Der Essener Traditionskonzern tendierte schon früh zur Dresdner. Ein gewisser Gustav Hartmann, von Herkunft Maschinenfabrikant, der später jedoch ins Bankfach gegangen war, übernahm nach der Umwandlung der Familienfirma in eine Aktiengesellschaft 1903 den Vorsitz im neu gebildeten Krupp-Aufsichtsrat. Er hatte Friedrich Alfred Krupp anläßlich einer Reise kennengelernt und übernahm nach dessen Tode auch die Testamentsvollstreckung. Nach ihm hielten Henry Nathan, Samuel Ritscher und von 1936 bis 1943 Carl Goetz den Kontakt zur Villa Hügel. Umgekehrt gehörte Alfried Krupp von Bohlen und Halbach fast drei Jahrzehnte, von 1937 bis 1966, dem Aufsichtsrat der Dresdner Bank an.

In diesem Jahr 1966 kam die Deutsche Bank durch ein Ereignis ins Spiel, das noch Jahre später die Gemüter bewegte und Stoff für vielerlei Theorien und Legenden lieferte. Es war am 6. Dezember 1966, als der Kreditausschuß der AKA Ausfuhrkredit-Gesellschaft mbH zu einer Routinesitzung zusammenkam. Die AKA ist ein Gemeinschaftsinstitut von 55 Banken zur Gewährung von Konsortialkrediten für Exportgeschäfte. Auf der Tagesordnung standen auch diesmal die immer wiederkehrenden Namen führender Exporteure, wie Siemens, AEG, Gutehoffnungshütte – und eben auch Krupp. Die Essener hatten dank der regen Geschäftsdiplomatie ihres Generalbevollmächtigten Berthold Beitz vor allem im Ostblock den Zuschlag für die Lieferung einer Reihe von Chemiefabriken und anderer Industrieanlagen erhalten – ein willkommener Ausgleich für die durch die schwache Inlandskonjunktur entstandene Orderlücke. Vorsitzender des AKA-Kreditausschusses war zu diesem Zeitpunkt das Deutsche-Bank-Vorstandsmitglied Heinz Osterwind. Daß unter seiner Leitung die AKA

Krupp einen Ausfuhrkredit von 80 Millionen Mark verweigerte, wurde denn auch von vielen als Tiefschlag gegen die Dresdner Bank oder gar als Versuch der Deutschen Bank gewertet, ihren Hauptkonkurrenten als Hausbank bei Krupp zu verdrängen.

Hermann Josef Abs, zu diesem Zeitpunkt im letzten Amtsjahr als Vorstandssprecher, wies diesen Verdacht, wie nicht anders zu erwarten war, entschieden zurück. Krupp habe keine Bilanz vorlegen können, die den AKA-Mitgliedern Aufschluß über die wirtschaftliche Lage des Unternehmens hätte geben können. Unter diesen Umständen habe der Ausschuß keine andere Wahl gehabt, als die Gewährung weiterer Kredite von der Bereitschaft der antragstellenden Konsortialbank abhängig zu machen, die Vorhaftung und damit das gesamte Risiko für etwaige Ausfälle zu übernehmen. Ungewöhnlich sei allein gewesen, daß keine der in Betracht kommenden Banken hierzu bereit gewesen sei. Erst diese Weigerung, so Abs, habe die Lawine ausgelöst, nicht jedoch das Verhalten der übrigen Kreditinstitute. Jeder andere Vorsitzende als Osterwind hätte sich in der konkreten Situation genauso verhalten.

Natürlich hatte das Bewilligungsgremium auch schon früher bei anderen Firmen auf einer Vorhaftung der Hausbank bestanden. Auf diese Weise entledigte man sich der Aufgabe, die Bonität der betreffenden Gesellschaft zu überprüfen. Allerdings hatte die AKA zu diesem Mittel bis dahin in aller Regel nur gegenüber kleineren und mittleren Exporteuren gegriffen, nie dagegen bei Anträgen weltbekannter Großunternehmen. So konnte es nicht verwundern, daß der Krupp-Eklat im Kreditausschuß in der Finanzszene als Alarmsignal ersten Ranges empfunden wurde. Unmittelbar nach der denkwürdigen Sitzung informierte denn auch die Dresdner Bank Bundesbankpräsident Karl Blessing, der sich schon seit längerem um eine Sonderfinanzierung für Krupp bemüht hatte.

Blessing schätzte die entstandene Lage als so gefährlich ein, daß er seinerseits sofort Wirtschaftsminister Karl Schiller von der Vertrauenskrise des symbolträchtigen Ruhrkonzerns verständigte. Die in Bonn zu diesem Zeitpunkt regierende Große Koalition aus CDU und SPD war sich schnell darin einig, daß ein möglicher finanzieller Kollaps bei Krupp das internationale Ansehen der gesamten deutschen Industrie schädigen würde und daher unter Einsatz staatlicher Hilfe verhindert werden müsse. Im März 1967 sprangen der Bund und das Land Nordrhein-Westfalen mit Bürgschaften von zusammen 450 Millionen Mark in die Bresche.

Vermutungen, die Deutsche Bank habe aus eigensüchtigen Geschäftsinteressen Krupp bei der AKA »auflaufen« lassen, erhielten vor allem durch die auffällig aktive Rolle Nahrung, die Hermann Josef Abs im Vorfeld der Hilfsaktion für den ins Gerede geratenen Konzern spielte. Diese Deutung gewann dadurch noch zusätzlich an Plausibilität, daß Abs und nicht etwa ein Repräsentant der Dresdner Bank den Aufsichtsratsvorsitz der unter Bonner Druck in eine GmbH umgewandelten Firma übernahm.

Nicht zu bestreiten ist jedoch, daß Krupp ein Exportvolumen erreicht hatte, das auf normalem Wege nicht mehr finanzierbar war. Die dem Unternehmen von einer großen Zahl in- und ausländischer Geldinstitute gewährten Kreditlinien waren weitgehend erreicht. Wenig glaubhaft ist dagegen, daß die AKA-Mitglieder die Krupp-Bilanzen nicht gekannt hätten. Finanzchef Arno Seeger reiste regelmäßig zu seinen wichtigsten Kreditgläubigern und auch zur Bundesbank, um seine Zahlen zu präsentieren. Wegen der hohen Verschuldung und der schlechten Ertragslage, so die übereinstimmende Ansicht maßgebender Krupp-Manager jener Zeit, habe unter den Banken der Eindruck vorgeherrscht, daß es auf dem bisherigen Weg nicht weiter gehen dürfe. Niemand habe es jedoch gewagt, den ersten Stein zu werfen, so daß man die Verantwortung, ein Zeichen zu setzen, auf das AKA-Konsortium abgeschoben habe.

Ob die volle Wahrheit über die Vorgeschichte jener denkwürdigen Kreditsitzung jemals ans Licht kommen wird, ist sehr die Frage. Für die Deutsche Bank und im besonderen für Hermann Josef Abs blieb das Kapitel Krupp eine kurze Episode. Der Konzern erholte sich unter Günter Vogelsangs harter Führungshand so schnell, daß er die staatlichen Bürgschaften nicht einmal in Anspruch nehmen mußte. Schon im Frühjahr 1970 reklamierte Berthold Beitz als Vorsitzender des Kuratoriums der inzwischen als Alleineigentümer eingesetzten Alfried Krupp von Bohlen und Halbach-Stiftung den ersten Platz im Aufsichtsrat für sich. Abs, von der »Ausladung« persönlich tief getroffen, legte sein Mandat am 4. Juni 1970 nieder.

Leichter, als in die industrielle Einflußsphäre eines Konkurrenten einzudringen, ist es für eine Bank allemal, auf einen der strahlenden Kometen zu setzen, noch ehe er alle Welt in seinen Bann gezogen hat. Wie im privaten, so sind auch im geschäftlichen Leben frühe Freundschaften oft ganz besonders intensiv und dauerhaft. Die Kunst ist nur, die Stars von morgen auch wirklich frühzeitig zu erkennen und nicht Blendern und Glücksrittern nachzujagen. Die Deutsche Bank jedenfalls hat wiederholt Geschick bewiesen, kommende Männer an sich zu binden.

Helmut Horten zum Beispiel war noch ein ziemlich unbeschriebenes Blatt, als er 1952 in das Blickfeld der Bank geriet. Der damals 43jährige Rheinländer, Inhaber eines aus »arisiertem« jüdischen Besitz stammenden Duisburger Kaufhauses, hatte es auf die Nürnberger Warenhauskette Merkur abgesehen. Deren Inhaber, die 1937 in die USA emigrierte, ebenfalls jüdische Familie Schocken, hatte sich bereits seit geraumer Zeit nach einem Kaufinteressenten umgesehen. Ein Direktor der Nürnberger Filiale der damaligen Süddeutschen Bank empfahl seinem Vorstandsmitglied Heinz Osterwind, sich den – wie er fand – recht bemerkenswerten Mann einmal näher anzuschauen. Osterwind lud Horten zu sich nach München ein, fand sofort Gefallen an dem ehrgeizigen Händler und konfrontierte seine Vorstandskollegen mit der Idee, über Horten am Aufbau einer vierten deutschen Warenhausfirma (neben den bestehenden Häusern Karstadt, Kaufhof und Hertie) mitzuwirken.

Mit der Deutschen Bank als größtem Kreditgeber im Rücken konnte Helmut Horten nicht nur die elf Merkur-Filialen, sondern Ende 1954 auch noch die Emil Köster AG mit ihren 19 Defaka-Kaufhäusern übernehmen. Osterwind, Aufsichtsratsvorsitzender der 1955 gegründeten Helmut Horten GmbH, hatte einige Mühe, das in der Spitze über 120 Millionen Mark liegende Kreditengagement intern zu vertreten. Doch der Vertrauensvorschuß sollte sich für die Bankiers mehr als doppelt auszahlen: Der Düsseldorfer Warenhauskönig wickelte alle wichtigen Geschäfte und Transaktionen über die Deutsche Bank ab – einschließlich des Verkaufs seiner gesamten Aktien zwischen 1969 und 1971 für mehr als eine Milliarde Mark.

Der Hamburger Versandhändler Werner Otto hatte lange Zeit im Schatten der Katalogriesen Quelle und Neckermann gestanden. Vor Ort jedoch beobachtete Karl Klasen aufmerksam die Entwicklung des buchstäblich vom Nullpunkt aus gestarteten Kaufmanns aus der Uckermark. Als dieser 1969 eine gemeinnützige Stiftung zur Förderung der medizinischen Forschung ins Leben rief, stand ihm der Großbankier gern mit Rat zur Verfügung. Aus dem persönlichen Kontakt erwuchs eine intensive geschäftliche Verbindung. Klasen wurde Mitglied in Ottos Beraterkreis, zu dem später auch Helmut Schmidt hinzustieß. Neben ihm nahm sich zusätzlich Klasens Kollege Robert Ehret des gleichzeitig auch im Geschäft mit Einkaufszentren und (vor allem in Nordamerika) mit Großimmobilien aktiven Selfmademan an. Ehret ist bis heute Stell-

283

vertretender Aufsichtsratsvorsitzender der Otto AG für Beteiligungen und daneben Mitglied des Verwaltungsrates, der die Einkaufscenter-Gesellschaften kontrolliert, an denen die Deutsche Bank seit 1975 zu 30 Prozent beteiligt ist. Für Eingeweihte kam es daher kaum überraschend, daß Werner Ottos Sohn und Nachfolger Michael Otto 1987 an die Spitze des Hamburger Beirats der Deutschen Bank berufen wurde und 1989 für den nach dem Klöckner-Desaster ausscheidenden Jörg Alexander Henle in den Aufsichtsrat nachrückte.

Anders als bei Werner Otto hatten es die Akquisiteure der Deutschen Bank bei Nixdorf zunächst alles andere als eilig. Als großzügiger Förderer konnte sich vielmehr Ludwig Poullain, bis Ende 1977 Vorstandschef der Westdeutschen Landesbank in Düsseldorf, dem Paderborner Computerhersteller beweisen. Mit der Vorfinanzierung des von Nixdorf 1970 aufgenommenen Vermietungsgeschäfts – ein finanzielles Engagement von immerhin 300 Millionen Mark – verhalf er dem EDV-Pionier in den folgenden Jahren zu einem zusätzlichen Wachstumsschub. Poullains Nachfolgern jedoch fehlte das rechte Gespür für das auf den expansiven Familienunternehmer früher oder später zukommende Problem einer zu schmalen Eigenkapitalbasis.

Hier nun trat die Deutsche Bank in Person ihres wie Heinz Nixdorf aus Paderborn stammenden Vorstandssprechers Christians auf den Plan. Als beredter Anwalt der Finanzierung durch Aktienstreuung suchte er dem eigenwilligen Westfalen den Gang an die Börse schmackhaft zu machen. Für seinen Vorstoß wählte er einen äußerst günstigen Moment: Heinz Nixdorf befand sich im November 1978 in konkreten Verhandlungen über eine Beteiligung von VW an seinem Unternehmen. Doch der zögerliche Firmengründer, stets in Sorge, von den mit seiner Branche nicht vertrauten Automanagern in seiner Unabhängigkeit eingeengt zu werden, sagte die Partnerschaft mit den Wolfsburgern kurzfristig wieder ab. In dieser für Nixdorf schwierigen Situation kam Christians kurzfristig mit dem geschickten Angebot, 25 Prozent der Nixdorf-Aktien für etwa 200 Millionen Mark zum Zwecke einer späteren Placierung im Publikum zu übernehmen. Um dem zaudernden Alleininhaber die Offerte schmackhaft zu machen, erklärte sich die Deutsche Bank sogar bereit, ihm innerhalb von zwei Jahren die Aktien zum selben Kurs wieder zurückzugeben. Tatsächlich kaufte Nixdorf 15 Prozent wieder zurück und ließ die ungeduldigen Bankiers noch fast sechs Jahre auf den geplanten Gang an die Börse warten.

Etwa zu dem Zeitpunkt, da Heinz Nixdorf seine Computeraktie an der Börse einführte, sann auch ein anderer Familienunternehmer nach Wegen, sein Lebenswerk zu sichern: Axel Springer, Herr über Europas größtes Zeitungsimperium mit einer Gesamtauflage von 20 Millionen Exemplaren. Der 72jährige, von gesundheitlichen Problemen geplagte Großverleger spürte wohl, daß die Bestellung seines Hauses keinen weiteren Aufschub mehr duldete. Bereits allzulange hatte er sich an den unterschiedlichsten Modellen versucht, war dabei aber jedesmal gescheitert. Schon 1970 hatte sich Bertelsmann mit einem Drittel am Springer-Verlag beteiligt. Doch nur wenig später machte Springer die Verbindung wieder rückgängig. Bei ihm hatte sich der Verdacht festgesetzt, daß Bertelsmann-Inhaber Reinhard Mohn unter Bruch der vereinbarten Verschwiegenheit noch während der Verhandlungen dem Hamburger ZEIT-Verleger Gerd Bucerius Hoffnungen auf Springers Tageszeitung DIE WELT gemacht habe.

1974 verhandelte Axel Springer mit den Bankiers Jürgen Ponto (Dresdner Bank), Anton Ernstberger (Bayernhyp) und Karl Theodor Jacob (Bayerische Landesbank) über den Verkauf eines 25prozentigen Anteils, doch verliefen die Gespräche im Sande – ebenso wie spätere, immerhin bis zu konkreten Preisvorstellungen gediehene Verhandlungen mit der Deutschen Genossenschaftsbank. Auch von der Hoffnung, sein ältester Sohn Axel Springer jr. werde das verlegerische Erbe eines Tages übernehmen, mußte er auf schmerzliche Weise Abschied nehmen: Der unter dem Namen Sven Simon bekannte renommierte Pressefotograf nahm sich Anfang 1980, gerade 39 Jahre alt, das Leben. 1981 endlich glaubte Axel Springer, mit der Offenburger Verlagsgruppe Burda den branchenerfahrenen Garanten für die langfristige Existenzsicherung seines Hauses gefunden zu haben. Diesmal jedoch spielten die Fusionskontrolleure im Berliner Kartellamt nicht mit. Die Burdas mußten sich 1983 mit einem für eine aktive unternehmerische Rolle viel zu geringen Minderheitsanteil von 24,9 Prozent zufriedengeben. Der bestimmende Einfluß blieb somit auch weiterhin bei Axel Springer.

So standen die Zeichen für die Deutsche Bank günstig, als sie Anfang 1985 den mit seinem Schicksal hadernden Presselord mit ihren Vorstellungen von einem tragfähigen Zukunftskonzept konfrontierte. Springer hatte, obwohl er vor allem Hermann Josef Abs und Franz Heinrich Ulrich kannte, bis dahin zum führenden Finanzhaus der Bundesrepublik ein eher distanziertes Verhältnis gepflegt. Das lag schon allein an der Nähe der Bank zum Bertelsmann-Konzern und dessen Hamburger Zeitschriftentochter Gruner + Jahr. Axel Springer war überzeugt, daß die Deutsche Bank den Güterslohern niedrigere Kreditzinsen berechnete als ihm.

Die Bank war bei Bertelsmann Anfang der siebziger Jahre aus einer ungewöhnlichen Präsentation als Sieger hervorgegangen. Auf der Suche nach einer Führungsbank für sein vor der Umwandlung in eine Aktiengesellschaft stehendes Unternehmen hatte Reinhard Mohn eine Reihe führender Großbankiers, unter ihnen Ulrich und Ponto, zu getrennten Besuchen eingeladen. Nach der Bankerparade fiel die Entscheidung der Nummer eins auf dem deutschen Medienmarkt auf die Nummer eins des Geldgewerbes – allerdings mit der Commerzbank als Juniorpartner. Daß sich die Bank seiner Wahl später auch noch bei Springer engagierte und mit Christians einen Spitzenmann in den Aufsichtsrat des Konkurrenten entsandte, konnte Mohn jedoch nicht gleichgültig sein – und er ließ es den Partner auf seine Weise spüren. Als bei Gruner + Jahr 1987 Robert Ehret aus dem Aufsichtsrat ausschied, überging er bei der Bestimmung eines Nachfolgers die Deutsche Bank geflissentlich.

Ehret ist – um bei dieser Gelegenheit einen Blick auf die weiteren Medienaktivitäten der Deutschen Bank zu werfen – noch heute Beiratsvorsitzender der Haas GmbH in Mannheim, einer regionalen Verlags- und Druckereigruppe (*Mannheimer Morgen*) mit Interessen im Privatfernsehen (Rhein-Neckar-Fernsehen). Direkt beteiligt ist die Bank mit rund elf Prozent am Kapital der Deutsche Börsenfernsehen GmbH in Frankfurt, die für die private Anstalt SAT 1 die mittägliche »Tele-Börse« produzieren läßt. Bei einem ihrer dortigen Mitgesellschafter, der zur Stuttgarter Holtzbrinck-Gruppe gehörenden Handelsblatt GmbH, sitzt Nikolaus Kunkel, pensionierter Filialdirektor der Deutschen Bank, im Beirat. In gleicher Funktion ist das Vorstandsmitglied Eckart van Hooven bei der Produktionsgesellschaft Polyphon Film und Fernseh GmbH in Hamburg aktiv. Der frühere Vorstandssprecher Christians schließlich ist unter den Kuratoriumsmitgliedern der Hamburger ZEIT-Stiftung zu finden.

Er war es auch gewesen, der Axel Springer nach dessen fehlgeschlagenen Rückzugsversuchen 1985 die Dienste der Deutschen Bank anbot. Dabei stand zunächst immer noch die Idee im Vordergrund, Minderheitsanteile bei Unternehmen der höchsten Güteklasse unterzubringen. Bereits 1983 hatte der Zürcher Anwalt und Springer-Vertraute Walter Blüchert mit dem Segen seines Herrn bei ersten Adressen, darunter Siemens, Bosch und Allianz, wegen der Übernahme kleinerer Pakete im Gesamtvolumen einer Schachtel sondiert. Im Gespräch war seinerzeit, daß die Aktienmehrheit in eine Stiftung eingebracht werden sollte. Um der Wirtschaft das in Aussicht genommene Eigentumsmodell schmackhaft zu machen, sollte einer der Granden der deutschen Industrie, zudem mit Presseerfahrung, den Vorsitz im Aufsichtsrat übernehmen: Bosch-Gottvater Hans Merkle, dessen Haus bis 1970 (durch eine 40prozentige Beteiligung der Bosch-Erben) der *Stuttgarter Zeitung* nahestand und der bis heute den Holtzbrinck-Aufsichtsrat leitet. Axel Springer konnte sich jedoch für die Stiftungsidee niemals erwärmen. Ihn verfolgte vor allem die Sorge, daß durch die bei den Ländern liegende Stiftungsaufsicht politische Einflüsse auf seinen Verlag durchschlagen könnten.

An der Reserve der Wirtschaft, sich an einer Springer-Lösung zu beteiligen, hatte sich nichts geändert, als die Deutsche Bank im Frühjahr 1985 erneut den Versuch unternahm, mit Hilfe ihres industriellen Freundeskreises einen sicheren Hort für einen Teil der Springer-Aktien zu finden. Nach dem endgültigen Scheitern aller Bemühungen ließ Christians von seiner Abteilung für Konzernentwicklung einen Placierungsplan für 49 Prozent der Springer-Aktien ausarbeiten. Am 17. Juni 1985 holte sich der Bankmanager bei dem in seiner griechischen Mittelmeerresidenz Patmos weilenden Großverleger die Zustimmung für das Konzept, nach dem die Bank am 28. Juni gutsituierten Kunden die Aktie zum Preis von 335 Mark anbot. Mindestzeichnung: hundert Stück.

Ziel des Placements sei es, so hatte Christians am 14. Mai in seiner eigenen Hauptversammlung verkündet, »dem Springer-Konzern eine dauerhaft stabile Gesellschafter- und Führungsstruktur zu geben«. Durch die Ausgabe vinkulierter (das heißt nur mit Zustimmung der Gesellschaft übertragbarer) Namensaktien und die breite Streuung werde »sichergestellt, daß etwaige Weiterveräußerungen nicht zu einer dem Ziel der verlegerischen Unabhängigkeit zuwiderlaufenden Kapital- und Stimmenkonzentration oder gar Überfremdung führen«.

Nur wenige Wochen nachdem er sein Haus scheinbar bestellt hatte, starb der Pressemagnat Ende September 1985. Unmittelbar vor der Aktieneinführung hatte Axel Springer noch seine Zustimmung zur Übertragung eines zehnprozentigen Aktienpakets aus dem zur Placierung vorgesehenen Anteil an den (mit dem Springer-Verlag über eine gemeinsame Beteiligung an SAT 1 verbundenen) Münchener Filmkaufmann Leo Kirch gegeben. Der Deutschen Bank war dies sehr recht, nahm ihr dieser Vorabverkauf doch etwas von der Sorge, einen so hohen Kapitalanteil des größten Zeitungsimperiums der Bundesrepublik nicht ohne Schwierigkeiten unterbringen zu können. Im Blick auf das von Christians proklamierte Ziel, für stabile Aktionärsverhältnisse zu sorgen, sollte sich die Aufnahme Kirchs als Minderheitsgesellschafter doch schon bald als folgenschwerer Fehler erweisen. Denn der ehrgeizige Filmhändler sah in seinem Einstieg bei Springer nicht nur, wie die Hanseaten angenommen hatten, einen »freundlichen« Akt geschäftlicher Verbundenheit. Vielmehr diente ihm dieses Paket als Fundament für den Aufbau einer eigenen Machtposition, um früher oder später bei Springer unternehmerischen Einfluß zu gewinnen. Ohne große Mühe brachte er über Treuhänder denn auch weitere 16 Prozent der von der Deutschen Bank gestreuten Aktien an sich und verlangte auch für diesen Anteil die rechtliche Anerkennung sowie zwei Sitze im Aufsichtsrat. Doch Springers Nachlaßverwalter wiesen Leo Kirch zurück: zehn Prozent und keine Aktie mehr, schon gar keine Vertretung im Aufsichtsrat!

In welche Gefahr sie dennoch geraten waren, wurde den Springer-Erben Anfang März 1988 bewußt. Wie eine Bombe schlug die Nachricht ein, daß sich die bis dahin verfeindeten Gruppen Burda und Kirch zu einem Stimmenpool zusammengeschlossen hatten, um – wie es hieß – zu stabilen Mehrheitsverhältnissen bei Springer zu kommen. Schon mit den 36 Prozent voll stimmberechtigter Aktien, über die sie zusammen verfügten, hätten sie in der Hauptversammlung die Familie majorisieren können. Denn ohne die nicht vertretenen 16 Prozent Treuhänderstimmen war mit einer Präsenz von nur etwas mehr als 60 Prozent des stimmberechtigten Kapitals zu rechnen. Mit Hilfe der gemeinsamen Hauptversammlungsmajorität hätte Kirch dann ohne weiteres den Aufsichtsrat in seinem Sinne umbesetzen und letztlich auch seine hinzugekauften Aktien legalisieren können. Aus der drohenden Gefahr, in ihrem eigenen Unternehmen hoffnungslos in die Minderheit zu geraten, konnten sich die Springer-Erben deshalb nur noch durch den Rückkauf des bei den Burdas liegenden Pakets sechs Wochen nach Bildung der Gegenkoalition befreien. Die Rettungsaktion kam Springers Testamentsvollstrecker teuer zu stehen: Für das 26-Prozent-Paket mußten sie den Burdas 530 Millionen Mark überweisen – genau doppelt soviel, wie die Offenburger fünf Jahre zuvor für 24,9 Prozent bezahlt hatten.

Die Deutsche Bank ist bei Springer von Anfang an ein hohes Risiko eingegangen. In ihrem Ehrgeiz, auf den führenden Pressekonzern des Landes gestalterischen Einfluß auszuüben, manövrierte sie sich in eine Situation, der sie ohne die erforderliche Medienerfahrung und Kenntnis ihrer Partner nicht gewachsen war. Ihr am Ende seiner aktiven Laufbahn stehender Vorstandssprecher Christians agierte gegenüber den taktischen Winkelzügen der um ihre handfesten Eigeninteressen kämpfenden Aktionärsgruppen nahezu hilflos. Nach der Rückkaufaktion schaltete sich neben Christians auch noch sein Kollege Herrhausen ein und stellte ein mit Kirch und der Stuttgarter Verlagsgruppe Holtzbrinck abgestimmtes Beteiligungsmodell zur Diskussion. Danach sollten diese beiden je 20 Prozent bei Springer übernehmen, der Nachlaß mit 40 Prozent die Führungsposition besetzen und die restlichen 20 Prozent in Publikumsbesitz bleiben. Axel Springers Testamentsvollstrecker baten Herrhausen jedoch, sich des

Themas nicht weiter anzunehmen. Die Deutsche Bank hatte ihre Schuldigkeit getan. Ihr größter Fehler war es gewesen, sich mit der irrigen Annahme des Gründers identifiziert zu haben, drei Viertel des Verlages verkaufen und gleichzeitig stabile Machtverhältnisse für seine Erben konservieren zu können.

Familienfirmen wie Springer ermöglichen Bankiers einen Wirkungsgrad, den sie in Publikumsgesellschaften nur in den seltensten Fällen besitzen. Dem Aufsichtsrat von Siemens und Bayer anzugehören gewährt nur einen bescheidenen Einfluß, verglichen mit der Position eines von allen Beteiligten akzeptierten Beraters in einem Gründer- oder Erbenunternehmen. Da geht es über das reine Routinegeschäft hinaus um grundsätzliche, für die dauerhafte Existenz der Firma entscheidende Fragen, wie die passendste Rechtsform, die Ordnung der Besitzverhältnisse, Erbfolgeregelungen, die Kompetenzabgrenzung zwischen Eigentümern und Management oder die Verbreiterung der Kapitalbasis, etwa durch einen Gang an die Börse.

Die Deutsche Bank bestritt 1988 bereits rund drei Viertel ihres auf Firmenkunden entfallenden Kreditgeschäfts mit mittelständischen Unternehmen bis zu 200 Millionen Mark Jahresumsatz. Da die meisten Großunternehmen kaum noch soviel Kredit wie früher benötigen, suchen alle Geldinstitute kleine und mittlere Firmen zusätzlich an sich zu binden. Die Zauberformel lautet dabei »Consulting Banking«. So übernahm die Deutsche Bank in zwei Schritten bis Ende 1988 gut 75 Prozent der Geschäftsanteile der Münchener Beratungsfirma Roland Berger. Die 1987 ins Leben gerufene Deutsche Gesellschaft für Mittelstandsberatung GmbH wirbt mit standardisierten und damit auch für Kleinbetriebe erschwinglichen Beratungsprodukten, speziell auf den Gebieten EDV einschließlich Software, Kostenmanagement und Umsatzsteigerung. Die Deutsche Beteiligungsgesellschaft mbH, an der mit einer kleineren Quote auch das Privatbankhaus Schmitd in Hof beteiligt ist, stattet nicht-emissionsfähige Unternehmen mit zusätzlichem Eigenkapital aus – in einigen Fällen Vorstufe einer Börseneinführung. Die Anregung zu dieser Initiative hatte Hermann Josef Abs in den sechziger Jahren von seinem schwedischen Freund Markus Wallenberg erhalten, der bei sich eine ähnliche Einrichtung erfolgreich aufgebaut hatte.

Sind die Bankmanager erst einmal fest im Geschäft, interessieren sie sich im allgemeinen sehr schnell auch für die privaten Finanzen. Abgesehen haben sie es dabei vor allem auf die Verwaltung des oft beträchtlichen Vermögens der Inhaberfamilien. Wenn es ihnen auch noch gelingt, ihre Bank für die Rolle des Testamentsvollstreckers erfolgreich ins Spiel zu bringen, gewinnen sie nicht nur Einblick in die intimsten finanziellen Verhältnisse ihrer Kunden. Ihnen fällt gleichzeitig, vor allem wenn bis zur vollen Verfügungsberechtigung der Erben eine längere Zeitspanne zu überbrücken ist, ein erhebliches Mitspracherecht bei personalpolitischen Entscheidungen in der Firma zu. Schmackhaft machen die Geldmanager eine Betreuung von der Wiege bis zur Bahre durch ihr Haus vor allem mit der durch eine Institution garantierten kontinuierlichen Interessenwahrung. Eine selbständige Abteilung »Vermögensanlage« nimmt sich in der Frankfurter Zentrale vor allem der Testamentsvollstreckung wichtiger Großkunden an. Zusätzlich ist auch eine Reihe von Hauptfilialen auf den Spezialservice eingerichtet.

Axel Springer hätten die Frankfurter Konzeptionäre im Frühjahr 1975 allzugern auch noch zur Gründung einer eigenen Testamentsvollstreckungsgesellschaft überredet – natürlich unter Beteiligung der Deutschen Bank. Doch irgend etwas sträubte sich in ihm, nur wenige Monate vor seinem Tod, sich mit Haut und Haar einer Bank auszuliefern.

12. Kapitel

Macht ohne Gegenmacht?

*Der Vorstand der Deutschen Bank
kontrolliert sich selber*

Rund 310 000 Aktionären gehört das größte private Geldinstitut der Bundesrepublik – die genaue Zahl kennt selbst die Deutsche Bank nicht. Denn niemand ist gezwungen, seine Wertpapiere bei einer Bank oder Sparkasse aufzubewahren, deren Depotbestände bei den mehr oder weniger regelmäßig durchgeführten Aktionärszählungen erfaßt werden. Beteiligt sind am rund 1,77 Milliarden Mark betragenden Aktienkapital im einzelnen 190 100 Arbeitnehmer und Pensionäre (davon 47 400 Belegschaftsaktionäre), ferner 36 300 Selbständige, 5 600 institutionelle Anleger (mit einem Anteil am Kapital von zusammen 43,8 Prozent) sowie 78 000 »Sonstige Personen«, von denen die Statistik 43 800 als Hausfrauen ausweist.

Nach den Regeln der Aktionärsdemokratie geht alle Gewalt von diesen 310 000 Eigentümern aus. Sie entlasten Vorstand und Aufsichtsrat, beschließen über die Verwendung des Bilanzgewinns, befinden über Kapitalerhöhungen und wählen die zehn Anteilseignervertreter in den Aufsichtsrat, der seinerseits den Vorstand einsetzt. Fürwahr, ein schlüssiges, einer privatkapitalistischen Wirtschaftsordnung entsprechendes, demokratisches Herrschaftssystem! Nicht nur, wie die Regierenden in Bonn, alle vier Jahre, sondern alljährlich in der Hauptversammlung sieht man die zwölf Mitglieder des höchsten Führungsgremiums devot vor ihren Souverän hintreten,

Die geliehene Macht

Wer die Hauptversammlungen der Deutschen Bank beherrscht

	1989 Stück Aktien	In Prozent des Aktienkapitals	In Prozent des vertretenen Kapitals	1988 Stück Aktien	In Prozent des Aktienkapitals	In Prozent des vertretenen Kapitals
Deutsche Bank	6 639 553	17,3	34,6	7 273 099	20,5	38,9
Andere Banken	10 007 282	26,0	52,2	8 573 860	24,2	45,9
Aktionärsvereinigungen	63 510	0,2	0,3	83 388	0,2	0,4
Persönlich	155 845	0,4	0,8	465 058	1,3	2,5
Investmentgesellschaften (davon Fondsunternehmen der Deutschen Bank)	2 317 295 (609 222)	6,0 (1,6)	12,1 (3,2)	2 294 542 (532 567)	6,5 (1,5)	12,3 (2,9)
Gesamt	19 183 485	49,9	100	18 689 947	52,7	100

um voll ängstlicher Spannung sein Urteil über die geleistete Arbeit entgegenzunehmen – Dank und Anerkennung oder Daumen nach unten. Eine fromme Mär!

Daß die Machtverteilung zwischen Management und Aktionären in der Realität buchstäblich »auf den Kopf gestellt« ist, veranschaulichen kritische Beobachter mit der Feststellung, daß sich die Bankmanager mit Hilfe des Vollmachtstimmrechts selber entlasteten. Im Vertrauen auf den beabsichtigten Effekt dieser Karikatur einer Kontrolle bleiben sie mit ihrem Befund bewußt oder unbewußt allzusehr an der Oberfläche. Das Nichtfunktionieren der vielbeschworenen Aktionärsdemokratie ist nämlich beileibe kein Spezialproblem der Großbanken, sondern aller Publikumsgesellschaften. Es hat seine Ursache in der verbreiteten Passivität vieler Aktiensparer, die mehr an hoher Dividende und kräftigen Kurserhöhungen als an einer Wahrnehmung ihrer Eigentümerrechte interessiert sind. Vor allem die steigende Zahl ausländischer Anleger drängt es kaum, in der jährlichen Hauptversammlung vertreten zu sein. Aber auch von den deutschen Kleinaktionären ziehen es über 95 Prozent vor, entweder völlige Abstinenz zu üben oder ihrer Depotbank eine Dauervollmacht zu erteilen, als Jahr für Jahr die ihnen zugehenden Geschäftsberichte durchzuarbeiten und mit detaillierten Stimmaufträgen Einfluß auf die ohnehin von vornherein feststehenden HV-Beschlüsse zu nehmen. Die Deutsche Bank registrierte in ihrer Hauptversammlung 1989 erstmals in ihrer Geschichte eine unter 50 Prozent liegende Präsenz (siehe Übersicht »Die geliehene Macht«). Von dem an den Abstimmungen beteiligten Kapital wurden fast 87 Prozent von Kreditinstituten vertreten. Selbst wenn die Deutsche Bank nicht für ihre Depotkunden gestimmt hätte, wären ihr (bei einer entsprechend niedrigeren Präsenz) durch die fast ausnahmslos für »die Verwaltung« votierenden übrigen Geldinstitute und Investmentgesellschaften ebenso überwältigende Mehrheiten sicher gewesen wie etwa den Vorständen von VEBA, BASF oder Allianz.

Dabei füttert die Bank schon jetzt nur weniger als die Hälfte ihrer Vollmachtstimmen in die Auszählungscomputer ein. Denn nach dem für Kreditinstitute geltenden Paragraphen 135 des Aktiengesetzes darf sie – abweichend von der Regel – nur solche Aktionäre vertreten, die ihr zusätzlich zu ihrer Dauervollmacht detaillierte Weisungen für sämtliche Abstimmungsgänge zuleiten. Trotz zweier Anschreiben (samt vorfrankiertem Antwortumschlag) schickten 53 Prozent das ihnen zum Ausfüllen zugeschickte Weisungsformular 1989 nicht zurück.

Zu dem fehlenden Interesse vieler Aktionäre an der Wahrnehmung ihrer Rechte kommt noch hinzu, daß die Kontrollaufgabe der Hauptversammlung in erster Linie in der Würdigung des zurückliegenden Geschäftsjahres besteht. Im Mittelpunkt der Tagesordnung stehen denn auch Regularienbeschlüsse, wie Entlastung, Gewinnverwendung und Feststellung des Jahresabschlusses. Die Mitwirkung der Anleger an zukunftsweisenden Entscheidungen der Gesellschaft beschränkt das Aktiengesetz demgegenüber auf ganz bestimmte, das Eigentum unmittelbar berührende Vorgänge, wie Kapitalerhöhungen, Stimmrechtsbegrenzungen und Satzungsänderungen. So ist die Hauptversammlung alles andere als ein Mittelpunkt geschäftspolitischer Schlüsselentscheidungen.

Wenn schon nicht die Eigentümer, dann sollte, so möchte man meinen, wenigstens der von diesen gemeinsam mit den Arbeitnehmern gewählte Aufsichtsrat von mitbestimmendem Einfluß sein. Doch schon die Zusammensetzung des höchsten Kontrollorgans läßt ein nicht gerade übersteigertes Interesse der Vorstandsmanager erkennen, sich ihre Kreise stören zu lassen: Allein drei der zehn Anteilseigner gehörten vor ihrer Pensionierung selber einmal der Führungsspitze an, unter ihnen die ehemaligen Sprecher Guth und Christians, die übrigcn sieben – von Günter Vogelsang über den beharrlich schweigenden Friedrich Karl Flick bis zu Marcus Bierich – sind der Deutschen Bank allesamt mehr oder weniger eng verbunden und kaum von dem Ehrgeiz getrieben, es besser als der Vorstand wissen zu wollen – jedenfalls solange sich die Zahlen sehen lassen können.

Ohnehin ist der Kontakt der Kontrolleure zum Vorstand, ähnlich wie bei den beiden anderen Großbanken, den drei großen Chemiekonzernen und Siemens, stark auf die Person des Aufsichtsratsvorsitzenden konzentriert. Wilfried Guth, der dieses Amt praktisch »full time« ausübt, hat sein Büro im 28. Stock des A-Turms, nur durch ein Stockwerk von den drei Vorstandsetagen getrennt, und empfängt jeden Dienstagnachmittag seinen Sprechernachfolger Alfred Herrhausen zum Bericht über die gerade zu Ende gegangene Vorstandssitzung. Aber auch er kennt die Grenzen seines Amtes, die es ihm in der Vergangenheit unmöglich machten, seinen bisweilen von der Vorstandslinie abweichenden Meinungen – etwa in bezug auf die Politik der Bank bei Daimler-Benz – stärker als durch seinen nachdrücklich vorgetragenen Rat Wirkung zu verleihen.

Einig sind sich Vorstand und Anteilseignerfraktion stets, wenn es darum geht, die von der Belegschaft gewählten Aufsichtsratsmitglieder auf Distanz zu halten. Vor allem den Anspruch der Arbeitnehmer-»Bank« auf Vertretung im exklusiven Kreditausschuß lehnen sie bis heute kategorisch ab. Selbst das Zugeständnis der dem Aufsichtsrat angehörenden Gewerkschaften, auch einen im Hause beschäftigten Ratskollegen auf dieser Position zu akzeptieren, konnte die Geldmanager nicht umstimmen. Die früher mit den engen Beziehungen von Mitgliedern der Arbeitnehmerfraktion zur ehemals gewerkschaftseigenen Bank für Gemeinwirtschaft (BfG) begründete unnachgiebige Haltung dürfte ihr Motiv ganz allgemein in der Sorge haben, durch eine Beteiligung organisierter Belegschaftsvertreter an der Erörterung vertraulicher

Firmeninterna sensible Kreditkunden zu verschrecken. Die von Wilfried Guth im Aufsichtsrat regelmäßig vorgetragenen Globalzahlen über die von der Bank bewilligten Kredite empfinden die Repräsentanten des »Faktor Arbeit« denn auch als äußerst dürftigen Ersatz für die ihnen verwehrte Einsichtnahme in die bestgehüteten Zahlen und Pläne der deutschen Industrie.

Speziell die DGB-Gewerkschaft Handel, Banken und Versicherungen (HBV) muß mit dem Handicap leben, in der Deutschen Bank nur eine äußerst schwache Mitgliederbasis zu besitzen. Einen ansehnlichen Organisationsgrad von rund 70 Prozent hat sie allein in den beiden Rechenzentren Eschborn und Hamburg, wo – vom herkömmlichen Bankangestelltentyp abweichend – viele einst von der IG Metall betreute EDV-Spezialisten tätig sind. Die HBV stellt denn auch in der Arbeitnehmerfraktion des Aufsichtsrates lediglich zwei Mitglieder, darunter mit dem Gewerkschaftsvorsitzenden Lorenz Schwegler ihren einzigen externen Vertreter. Demgegenüber verteidigt die Deutsche Angestellten-Gewerkschaft (DAG) vor allem an den Plätzen Frankfurt, Düsseldorf, Hamburg, Stuttgart und München traditionell starke Stützpunkte und stellt mit dem Vorsitzenden des Konzernbetriebsrates, Hagen Findeisen, auch den (nach dem Mitbestimmungsgesetz der Arbeitnehmerseite zugehörigen) Stellvertretenden Aufsichtsratschef.

Nach einem kleinen Lunch beginnen in aller Regel die vier ordentlichen Aufsichtsratssitzungen pro Jahr jeweils um 14.30 Uhr und dauern gewöhnlich vier bis viereinhalb Stunden. Kontrolleure und Kontrollierte sitzen sich an einem langen Tisch gegenüber. In der Mitte der Aufsichtsratsseite hat Wilfried Guth seinen Platz, links von ihm sein Stellvertreter Findeisen und die übrigen Arbeitnehmervertreter, zu seiner Rechten zunächst der Ehrenvorsitzende der Bank, Hermann Josef Abs, und daran anschließend die Kapitalfraktion. Gegenüber präsentiert sich der Vorstand streng nach Anciennität: Neben Sprecher Alfred Herrhausen sitzen zur Linken und Rechten zunächst seine beiden dienstältesten Kollegen Burgard und van Hooven und neben diesen die übrigen Kollegen bis zu den an den Enden postierten stellvertretenden Vorstandsmitgliedern.

Der Ablauf der Sitzungen wird zu einem erheblichen Teil durch ein festes Ritual bestimmt: Zunächst referiert Herrhausen über die aktuelle geschäftliche Situation der Bank. Anschließend erstattet sein Kollege Ulrich Cartellieri, der unter anderem für die Volkswirtschaftliche Abteilung zuständig ist, einen Bericht über die allgemeine Konjunktur, die Herrhausen durch Anmerkungen zu internationalen Währungsfragen zu ergänzen pflegt. Danach stellt jeweils ein Vorstandsmitglied ein Spezialgebiet vor, etwa den EDV-Einsatz, das Kreditgeschäft oder die Politik der Bank im Ausland. Der vierte feste Programmpunkt sind die kurzen Statements der Anteilseignervertreter über die Entwicklung der von ihnen repräsentierten Branchen.

Die Ehre, an den schlagzeilenträchtigen Transaktionen mitzuwirken, wird den Räten der Deutschen Bank jedoch höchst selten einmal zuteil. Der in Paragraph 13 der Satzungen enthaltene Katalog zustimmungspflichtiger Geschäfte nimmt sich einigermaßen karg aus. Nicht einmal vor ihrem wegweisenden Einstieg in den Markt der Lebensversicherer brauchten die Geldmanager die Zustimmung ihres Aufsichtsrates einzuholen – der Vorstandsbeschluß wurde den Kontrolleuren auf einer Sondersitzung am 14. Dezember 1988 in Düsseldorf schlicht mitgeteilt. Ihren Segen hätten sie dem Vorstoß in die Assekuranz nur geben müssen, wenn die Kapitaleinlage bei der von ihnen gegründeten »Deutsche Bank Lebensversicherungs-AG« höher als ein Prozent des haftenden Eigenkapitals gewesen wäre. Ende 1988 betrug diese aus dem gezeichneten Kapital (1,772 Milliarden Mark), der Kapitalrücklage (5,49

Milliarden Mark) sowie der Gewinnrücklage (2,913 Milliarden Mark) bestehende Bezugsgröße aber nur knapp 10,2 Milliarden Mark. Die Investition wäre also nur dann zustimmungspflichtig gewesen, wenn die Bank über 102 Millionen Mark in ihre neue Tochtergesellschaft eingeschossen hätte. Es waren jedoch nur 30 Millionen.

Selbst den größten Unternehmenskauf ihrer Geschichte, den Erwerb des gesamten Flick-Konzerns für rund 5,3 Milliarden Mark Ende 1985, durften die zwölf Spitzenbanker an ihrem Aufsichtsrat vorbei beschließen. Auch Firmenübernahmen jenseits der Kaufpreisgrenze von einem Prozent des haftenden Eigenkapitals bedürfen nämlich nicht der Zustimmung des Kontrollgremiums, sofern lediglich ein vorübergehender Besitz angestrebt wird. Genau das war bei Flick der Fall. Die Deutsche Bank hatte den größten deutschen Industriekonzern im Familieneigentum allein zu dem Zweck erworben, ihn – in leicht verkäufliche Einzelteile zerlegt – innerhalb kürzester Zeit weiterzuveräußern. So erfuhren die Mitglieder des Aufsichtsrates erst am 4. Dezember 1985 durch einen von Christians und Herrhausen unterschriebenen, eine Seite umfassenden Brief von dem Milliarden-Deal. Am selben Tag informierte die Bank in einer Presseerklärung auch die Öffentlichkeit. Als Ersatz für eine weitergehende Unterrichtung erhielten die Räte zum Jahresende eine ansehnliche Sammlung von Presseausschnitten aller denkbaren Gazetten übersandt – vom *Handelsblatt* bis zu BILD mit einer Flick-Story unter dem Titel »Fünf Milliarden für die richtige Blondine«.

Erst in der ordentlichen Aufsichtsratssitzung am 22. Januar 1986 unterrichtete Vorstandssprecher Christians unter dem Tagesordnungspunkt »Entwicklung der Bank im vergangenen Jahr« ausführlich über »die Abwicklung der Übernahme der Unternehmensgruppe Friedrich Flick.« (Wortlaut des offiziellen Protokolls.) Daran schloß sich ein kurzes Wortgeplänkel an. Zunächst sprach Aufsichtsratschef Guth dem Vorstand »Dank und Anerkennung für die vorzügliche Generalstabsarbeit« aus. Dann meldete sich Friedrich Karl Flick mit einem seiner seltenen Redebeiträge zu Wort und lobte das »gute Einvernehmen« zwischen den Unterhändlern seines Hauses und der Bank. Hellmut Kruse, Vorstandsvorsitzender der Beiersdorf AG in Hamburg, sprach das Problem der Plazierung des mit der Flick-Gruppe erworbenen zehnprozentigen Pakets Daimler-Benz-Aktien an. Die Arbeitnehmervertreterin Irene Rodermund aus Salzgitter hob die Diskretion hervor, die trotz Einschaltung einer größeren Anzahl von Experten in die mehrmonatigen Verkaufsverhandlungen gewahrt worden sei.

Hingegen darf der Vorstand auch nur vorübergehende Firmenkäufe dann nicht allein beschließen, wenn eines seiner Mitglieder dem Aufsichtsrat der betreffenden Gesellschaft angehört oder andere personelle Verflechtungen bestehen. Um sicherzustellen, daß bei der Gewährung von Krediten und der Übernahme von Beteiligungen keine anderen als streng sachliche Kriterien den Ausschlag geben, schreibt das Kreditwesengesetz (KWG) in Paragraph 15 (»Organkredite«) in diesen Fällen die Zustimmung eines »Aufsichtsorgans« vor. Zum Zuge kommt dabei aber auch hier nicht der gesamte Aufsichtsrat, sondern in allen Geldinstituten der Kreditausschuß, in dem bei der Deutschen Bank mit den Vorstandspensionären Guth, Christians und Ehret drei von fünf Mitgliedern Insider sind.

Keiner der externen Vertreter im Aufsichtsrat kann sich, wenn er ehrlich ist, der Selbsttäuschung hingeben, den Vorstand der Deutschen Bank wirklich zu kontrollieren. Selbst ihr »Königsrecht«, die Bestellung der Topmanager, üben die 1988 mit 44 786,90 Mark Jahrestantieme (der Vorsitzende mit dem Doppelten, sein Stellvertreter mit dem Eineinhalbfachen) honorierten Aufseher nur pro forma aus. Wie bei einer Reihe erster Industrieadressen entscheidet über die Zusammensetzung des Vorstandes nicht der Aufsichtsrat – vielmehr bestimmen umgekehrt die Kontrollierten ihre Kontrolleure. Der Vorstand seinerseits ergänzt sich nach Art einer Anwalts- oder Wirtschaftsprüfungssozietät durch Kooptation. Diese Praxis bietet von allen Verfahren die größte Gewähr, den erreichten Qualitätsstandard zu halten. Es wird nur äußerst selten einmal vorkommen, daß einer von außen in den Vorstand lanciert wird, mit dem nicht alle übrigen Kollegen harmonieren.

Aus all dem ergibt sich, daß der für ein Finanzgeschäft mit einem Volumen von 309 Milliarden Mark (1988) verantwortliche oberste Führungskreis der Deutschen Bank weitgehend autonom regiert. Sein Wirken entzieht sich erst recht da jeder formalen Kontrolle, wo er seinen Einfluß mit unsichtbarer Hand in anderen Branchen ordnend, disponierend oder vermittelnd zur Geltung bringt. Das bedeutet jedoch nicht, daß die Zwölf nach Belieben schalten und walten könnten. Kein anderes Geldinstitut hat die öffentlichen Reaktionen auf seine Handlungsweise so sorgfältig ins Kalkül zu ziehen wie das größte, mit dessen Namen sich in besonderer Weise die Vorstellung von Macht und Stärke verbindet. Alfred Herrhausen und seine Kollegen wissen nur allzugut, daß nach dem Motto »Den Sack schlägt man, den Esel meint man« die Kritik an der Macht »der Banken« in Wirklichkeit vor allem, wenn nicht gar ausschließlich, die Macht der Deutschen Bank meint. Daß sie selbst da schnell in der Schußlinie steht, wo sie nur mittelbar an umstrittenen Vorgängen beteiligt ist, zeigte erst im Frühsommer 1989 die durch den Fusionsfall Daimler-Benz/MBB neu entflammte politische Bankendiskussion. Das rechte Augenmaß zu wahren gebieten den Regenten in ihrem reich mit zeitgenössischer Kunst ausstaffierten Turmbau nicht zuletzt auch Rücksichten auf die Konkurrenz. Vor allem die Chefs der beiden anderen Großbanken quält die stille Sorge, die herausfordernde Allgegenwart ihres Primus könnte dazu führen, daß ihnen der Gesetzgeber ihren geschäftlichen Bewegungsraum weiter einschränkt. Kontrolle bedeutet für den Vorstand der Deutschen Bank deshalb in erster Linie Selbstkontrolle. Er hat es dabei mit einer ungleich größeren öffentlichen Sensibilität gegenüber dem bloßen Schein unangemessener Machtausübung zu tun als seine Vorgänger. Hermann Josef Abs war sicherlich ein stets auf Ausgleich bedachter Meister der leisen Beherrschung, der die Macht als Kunst handhabte, wie einer seiner Porträtisten, Bernd Baehring, zu Recht festgestellt hat. Wie er jedoch die durch seine Ämterfülle bisweilen unausweichlichen Interessenkonflikte gelöst haben mochte, beschäftigte schon zu seinen Zeiten manch phantasievollen Kopf. So war er 1969 maßgeblich am Verkauf eines von seiner Bank gehaltenen Aktienpakets der Gelsenkirchener Bergwerks-AG (GBAG) an das Rheinisch-Westfälische Elektrizitätswerk (RWE) beteiligt, dessen Aufsichtsratsvorsitzender er zu dieser Zeit war – ein bemerkenswertes Insichgeschäft.

Zur Absenkung der öffentlichen Reizschwelle haben vor allem die Medien beigetragen. Zeitungen und Zeitschriften, aber auch das Fernsehen berichten heute wesentlich ausführlicher und insgesamt kritischer als früher über wirtschaftliche Reizthemen und sorgen zusammen mit den in den sechziger und siebziger Jahren neu erschienenen Wirtschaftsmagazinen für eine sehr viel größere Transparenz. Auch einem Geldkonzern vom Rang der Deutschen Bank kann es nicht gleichgültig sein, welches Bild Mitarbeiter und Kunden über die Medien von ihm gewinnen. So mußten sich beispielsweise auf dem Höhepunkt der Auseinandersetzungen um die angestrebte Fusion zwischen Daimler-Benz und MBB Firmenkundenberater der Bank wiederholt die säuerliche Frage mittelständischer Unternehmer gefallen lassen, ob sich ihr Haus als Konzentrationshelfer im Dienste der Großkonzerne verstehe.

Auf die Schaffung öffentlichen Vertrauens ist ein Institut im besonderen Maße angewiesen, das dank seiner Größe die in der Ausübung aller Bankgeschäfte unter einem Dach liegenden Möglichkeiten des deutschen Universalbankensystems so umfassend zu seinem Vorteil nutzt wie die Deutsche Bank. Denn dieses System allein weckt schon skeptische Fragen nach der notwendigen moralischen Integrität derer, die die unausweichlichen Interessenkonflikte in sich auszutragen haben. Wie kann man beispielsweise den Privatkunden beim Kauf von Aktien objektiv beraten, die man selber plaziert oder handelt, deren Unternehmen man via Anteilsbesitz, Aufsichtsratsmandate oder Hausbankfunktion engstens verbunden ist?

Ähnlich stellt sich die Frage im Blick auf das Verhältnis zu miteinander konkurrierenden Unternehmen. Ist der Vorstand der Deutschen Bank wirklich in der Lage, bei einer Gesellschaft, wo er kraft einer besonderen Stellung an wichtigen Entscheidungen mitzuwirken hat, die eigenen Interessen zurückzustellen? Kann ein Herrhausen als Aufsichtsratschef von Daimler-Benz für oder gegen den Kauf der AEG votieren, ohne dabei gleichzeitig an Siemens und das Engagement seiner Bank bei Siemens zu denken? Eine Großbank, die im Gegensatz zu den Spezialinstituten des angelsächsischen Trennsystems alle Arten von Geschäften ausübt, setzt sich – je einflußreicher sie ist, desto stärker – notgedrungen immer wieder dem Verdacht aus, gegensätzliche Interessen nicht klar genug voneinander geschieden zu haben.

In der Schwäche des Universalbankensystems mit seinen unübersichtlichen Interessenverquickungen liegt aber zugleich auch ein Element der Stärke: Die Gefahr, durch eine eklatante Mißachtung der Spielregeln aufzufallen, zwingt zu einem beträchtlichen Maß an Selbstdisziplin. Vor allem die im Blickpunkt der Allgemeinheit stehenden Großbanken dürften sich darüber im klaren sein, daß sie ihre Privilegien riskieren, sobald sie den Bogen überspannen. Die Befürworter gesetzlicher Beschränkungen, angefangen von antikapitalistischen Dogmatikern auf der Linken bis zum Parteichef der Liberalen auf der Rechten, warten nur auf ihre Chance, die Banken aus deren branchenfremden Revieren zurückzudrängen.

Sich in larmoyanter Klage über die als ungerecht empfundenen Angriffe gegen ihr Haus zu ergehen, hilft den Chefmanagern der Deutschen Bank nicht aus ihrem Dilemma. Ihr Spielraum, sich direkt oder indirekt an umstrittenen industriellen Vorhaben zu beteiligen, ist äußerst begrenzt, solange die Bonner Bankenbändiger durch ein in weiten Kreisen der Bevölkerung bestehendes Mißtrauen gegenüber den Finanzkonzernen zu Gegenmaßnahmen ermutigt werden. Noch immer weckt das große Geld beim Bürger die Vorstellung konzentrierter und unkontrollierter Macht. Eine offenere und offensive Transparenz und Vertrauen schaffende Informationspolitik reicht in dieser Situation allein nicht aus. Gerade die Deutsche Bank, an deren Omnipotenz sich die immer wiederkehrenden Diskussionen entzünden, täte gut daran, die Grenzen ihres zwingend gebotenen industriellen Einflusses in Form von Kapitalbesitz und Aufsichtsratsmandaten neu zu definieren. Nicht jede irgendwann einmal errungene Position muß auf alle Zeiten gehalten werden. Sowohl die Führung der bedeutend größer und internationaler gewordenen, zudem erheblich breiter diversifizierten Bank als auch eine verantwortungsvolle Aufsicht über ebenfalls in neue Dimensionen hineingewachsene Industrieunternehmen erfordern heute einen früher nicht gekannten Arbeitsaufwand. Ein weniger krampfhaftes Festhalten an Posten und Mandaten entspräche im übrigen auch dem veränderten Charakter des Hauses: Die Deutsche Bank ist im klassischen Sinne schon längst keine »Industriebank« mehr – nicht weniger als 61 Prozent ihres Geschäftsvolumens wickelt sie mit Privatkunden ab. Mit rund

5,5 Millionen Kleinkonteninhabern ist das Nobelhaus der deutschen Hochfinanz auch die größte Sparkasse der Republik. Die strategische Ausrichtung der Bank auf den werdenden europäischen Binnenmarkt eröffnet ihr überdies die Chance, auch die Industrie-Engagements stärker zu internationalisieren.

An einer »Lex Deutsche Bank« besteht kein Bedarf. Eine gesetzliche Beschränkung der Tätigkeit von Kreditinstituten außerhalb ihrer eigenen Branche liegt weder im Interesse der Aktionäre noch der Unternehmensmanager – schon gar nicht der Arbeitnehmer in der Industrie. Jeder Aktionär hat schon jetzt die Möglichkeit, sich statt von seiner Bank von einer Aktionärsvereinigung in den Hauptversammlungen vertreten zu lassen. Die ersatzlose Abschaffung des Vollmachtstimmrechts der Banken, für das es bis heute keine empfehlenswerte Alternative gibt, würde Publikumsgesellschaften bei Präsenzen von dann vielfach nur noch zehn bis 20 Prozent zum Aktionsfeld windiger Spekulanten machen. Das »Eintrittsgeld« wäre für solche Profitjäger geradezu traumhaft gering.

Schließlich: Wem wäre mit einer gesetzlichen Beschränkung von Unternehmensbeteiligungen geholfen? Wohl niemandem, am wenigsten existenzbedrohten Firmen, die kurzfristig neues Eigenkapital benötigen, aber wegen ihrer schlechten wirtschaftlichen Lage nicht an die Börse gehen können. Zwar wollen auch die Befürworter einer gesetzlichen Beschränkung von Beteiligungen auf höchstens 15 oder (wie die Monopolkommission) nur fünf Prozent Sanierungsübernahmen weiterhin zulassen, dabei jedoch einen Weiterverkauf innerhalb einer bestimmten Anzahl von Jahren vorschreiben. Ihnen ist dabei offensichtlich nicht bewußt, daß sie auf diese Weise Rettungsaktionen gefährden. Nicht jedes in akute Existenznot geratene Unternehmen ist nämlich in fünf Jahren schon wieder über den Berg und an einen geeigneten Interessenten weiterzuveräußern. Im Zweifel wird eine Bank vor der unternehmerischen Verantwortung für eine solche Gesellschaft unter diesen Umständen eher zurückschrecken. Der Gesetzgeber sollte sich deshalb darauf beschränken, durch geeignete steuerliche Rahmenbedingungen Banken den politisch erwünschten Umstieg von ihren »schweren« Dauerbeteiligungen von 25 Prozent und mehr in die mit weniger Einfluß ausgestatteten »Zehnprozenter« zu ermöglichen.

Das deutsche System einer engen Allianz zwischen Banken und Industrieunternehmen hat sich in über hundert Jahren bewährt – vor allem in schlechten Zeiten, wie der Weltwirtschaftskrise, als zahlreiche Firmen von den Kreditinstituten aufgefangen werden mußten. Daß es den weitaus meisten Gesellschaften Ende der achtziger Jahre besser denn je geht, sollte nicht zu falschen Weichenstellungen verführen. Den Banken ihrerseits, allen voran der Deutschen Bank, böten sich vielfältige Gelegenheiten, als risikobereite Finanziers und Ratgeber tüchtiger Gründerunternehmer die Partnerschaft von Geld und Genie überzeugender als bisher zu demonstrieren – ganz in der Tradition ihres eigenen Pioniers Georg von Siemens.

Personenregister

309

224, 228, 249, 257f., 263, 268,
273, 275, 290, 297, 299f., 302
Heusinger, Eberhard von 258
Hitler, Adolf 30
Hitzinger, Walter 92f.
Hoesch, Leopold 18
Höffner, Josef Kardinal 47
Holzmann, Heinrich 68f.
Hooven, Eckart van 107, 116, 161,
258f., 287, 299
Horten, Helmut 75, 220, 282f.
Hugenberg, Alfred 30

Icahn, Carl 220
Imhoff, Hans 63, 77, 80, 141f.

Jacob, Karl Theodor 285
Jacobs, Klaus 119f.
Jakopp, Heinrich 278
Janberg, Hans 72, 129, 141

Kaletsch, Konrad 88f.
Kaske, Karlheinz 212
Kaul, Friedrich Karl 45
Kimmich, Karl 35
Kirch, Leo 289f.
Klasen, Karl 55, 66, 74, 110ff., 118,
128, 131, 134, 161, 172, 194, 247,
272, 274, 283
Kleffel, Andreas 163, 168
Klein, Werner 219
Klenze, Franz Karl Leo von
208
Klöckner, Peter 278
Klönne, Carl 200
Knoerzer, Alfred 277
Knorr, Georg 270
Könecke, Fritz 90, 93
Kopper, Hilmar 165, 185, 214
Krages, Hermann D. 264
Krauss, Georg von 64
Krebs, Paul 14, 53
Kreke, Jörn 258
Kroll, Werner 139
Krupp, Friedrich Alfred 279
Krupp, Georg 45, 133

Krupp von Bohlen und Halbach,
Alfried 279
Kruse, Hans Jakob 244
Kruse, Hellmut 301
Kühnen, Harald 189
Kuhnke, Hans-Helmut 245
Kunkel, Nikolaus 232, 287

Ladenburg, Carl 27
Ladenburg, Seligmann 27
Lambsdorff, Otto Graf 124
Langen, Eugen 40
Langmann, Hans-Joachim 259
Lanz, Heinrich 65
Lanz, Karl 65
Leibinger, Berthold 175
Leibkutsch, Hans 116, 143, 191f.
Leiding, Rudolf 245
Lichtenberg, Paul 114
Liesen, Klaus 250
Löffler, Martin 45
Lohse, Adolf 204ff., 209
Ludendorff, Erich 30

Maffei, Joseph A. Ritter von 64
Mannesmann, Max 22f., 201
Mannesmann, Reinhard 22f., 201
McCloy, John 42, 53
Merkle, Hans Lutz 58, 102, 164,
204, 246f., 272, 277, 288
Mertin, Klaus 100, 123, 277
Merton, Richard 44
Miesel, Karl 228
Mohn, Reinhard 135, 256, 285ff.
Moll, Hans 139
Mosler, Eduard 26

Närger, Heribald 199, 208f., 211,
214
Nathan, Henry 279
Naumann, Friedrich 201
Necker, Tyll 175
Niehues, Bernhard 275
Niehues jr., Bernhard 275
Nixdorf, Heinz 284f.
Nölting, Eric 37

310

Firmenregister

314

315

317

Heinz Commer

Karriere-Kompaß

Berufserfolg von A - Z

256 Seiten, gebunden mit Schutzumschlag

Von A wie Angst bis Z wie Zeitbeherrschung reicht die Palette an Stichworten, durch die Heinz Commer nicht nur instruktiv und informativ, sondern auch anregend und amüsant Orientierungshilfen für Einsteiger, Aufsteiger und Etablierte gibt.

Manager-Knigge

Moderne Umgangsformen im beruflichen Alltag

256 Seiten, gebunden mit Schutzumschlag

Das Erfolgs-ABC für Unternehmen, Verbände, Behörden, Vereine und alle Mandatsträger. Commers Benimm-ABC – nach Stichworten aufgebaut wie ein Lexikon – erspart in der Alltagsarbeit viel Nervenkraft und unnützen Zeitaufwand. Es gehört auf jeden Schreibtisch, und es kommt genau zum richtigen Zeitpunkt, denn in einer Welt harten Konkurrenzkampfes wird das persönliche Verhalten zu einem der wichtigsten Erfolgskriterien.

Knigge International

Ungeschriebene Gesetze und richtige Umgangsformen im Ausland

400 Seiten, gebunden mit Schutzumschlag

Commers großes Auslands-ABC für 158 Länder. Alphabetischer Länderteil mit Angaben zu Verhaltens- und Verhandlungsformen und Umgangs-, Kleidungs- und Trinkgeldempfehlungen. Mit Höflichkeitsfloskeln in wenig bekannten Sprachen und vielen weiteren Informationen. Allgemeiner Teil mit Checklisten, Tips und Adressen z. B. zu Jobs im Ausland, Stipendien, Hotelreservierungen usw. Ein Muß für jeden Auslandsengagierten.

ECON Verlag · Postfach 30 03 21 · 4000 Düsseldorf 30